LERNHELFER.DE – DEIN ONLINEPORTAL ZUM BUCH

Dein einzigartiges multimediales Lernkonzept aus Buch, Web und App

Lernen, wann du willst, wo du willst und wie du willst! So funktioniert's:

BUCH

Mit deinem Nachschlagewerk für den gesamten Schulstoff ab der 5. Klasse kannst du dich gezielt auf Unterrichtsinhalte vorbereiten und verpasste Themen nachholen.

WEB

Melde dich bei unserem Lernportal über **www.lernhelfer.de/buch** an und nutze alle zusätzlichen Features:

- das Schülerlexikon mit zahlreichen Beiträgen und Videos
- deinen persönlichen Lernbereich mit Lernkarten, Musterklausuren und Originalprüfungen zum MSA und Abitur

APP

Mit der kostenlosen App LERNHELFER kannst du bequem unterwegs lernen:

- mobiler Zugriff auf die Inhalte des Webportals www.lernhelfer.de
- Bearbeiten, Sortieren und Erstellen von deinen Lernkarten

Dein LERNHELFER online

Mit jedem Basiswissen-Schule-Buch bekommst du eine 6-monatige Premium-Mitgliedschaft auf dem LERNHELFER-Portal für nur 1,– Euro.
Melde Dich einfach an unter:
www.lernhelfer.de/buch

6 Monate Premium-Mitgliedschaft **für nur 1,– Euro!**

Duden

BASISWISSEN SCHULE

Englisch

5. BIS 10. KLASSE

3., aktualisierte Auflage

Dudenverlag
Berlin

Herausgeberin
Elisabeth Schmitz-Wensch

Autoren
Inka Artinger, Anne-Cathrin Friedrich, Dr. Ute Lembeck, Judith Martin, Felix Rieckmann, Dr. Christine Schlitt, Elisabeth Schmitz-Wensch, Annette Schomber, Heike Schommartz

Bibliografische Information der Deutschen Nationalbibliothek
Die Deutsche Nationalbibliothek verzeichnet diese Publikation in der Deutschen Nationalbiografie; detaillierte bibliografische Daten sind im Internet über http://dnb.d-nb.de abrufbar.

D C B A
Bibliographisches Institut GmbH, Mecklenburgische Straße 53, 14197 Berlin

Redaktionelle Leitung	David Harvie
Redaktion	Dr. Christine Schlitt
Illustrationen	Wolfgang Beyer, Beate Fahrnländer, Christine Gebreyes, Jule Pfeiffer-Spiekermann, Matthias Pflügner, Matthias Schwoerer
Herstellung	Marta Rive
Layout	Britta Scharffenberg
Umschlaggestaltung	Büroecco, Augsburg
Satz	DZA Satz und Bild GmbH, Marlis Konrad
Grafiken	Marlis Konrad, Susanne Raake
Druck und Bindung	Těšínská tiskárna,Česky Těšín

Printed in Czech Rebublic

ISBN 978-3-411-71963-1
www.lernhelfer.de

Inhaltsverzeichnis

Lern- und Arbeitstechniken im Englischunterricht

1

1

1.1 Verbreitung des Englischen

Teenager chatten im Web, haben ihre eigene Homepage und hören gerne Musik mit englischen Texten von ihrem MP3-Player. Englisch umgibt uns überall. Schon in der Grundschule wird Englisch als erste Fremdsprache erlernt. Fachleute vieler Berufe (z. B. in der Computerbranche, im Flugverkehr) kommen ohne die englische Sprache nicht mehr aus. Häufig setzen sich in unserer Alltagssprache englische Wörter durch und verdrängen deutsche Wörter (z. B. „Sale“ statt „Schlussverkauf“). Dies gilt in ähnlicher Weise auch für die Sprachen anderer Länder auf der ganzen Welt.

Weltsprache
= Sprache, die weltweit der Verständigung zwischen Menschen dient

Mehr über die Geschichte der **Kolonien** kannst du in Kapitel 6 lesen.

Amtssprache
= Sprache, die in den Zeitungen, den Behörden und an den Gerichten eines Landes benutzt wird.

Englisch als Weltsprache

Seit dem späten 16. Jahrhundert verbanden englische Seefahrer, Eroberer und Kaufleute England mit allen Erdteilen. Sie bereiteten die Ausdehnung Englands zum **Kolonialreich** vor. Dieses Weltreich führte zur Verbreitung des Englischen weit über die Grenzen Englands hinaus. Englisch entwickelte sich im 20. Jahrhundert zur Weltsprache. In Staaten, die ursprünglich britische Kolonien waren (USA, Australien, Irland, Kanada, Neuseeland), wird heute Englisch als Muttersprache gesprochen.

In Afrika, Asien und der Karibik gibt es Staaten, die bis nach dem Zweiten Weltkrieg zum britischen Kolonialreich gehörten (z. B. Indien, Pakis-tan, Kenia, Nigeria, Jamaika). Hier sprechen viele Menschen täglich Englisch, obwohl es nicht ihre Muttersprache ist. Englisch wird von ihnen noch immer als offizielle **Amtssprache** benutzt. Es ist die Sprache der Behörden, der Rechtsprechung und der Medien. Der Unterricht findet in den Schulen und Universitäten dieser Länder in englischer Sprache statt. Private Unterhaltungen werden nicht nur in den Landessprachen und regionalen Dialekten geführt, sondern auch in Englisch. Berühmte indische, pakistanische und nigerianische Schriftsteller wie SALMAN RUSHDIE oder CHINUA ACHEBE schreiben heute ihre Bücher in englischer Sprache.

„The Satanic Verses“ von SALMAN RUSHDIE erschien 1988.

Weltweit ist Englisch nach Chinesisch die – je nach Quelle – am zweit- bzw. dritthäufigsten gesprochene Sprache auf der Erde. Dabei ist die Anzahl der Menschen, die Englisch als Muttersprache sprechen, kleiner als der Anteil derer, die Englisch als Zweit- und Fremdsprache sprechen.

Wie viele Menschen sprechen Englisch?

Englisch als Muttersprache	Englisch als Zweitsprache	Englisch als Fremdsprache
Die Anzahl der Muttersprachler wird auf ca. 350 Mio. Menschen geschätzt.	Englisch als Zweitsprache wird von ca. weiteren 350 Mio. Sprechern vor allem in den ehemaligen britischen Kolonien gesprochen.	Je nach Schätzung sprechen zwischen 670 Mio. bis zu 1 Mrd. Menschen Englisch als erlernte Fremdsprache.

Die Karte zeigt, dass ein Englisch sprechender Reisender in fast jedem Land der Erde auf Menschen trifft, die Englisch verstehen und wenigstens ansatzweise sprechen können.

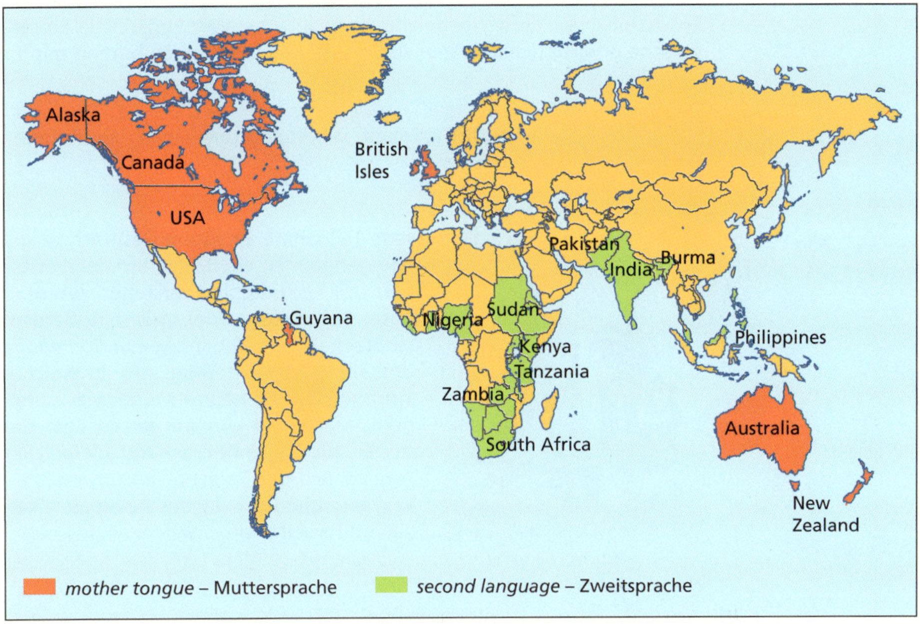

Weltweit ist Englisch die Sprache, die am häufigsten in der internationalen Verständigung verwendet wird, häufiger noch als Französisch, Spanisch oder Portugiesisch. Wenn Politiker, Geschäftsleute und Wissenschaftler verschiedener Nationen miteinander verhandeln, ist Englisch oft die Sprache, die sie zusammenbringt.

In Asien, wie auch in Europa und anderen Teilen der Welt, wird Englisch als Sprache für die internationale Verständigung akzeptiert. Englisch wird gelernt, um an der wirtschaftlichen, technologischen und wissenschaftlichen Entwicklung teilnehmen zu können, die zu großen Teilen von den USA ausgeht. Dies ist auch der Grund, weshalb in vielen Staaten der Europäischen Union (EU) Englisch schon von Kindheit an als erste Fremdsprache gelehrt wird. Außerdem werden Fremdsprachenunterricht und der internationale Schüleraustausch gefördert, weil sie die Verständigung der Menschen innerhalb der EU verbessern.

In der Verwaltung der EU spielt Englisch ebenfalls eine wichtige Rolle. Englisch und Französisch sind die offiziellen Arbeitssprachen der EU. Englisch ist die am häufigsten benutzte Sprache bei der Verständigung zwischen den EU-Ländern.

1.2 Hör- und Leseverstehen

1.2.1 Was ist Hörverstehen?

Englisch ist eine moderne gesprochene Sprache. Wer Englisch als Fremdsprache erwirbt, lernt, wie er sowohl sprechend als auch hörend mit ihr umgeht.

Hörverstehen ist die Fähigkeit, die Bedeutung einer mündlichen Äußerung zu verstehen.

Jede Teilnahme an einem Gespräch ist genau genommen ein Beispiel für Hörverstehen: Wir versuchen zu verstehen, worüber unser Gesprächspartner spricht. Außerdem schätzen wir ein anhand seiner Stimmlage und seines Sprechtempos ein, in welcher Situation er sich befindet und wie es ihm geht. Manchmal können wir an dem Gesagten auch erkennen, ob und mit welcher Absicht sich der Sprecher an uns wendet. Wir versuchen uns in ihn hineinzuversetzen und auf ihn einzugehen.

Hörverstehen im Unterricht

Im Unterricht gibt es Übungen, um das Hörverstehen zu trainieren. Kurze Gespräche oder Texte werden von einer CD vorgespielt; in der Regel erhältst du dazu eine Arbeitsanweisung.

snacks	*animals*
tea	…
…	…
…	…

Beispiel einer einfachen Hörverstehensaufgabe: *The Picnic*

First copy the table on the left. Then listen to the dialogue of Lucie, Carol and Joe. Take notes:

1. *What snacks do the children have for the picnic?*
2. *What animals do they see?*

Lucie: *Let's sit down here for the picnic. Maybe we can watch some squirrels from here.*
Carol: *Or we can feed some of the sparrows. They aren't shy. What would you like to have? A ham and cheese sandwich? Or would you like to start with a piece of fruitcake?*
Lucie: *I'd like the sandwich, and some tea, please. Oh, look at those flowers over there. There are so many bees and butterflies flying around them.*
Joe: *Have we got some milk and sugar for the tea, too?*
Carol: *Yes, of course, here you are. And you can also have some biscuits. My mum made them for us.*
Joe: *Yes, please, they look great. And you can have a chocolate bar.*

Um dir die Aufgabe zu erleichtern, kannst du dich auf das Zuhören vorbereiten:

Vor dem Zuhören
- Nutze Bilder oder Überschriften, die der Arbeitsanweisung beigefügt sind, um dich über das Thema zu erkundigen.
- Finde heraus, worauf du beim Zuhören genau achten sollst. Lies dir die Arbeitsanweisung genau durch.
- Gibt es Gegenstände oder Personen, nach denen gefragt wird? Unterstreiche sie in der Arbeitsanweisung, um beim Zuhören besser auf sie achten zu können.
- Lege dir Papier und Stift für Notizen bereit.

Meistens gibt es zwei Durchgänge beim Zuhören. Beim ersten Hören sollst du dir eine allgemeine Orientierung über den Text oder den Dialog verschaffen. Lass dich nicht durch unbekannte Wörter verunsichern. Sie werden gleich beim zweiten Zuhören aus dem Zusammenhang verständlich. Beim ersten Kennenlernen des Hörtextes kannst du dir z. B. folgende Fragen stellen und zu ihnen kurze Notizen machen:

Beim ersten Zuhören
- Wer spricht? *(Who is talking?)*
- Worum geht es? *(What is the text/the dialogue about?)*
- Wo findet das Gespräch statt? *(Where are the persons talking?)* Achte auf Hintergrundgeräusche.

Beim zweiten Hören geht es darum, auf die Einzelheiten zu achten, nach denen in der Aufgabenstellung gefragt wird. Nun musst du dir Notizen machen *(take notes)*.

Notizen machen
- Notiere nur Stichworte.
- Versuche nicht, jedes gesprochene Wort mitzuschreiben.
- Lass dich nicht von Einzelheiten ablenken, die nichts mit der Aufgabenstellung zu tun haben.
- Trage die Stichworte in die vorbereitete Tabelle ein.
- Benutze Abkürzungen und Symbole, um schnell zu notieren.
- Notiere Anfangsbuchstaben statt vollständiger Namen.

snacks	*animals*
tea, milk and sugar, ham and cheese sandwich, fruitcake	*squirrels, sparrows, bees and butterflies*

Nach dem Zuhören hast du Zeit, deine Notizen zu vervollständigen und alles aufzuschreiben, an das du dich noch erinnern kannst. Überprüfe dann noch einmal die Aufgabenstellung. Manchmal sollen die Notizen benutzt werden, um einen eigenen Text über das Gehörte zu verfassen.

1.2.2 Was ist Leseverstehen?

Beim Erlernen der englischen Fremdsprache lernst du nicht nur, selbst einen englischen Text zu verfassen, sondern auch englische Texte zu verstehen. Du kannst nicht nur die Bedeutung jedes einzelnen Satzes und jede Einzelinformation verstehen. Vielmehr kannst du den ganzen Textzusammenhang und seine Absicht begreifen. Die Aufmachung des Textes liefert Hinweise auf die Art des Textes (z. B. *holiday brochure* oder *diary entry*). Manchmal lässt sich an der Wahl der Wörter und der Länge der Sätze auch die Stimmung des Schreibers ablesen.

> **Leseverstehen** ist die Fähigkeit, den Inhalt eines geschriebenen Textes zu verstehen.

Wie geht man beim Lesen vor?

Im Unterricht lernst du verschiedene Methoden, Texte zu lesen. Welche du benutzt, hängt davon ab, wie genau du dich informieren möchtest. Folgende Tabelle gibt einen Überblick über die Lesemethoden.

Leseziel	Lesemethode	Beispielfragen an den Text
Du suchst Texte oder Textstellen zu einem bestimmten Thema.	Überfliegen des Textes *(skimming)*	Wovon handelt der Text? Liefert er die gesuchten Informationen?
Du suchst eine bestimmte Information.	Durchsuchen des Textes *(scanning)*	Welche Personen kommen in dem Text vor? Was ist Schauplatz der Handlung?
Du untersuchst den Text genau, um seinen Aufbau und seine Absicht bestimmen zu können.	Intensives Lesen *(intensive reading)*	Wie ist die Beziehung zwischen den Personen? Wo wirkt der Text besonders spannend?

Skimming

Skimming ist eine schnelle Lesemethode. Sie ist geeignet, wenn du unter Zeitdruck stehst und zügig einen bestimmten Text finden musst. Durch **schnelles Überfliegen** findest du heraus, ob Texte die Stichwörter enthalten, die auf dein Thema hinweisen. So kannst du entscheiden, welcher Text die benötigten Informationen liefert. Das Ziel des Skimming ist die schnelle Erfassung des Inhaltes eines Textes oder seines Gesamteindrucks. Es hilft, um sich einen groben Überblick zu verschaffen. Daher wird es bei der Suche nach Material für Referate und Vorträge verwendet.
Das Überfliegen von Texten ist auch die Methode, mit der du einen Text vor dem ersten Lesen kennenlernst. Bei jeder ersten Begegnung mit einem Text achtest du auf optische Signale in Bildern und Überschriften, die den Text begleiten. So machst du dich automatisch mit dem Thema des Textes vertraut.

Wichtige **Hinweise auf das Thema** eines Textes finden sich
- in den Stichwörtern der Überschrift,
- in beigefügten Abbildungen und Bildunterschriften,
- häufig im ersten und letzten Satz jedes gedruckten Abschnittes.

Das abgebildete Titelblatt der Tageszeitung liefert folgende Hinweise *(clues)* auf das Thema *(topic)* eines Zeitungsartikels:

Topic: The article "New Ways of Education?" in the Morning Telegraph must be about English schools.
Clues: The text has the words "Public Schools" in the subheading; there is a photo which shows a teacher in front of a school class; the caption below the photo says "Mr Smith teaching his class".

Morning T
More Hightech in Classrooms
New Ways of Education?

Scanning

Das Scanning ist ebenfalls eine Schnelllesemethode. Hierbei wird der Text gezielt überflogen und **auf bestimmte Informationen hin durchsucht.** Dabei bewegt sich das Auge schnell von oben nach unten über den Text und „tastet" nach den gesuchten Stichwörtern. So lassen sich leicht spezielle Informationen in einem Text finden, die sich vom allgemeinen Schriftbild absetzen (z. B. Nomen, Zahlen, Eigennamen, Tabellen, Grafiken, Bilder und Bildunterschriften).

Intensives Lesen

Das intensive Lesen wendet man an, wenn man einen kompletten Text oder einen Textabschnitt **genau untersuchen** soll. Aufgabenstellungen sind z. B. das Heraussuchen der Kernaussagen eines Textes, die Charakterisierung einer Erzählfigur oder das Schreiben einer Zusammenfassung. Beim intensiven Lesen ist es wichtig, dass man man den Text mehrmals Zeile für Zeile genau durchliest.

Folgende Schritte helfen bei einer gründlichen Textuntersuchung:
- Suche zuerst die **Hauptaussagen** des Textes und markiere sie. Du findest sie oft am Anfang der Textabsätze.
- Teile den Text in **Sinneinheiten** ein. Fasse am Rand in Stichworten ihren Inhalt zusammen.
- Stifte und Marker helfen, den Text **optisch zu gliedern** (z. B. in *introduction, body part, conclusion*).
- **Randnotizen** und **Markierungen** helfen, einen wichtigen Textabschnitt wiederzufinden.
- Lies dir die **Aufgabenstellung** genau durch. Untersuche nun den Text systematisch unter dieser Fragestellung.
- **Markiere** die Wörter im Text, die für die Fragestellung wichtig sind.

Markieren

Mit farbigen Stiften oder Textmarkern kannst du Wichtiges in einem Text hervorheben *(marking up a text)*. Grundsätzlich solltest du nur in einem Textexemplar markieren, das dir selber gehört oder das du kopiert hast.

> **Markieren während des Lesens hat folgende Vorteile:**
> - Du kannst dich besser auf das Gelesene konzentrieren.
> - Unterstrichenes prägt sich besser ein.
> - Unterstrichenes und Umrahmtes ist später leichter auffindbar.
> - Durch Markieren unterteilst du den Text und machst ihn übersichtlicher.
> - Du kannst so Wichtiges von Unwesentlichem trennen.

Wie geht man beim Markieren vor?

Beim Markieren gilt die Faustregel **„Weniger ist mehr."**

Beginne erst zu markieren, nachdem du den Text einmal gründlich gelesen hast. Du musst dir sicher sein, welche Informationen im Text wirklich wichtig für dich sind. Unterstreiche und markiere nur wichtige Stichworte (z. B. ein Wort pro Satz, oder eine Zeile pro Absatz). Markierst du zu viele Stellen, wird der Text nur unübersichtlich. Folgende Markierungsmöglichkeiten haben sich bewährt:

1. wichtige Wörter unterstreichen
The Florida Aquarium
The Florida Aquarium is an ideal location for families. It shows the seaworld and ecosystems of Florida and around the world.

2. wichtige Wörter mit dem Textmarker überstreichen
The Florida Aquarium
The Florida Aquarium is an ideal location for families. It shows the seaworld and ecosystems of Florida and around the world.

3. wichtige Wörter einkreisen
The Florida Aquarium
The Florida Aquarium is an ideal location for families. It shows the seaworld and ecosystems of Florida and around the world.

Randnotizen

Randnotizen sind stichwortartige Notizen am Textrand. Sie helfen dir sichtbar zu machen, wie ein Text aufgebaut ist (z. B. wo Hauptteil und Schlussteil beginnen). Außerdem kannst du am Rand kurz notieren, wovon der jeweilige Abschnitt handelt (z. B. welches Ereignis oder welche Person hier gerade beschrieben wird). Das erleichtert dir später das nochmalige Auffinden wichtiger Informationen oder Textstellen. Im folgenden Textbeispiel wurden Schlüsselinformationen markiert, die du nennen wirst, wenn du über das „Florida Aquarium" berichten sollst. Außerdem wurden Randnotizen zum Textaufbau gemacht.

The Florida Aquarium

As the Florida Aquarium is on Tampa Bay by the sea, it can easily be reached by car and by ship. It is open all around the year except for Thanksgiving and Christmas. Opening hours are 9.30 a.m. to 5.00 p.m. Tickets for adults are $19.95; tickets for children under 12 are $14.95; tickets for children under 3 are free.	introduction: where? how to get there; opening hours tickets
We are kid-friendly The Florida Aquarium is a children-friendly attraction. So there are monthly homeschool science classes with many interesting activities to discover science. For example, you can follow a drop of water on its way from the underground source to the open sea. Classes are 1 hour for children who are six and older. School classes can choose among 30 different programmes.	projects at the aquarium: activities for children
The Rehabilitation Centre The aquarium has a rehabilitation centre for animals which need help. It is an animal clinic which takes care, for example, of injured river otter puppies which have lost their parents. Also injured sea turtles are looked after until they can be sent back to sea.	animal clinic

Aufbaumerkmale eines Textes erkennen

Der Autor befolgt beim Verfassen von Texten bestimmte Regeln. Er baut seinen Text so auf, dass er seine Gedanken und Ideen dem Leser verständlich vermitteln kann. Die Anordnung der Informationen, Aussagen, Fragen und Schlussfolgerungen im Text ist bewusst gewählt.

Um komplizierte Texte (z. B. Argumentation, Kommentar) und ihre Struktur verstehen können, hilft es, auf seine Aufbaumerkmale zu achten. Die Tabelle nennt häufig und leicht erkennbare Aufbaumerkmale:

Aufbaumerkmale von Texten	Beispiele
Absätze und Zwischenüberschriften *(paragraphs and subheadings)*	*We are kid-friendly* *The Rehabilitation Centre*
Der einleitende Satz eines Absatzes *(topic sentence)*	*The Florida Aquarium is a children-friendly attraction.*
Satzverknüpfungen *(sentence connectives, conjunctions)*	*The Florida Aquarium is a children-friendly attraction. So there are monthly homeschool science classes.*

Schlüsselwörter findest du, indem du die Probe machst: Lass sie weg. Wenn der Satz sinnlos geworden ist, hast du das Schlüsselwort gefunden.

Aufbaumerkmale, die dich durch den Text lotsen

Mit ihrer Hilfe kannst du die ersten Schlüsse auf die Textsorte und das Thema, das dich erwartet, ziehen. Sie helfen dir, den Text einzuordnen.

1. Achte auf **Schlüsselwörter *(keywords)***. Das sind die wichtigsten Wörter im Text; ließe man sie weg, würde der Satz oder der Text keinen eindeutigen Sinn mehr ergeben (z. B. *My guests had tea in the afternoon.*)
2. Überprüfe den ***einleitenden Satz (topic sentence) eines Absatzes.*** Häufig informiert er über das Thema des Absatzes. Auch kommt es vor, dass er die Hauptaussage dieses Abschnitts enthält; die nachfolgenden Sätze sind dann Begründungen, Argumente oder Beispiele, die diese Aussage stützen oder veranschaulichen sollen.
3. Achte auf **Satzverknüpfungen** am Anfang eines Absatzes. Sie liefern Hinweise auf logische Zusammenhänge. Sie zeigen dir, ob der Absatz eine Schlussfolgerung enthält (z. B. nach *as a result)*, einen Vergleich anstellt (z. B. nach *on the one hand/on the other hand)* oder eine Einschränkung nennt (z. B. nach *however* oder *although)*.
4. Auch auf die **zeitliche Reihenfolge** geben diese Satzverknüpfungen Hinweise. In Kurzgeschichten und Erzählungen ist es wichtig zu wissen, in welchem zeitlichen Verhältnis Ereignisse zueinander stehen. Satzverknüpfungen und Zeitbestimmungen geben hier klare Auskunft.

Beispiele für zeitliche Hinweise:
Genaue Zeitangaben: *a year later, in 1998, five years ago*
Gleichzeitige Handlungen: *at the same time, while*
Ausgang einer Handlung: *at last, in the end, finally*

Wie bearbeitet man Aufgaben mit Verständnisfragen?

Verständnisfragen *(comprehension questions)* überprüfen, ob du den Text verstanden hast. Du kannst ganz allgemein nach dem Thema des Textes gefragt werden (z. B. *What is the text about?)* Hier solltest du nicht nur das Thema nennen, sondern auch kurz den Inhalt zusammenfassen.

The text "German Youths Saved by Helicopter" is a newspaper article. It describes the rescue of twelve German teenagers in Alaska. They were members of a holiday group canoeing on Yukon River. Two of them had been injured when their canoe turned over. The others called for help, and a helicopter took the two unlucky holidaymakers to hospital. The article warns that canoeing in a remote region is dangerous for tourists.

Fragen nach dem Verständnis einzelner Textabschnitte und besonderen Einzelheiten sind die sogenannten **W-Fragen** *(w-questions: Who? What? When? Why?)* und Fragen mit *how.* Um sie zu beantworten, solltest du den Text eingehend und sorgfältig gelesen haben. Lies auch die Fragestellung genau, damit du weißt, worauf du beim Durchlesen achten musst.

Beantwortung von Fragen nach dem Inhalt
Beziehe dich bei der Beantwortung der Fragen auf Angaben, die wirklich im Text wiederzufinden sind. Formuliere deine Antwort möglichst in deinen eigenen Worten. Nur Schlüsselbegriffe dürfen aus dem Text übernommen werden.

▶ Vermeide es, Sätze und längere Ausdrücke aus dem Text abzuschreiben. Formuliere in eigenen Worten!

Um wesentliche Informationen zu einer Fragestellung aus einem Text herauszufiltern, solltest du Textstellen markieren. So verhinderst du, dass wichtige Textstellen übersehen werden. Das folgende Beispiel zeigt das fragebezogene Markieren von Textstellen.

Beispiel einer Aufgabe mit Verständnisfragen:

"Hang the boy, can't I ever learn anything? Why do I still look out for Tom by this time? The old fools are the biggest fools there are. (...) But, my goodness, he never does the same things two days, and how is one to know what's coming. He seems to know just how long he can go on before I get angry, and he knows that if he can make me wait a minute or make me laugh, it's all right again, and I can't beat him. (...) But he's my own dead sister's boy, poor thing, and I ain't got the heart to beat him, somehow. Every time I left him off I feel it is wrong, and every time I beat him my old heart almost breaks. He'll play hookey this afternoon."

(Mark Twain, The Adventures of Tom Sawyer, Chapter 1, Aunt Polly talking to herself)

Comprehension
1. *Who is Aunt Polly talking about?*
2. *Why does Tom live with his aunt?*
3. *Why does Aunt Polly have to look after Tom closely?*
4. *How does Aunt Polly feel about Tom?*

Answers
1. Aunt Polly is talking about her nephew. Tom seems to be late. She does not know when he will be home, because she does not know where he is at the moment. While she is waiting for him she thinks about him and the way he behaves.
2. Aunt Polly says Tom is her "dead sister's boy". So Tom is an orphan and Aunt Polly takes care of him.
3. Tom is a very lively child, not easy to handle for Aunt Polly. She never knows what he is up to, because he often does unexpected things. Aunt Polly knows that he may not be at school that afternoon, although he has to go to school like all the other children.
4. Aunt Polly loves her nephew very much. She is worried about him, when he is not home in time or if he does anything wrong. He is a very charming child who can make her do what he wants. So she hates being strict to him.

Benutzung eines Wörterbuchs

Wörterbücher sind für das Erlernen einer Fremdsprache unverzichtbar. Sie liefern eine Vielzahl von Informationen zu einem bestimmten Wort. Dazu zählen: wie viele Bedeutungen es hat, zu welcher Wortart es gehört, grammatische Aspekte wie die Form eines Substantivs im Plural oder die Zeitformen eines Verbs, Ableitungen, die Aussprache und natürlich Anwendungsbeispiele und die Übersetzung(en) dazu. All diese Informationen zu einem Wort nennt man **Eintrag** (*entry*).

Bekannte Wörterbücher der englischen Sprache sind:

Oxford English Dictionary (für britisches Englisch) und *Merriam-Webster's Collegiate Dictionary* (für amerikanisches Englisch).

Ein sehr nützliches Deutsch-Englisch/Englisch-Deutsch-Wörterbuch für die Schule ist das *Langenscheidt Schulwörterbuch Englisch.*

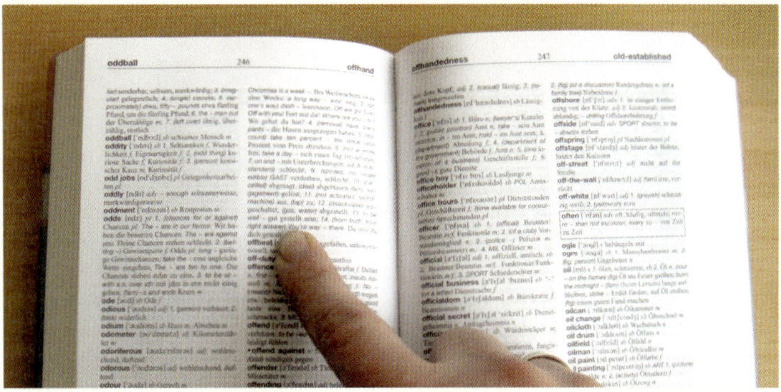

Bei der Arbeit mit Wörterbüchern ist es wichtig, dass du die Informationen des Wörterbucheintrags verstehst. Die Erklärung der verwendeten **Abkürzungen** findest du immer auf den ersten Seiten des Wörterbuchs. Diese solltest du genau lesen! Zu den gebräuchlichsten Abkürzungen in Wörterbüchern zählen etwa die Tilde (~), die in den Beispielen zu einem Wort dieses jeweils vertritt; grammatische Informationen, häufig kursiv gesetzt (z. B. *„n."* für *„noun"*, *„v.t."* für *„transitive verb"* oder *„v.i."* für *„instransitive verb"* oder *„adj."* für *„adjective"* in einem englischsprachigen Wörterbuch), oder auch kurze Informationen zur Sprach- bzw. Stilebene.
Außerdem sind die vielen **Beispiele** sehr wichtig, die bei der Mehrzahl der Wörter zu finden sind. Denn nicht immer ist die erste Übersetzung passend. Besser ist es, sich den ganzen Abschnitt zu dem entsprechenden Wort durchzulesen und dann die passende Übersetzung zu wählen. Achte dabei besonders auf den Zusammenhang, in dem das unbekannte Wort verwendet wird – dies ist häufig der Schlüssel zum Verständnis.

Das englische Verb ***(to) get*** hat eine Vielzahl von Bedeutungen. Je nach Zusammenhang bedeutet es z. B. „bekommen" *(I got this wonderful gift for Christmas)*, „sich etwas beschaffen/besorgen" *(I'm getting him a wonderful gift for Christmas)* oder auch „fangen/kriegen" *(You can run as fast as you like – I'm going to get you!)*.

Schließlich solltest du aber eines nicht vergessen: Niemand kann ein ganzes Wörterbuch auswendig lernen. Daher solltest du ein Wörterbuch auch immer nur als das benutzen, was es sein will: als Buch, in dem du unbekannte Vokabeln nachschlagen kannst.

fett gedruckt:
das gesuchte Wort

hochgestellte Zahl:
die wievielte Bedeutung

in den Schrägstrichen:
Lautschrift für die Aussprache

mean¹ /mi:n/ *n.* Mittelweg, *der;* Mitte, *die;* **a happy ~:** der goldene Mittelweg

mean² *adj.* 1 (niggardly) schäbig (abwertend) 2 (ignoble) schäbig (abwertend), gemein ‹*Person, Verhalten, Gesinnung*› 3 (shabby) schäbig (abwertend) ‹*Haus, Wohngegend*›; armselig ‹*Verhältnisse*›; **be no ~ athlete/feat** kein schlechter Sportler/keine schlechte Leistung sein

mean³ *v.t.,* **meant** /ment/ 1 (have as one's purpose) beabsichtigen; **~ well by** *or* **to** *or* **towards sb.** es gut mit jmdm. meinen; **I ~t him no harm** ich wollte ihm nichts Böses; **what do you ~ by [saying] that?** was willst du damit sagen?; **I ~t it** *or* **it was ~t as a joke** das sollte ein Scherz sein; **~ to do sth.** etw. tun wollen; **I ~ to be obeyed** ich verlange, dass man mir gehorcht; **I ~t to write, but forgot** ich hatte [fest] vor zu schreiben, aber habe es [dann] vergessen; **do you ~ to say that ...?** willst du damit sagen, dass ...? 2 (design, destine) **these plates are ~t to be used** diese Teller sind zum Gebrauch bestimmt *od.* sind da, um benutzt zu werden; **I ~t it to be a surprise for him** es sollte eine Überraschung für ihn sein; **they are ~t for each other** sie sind füreinander bestimmt; **I ~t you to read the letter** ich wollte, dass du den Brief liest; **be ~t to do sth.** etw. tun sollen 3 (intend to convey, refer to) meinen; **if you know** *or* **see what I ~:** du verstehst, was ich meine?; **I really ~ it, I ~ what I say** ich meine das ernst; es ist mir Ernst damit 4 (signify, entail, matter) bedeuten; **the name ~s/the instructions ~ nothing to me** der Name sagt mir nichts/ich kann mit der Anleitung nichts anfangen

meander /mɪ'ændə(r)/ *v.i.* 1 ‹*Fluss:*› sich schlängeln *od.* winden 2 ‹*Person:*› schlendern

meaning /'mi:nɪŋ/ *n.* Bedeutung, *die;* (of text etc., life) Sinn, *der;* **this sentence has no ~:** dieser Satz ergibt keinen Sinn; **if you get my ~:** du verstehst, was ich meine?; **what's the ~ of this?** was hat [denn] das zu bedeuten?

Zahlen:
Anzahl der Übersetzungen/ Bedeutungen

deutsches Wort:
Übersetzung

fett gedruckt:
Beispiele mit dem Wort

Tilde:
ersetzt das gesuchte Wort

Dreiecksklammer:
Bedeutung nach dem Zusammenhang, in dem das Wort steht

Ein Wörterbuch richtig benutzen

- Wörterbücher sind zum Nachschlagen von Informationen wie Übersetzung oder Gebrauch eines Wortes im Zusammenhang hilfreich.
- Finde heraus, wofür die Abkürzungen in dem von dir verwendeten Wörterbuch stehen.
- Wenn du nach der richtigen Übersetzung für ein bestimmtes Wort suchst, achte auf den Zusammenhang, in dem es verwendet wird. Lies dann den Eintrag für das Wort durch, bis du die Übersetzung gefunden hast, die in diesen Zusammenhang passt. Häufig ist die erste Übersetzung nicht die, nach der du suchst.
- Orientiere dich an den Verwendungsbeispielen von Vokabeln, wenn du möglichst treffend formulieren möchtest.
- Achte darauf, welche Präpositionen zusammen mit dem gesuchten Wort verwendet werden.

Neben den bekannten, gedruckten Wörterbüchern gibt es auch Wörterbücher auf **CD-ROM** und zahlreiche **Online-Wörterbücher.**

Das Online-Wörterbuch der LEO GmbH (Technische Universität München) findest du unter **www. leo.org**. Es ist kostenlos und bietet auch Aussprachebeispiele.

1

Eine **Arbeitsanweisung** bezieht sich auf alles, was der Lehrer im Unterricht von dir verlangt. Das kann ein Text sein, den du schreiben sollst, ein zu malendes Bild oder eine Hausaufgabe.

1.3 Arbeitsanweisungen richtig verstehen

Grundsätzlich solltest du Arbeitsanweisungen vom Lehrer gut erklärt bekommen und mit diesem Kapitel kaum Probleme haben. Falls das aber doch einmal nicht der Fall ist oder du dir unsicher bist, so helfen vielleicht die folgenden kurz vorgestellten Möglichkeiten.
Die wichtigste Voraussetzung, damit du Aufgaben zu Texten richtig bearbeiten kannst, sind dabei die folgenden Faktoren:

Wortlaut der Aufgabe Vollständige Erfassung des Textinhaltes	**Bezug zum Unterricht** Im Unterricht erworbene Methoden und Sachkenntnisse	**Eingrenzung der Aufgabenstellung** Was ist das Ziel der Aufgabe?

Ist die Aufgabe verständlich?

Damit du ganz sicher weißt, dass du eine Aufgabe auch wirklich richtig verstanden hast, solltest du vor der Bearbeitung Folgendes prüfen:

- **Wortlaut der Aufgabe:** Verstehst du genau, was mit den einzelnen Wörtern der Aufgabe gemeint ist? Falls dir etwas nicht vollkommen klar ist, dann frage deinen Lehrer – oder schau im Wörterbuch nach!
- **Beziehung zum Unterricht:** Häufig fragen Lehrer in Arbeiten und kurzen Tests genau die Dinge ab, die auch im Unterricht behandelt wurden. Viele Beispiele sind unter Umständen nur ganz leicht verändert. Versuche daher stets, noch einmal genau zu überlegen, wann welche Aufgabenstellung auch im Unterricht Thema war – vielleicht fällt dir die Lösung dann gleich ein!
- **Eingrenzung:** Was gehört zur Aufgabe – und was nicht? Du hast vielleicht mehr zu einem Thema gelernt, als in einer Arbeit abgefragt wird – dann achte unbedingt darauf, dass du wirklich nur das beantwortest, was auch gefragt ist!

Die Aufgaben werden mit unterschiedlichen Arbeitsanweisungen formuliert. Sie geben Hinweise auf die Tätigkeiten, die von dir erwartet werden.

Anweisung	Bedeutung
Describe ...	Beschreibe einen bestimmten Vorgang/Textausschnitt.
Complete ...	Schreibe einen Text fort oder ergänze ihn.
List ...	Nenne eine Reihe von bestimmten Aspekten.
Write ...	Schreibe einen eigenen (meist kreativen) Text.
Summarize ...	Fasse einen Text in eigenen Worten zusammen.
Compare ...	Vergleiche verschiedene Texte oder Ansichten.

Verständnisfragen

Verständnisfragen *(comprehension questions)* führen in ein Thema ein, überprüfen, ob du einen Text verstanden hast oder lenken deinen Blick auf wichtige inhaltliche Details. Dabei geht es häufig lediglich darum, noch einmal in eigenen Worten wiederzugeben, was in einem Text wirklich steht, und – nicht so sehr, was der Autor mit seinem Text eigentlich sagen will. Die eigentliche Aussage – wie auch andere Fragen, die über den eigentlichen Text hinausgehen – wird erst, wenn überhaupt, in einem weiteren Schritt abgefragt.

Die **Anforderungen einer Verständnisaufgabe** können sein:
- die **Zusammenfassung** eines Textes
- die Zusammenfassung eines Textes mit einer bestimmten **Leitfrage** (z. B. um genau zu überprüfen, ob du einen bestimmten Aspekt im Text verstanden hast)
- die **Erläuterung** von Begriffen, die im Text eine wichtige Rolle spielen (dadurch werden häufig auch Vokabeln abgefragt, die bereits gelernt wurden – du siehst also auch hier die Wichtigkeit von dauerhaftem Vokabellernen im Gegensatz zum Lernen auf einen kurzen Test)
- Fragen, die den Text mit anderen Texten **verknüpfen,** die im Unterricht behandelt wurden
- das **Schreiben eines eigenen Textes,** der mit dem von deinem Lehrer vorgegebenen Text im Zusammenhang steht (beispielsweise könnte die Aufgabe sein, einen vorgegebenen Dialog weiterzuschreiben)

Die Arbeit am Text

Gerade wenn dir ein längerer Text zur Bearbeitung vorliegt, solltest du diesen unbedingt markieren, damit du kein wichtiges Detail übersiehst.

Tipps für die Arbeit am Text:
- Da in der Regel mehrere Aufgaben zu einem Text gestellt werden, ist es sinnvoll, für jede Frage eine andere **Farbe** oder **Strichart** zu benutzen.
- Wenn du dann deine Antwort aufschreibst, vermeide unbedingt das wortwörtliche Abschreiben der markierten Textstellen! Sowohl die Zusammenfassung als auch die wichtigsten Thesen des Autors solltest du **mit eigenen Worten** formulieren. Schließlich will dein Lehrer ja nicht nur erkennen, ob du den Text so in etwa verstanden hast, sondern ob du wirklich damit arbeiten und dies auch auf Englisch ausdrücken kannst.
- Die vom Autor benutzten Schlüsselbegriffe kannst du hingegen verwenden – aber nur, wenn du sie in **Anführungszeichen** setzt.

1

1.4 Den Wortschatz erarbeiten

Ein umfangreicher Wortschatz ist eine der wichtigsten Voraussetzungen, um sich in einer Fremdsprache treffend ausdrücken zu können. Im folgenden Kapitel kannst du dich über verschiedene Methoden des Vokabellernens sowie des Umgangs mit unbekannten Wörtern informieren.

Zunächst einmal solltest du dich entscheiden, ob du mit einem **Vokabelheft** oder einer **Vokabelkartei** als Lerngrundlage arbeitest – und dieses nach Möglichkeit dauerhaft verwenden. In einem zweiten Schritt kannst du dich über Methoden informieren, die dir dabei helfen, Vokabeln besser zu behalten und auch nach längerer Zeit aus dem Gedächtnis abzurufen. In einem dritten Schritt kannst du sogenannte Erschließungstechniken einüben. Dabei handelt es sich um Techniken, mit deren Hilfe du die Bedeutung neuer Wörter auf verschiedene Arten erschließen und herleiten kannst. So kannst du unbekannte Wörter verstehen, ohne dir die deutsche Übersetzung anzusehen.

1.4.1 Neue Wörter lernen

15–20 Minuten tägliche Wortschatzarbeit sind genug!

Vokabeln lernen bedeutet, die Wörter einer Sprache so zu verinnerlichen, dass du sie jederzeit aus dem Gedächtnis abrufen und richtig anwenden kannst. Gleichzeitig bedeutet es, sich durch realistische Lernziele selbst zu motivieren. Beachte deshalb unbedingt drei Grundregeln beim Lernen neuer Wörter.

Regeln beim Lernen neuer Wörter

1. Teile den Lernstoff in **Portionen!** 8–12 Vokabeln pro Lerneinheit sind genug.
2. Vokabeln, die untereinander Ähnlichkeiten und Zusammenhänge aufweisen, kann man sich besser merken. Lerne daher, wann immer es geht, nach **Themen** bzw. in Wortfeldern.
3. Lege **Lernzeiten** fest und halte diese unbedingt ein! Es ist wichtig, Vokabeln regelmäßig zu lernen – am besten eine kleine Einheit täglich. Du behältst die neuen Wörter besser, wenn du nach dem Lernen eine Pause machst.

Verschiedene Lernmethoden:
Vokabelkartei, Vokabelheft, Lernprogramm

Es gibt mittlerweile eine große Fülle an Möglichkeiten, das Lernen von Vokabeln zu organisieren. Die meisten Schüler entscheiden sich weiterhin für Vokabelkartei oder -heft, doch auch Lernprogramme für den Computer erfreuen sich wachsender Beliebtheit. Wichtig ist, dass du dich für eine der Methoden entscheidest! Nur dauerhaftes, beständiges Lernen führt auch sicher zum Erfolg.

Die Vokabelkartei

Die Arbeit mit einer Vokabelkartei ist eine der besten Methoden, viele neue Vokabeln dauerhaft zu lernen. Du brauchst nicht mehr als einen Karteikasten, passende Karteikarten und Trennkarten.
Teile zur Vorbereitung den Karteikasten mit den Trennkarten – die ein wenig über die Karteikarten nach oben hinausragen sollen – in **drei Fächer.** Schreibe auf jede Karteikarte vorne die deutsche Bedeutung einer Vokabel und hinten das englische Wort mit einem Beispielsatz. Stelle diese Karteikarte zunächst in das erste Fach.

Sprich die Wörter – sowohl die deutschen als auch die englischen – unbedingt **laut** aus! Was man spricht und hört, kann man auch besser behalten.

Lernen mit der Vokabelkartei:

- Nimm eine Karte aus Fach 1 und lies das deutsche Wort laut vor. Weißt du die Vokabel auf Englisch, so stelle die Karte in Fach 2.
- Weißt du die Vokabel nicht, stelle sie als hinterste Karte zurück in Fach 1.
- Überprüfe in Fach 2 deine Rechtschreibkenntnisse: Lies ein paar deutsche Vokabeln laut vor und schreibe die englischen Wörter auf ein Blatt Papier. Weißt du in einem Fall das englische Wort nicht mehr, landet die Karteikartei wieder in Fach 1. Weißt du das Wort und schreibst es falsch, bleibt es in Fach 2. Ist es richtig geschrieben, kommt es in Fach 3.
- Auch die Vokabeln im dritten Fach müssen natürlich von Zeit zu Zeit wiederholt werden! Sortiere die Vokabeln aus dem dritten Fach erst dann aus, wenn sie ganz sicher gelernt sind.

Das Vokabelheft

Das Vokabelheft hat gegenüber dem Karteikasten den Nachteil, dass einmal eingetragene Vokabeln immer an derselben Stelle verbleiben.
Dafür kannst du es aber immer mit dir führen und z. B. in der Schule schnell nachschlagen, wenn es nötig ist. Kaufe ein Heft in der Größe DIN A5, nicht DIN A4, um die Lerneinheiten übersichtlich zu halten.

Unit 3: In the house
1. Rooms

vocabulary	translation	example sentence
living room	Wohnzimmer	My parents bought a new sofa for our living room.
kitchen	Küche	The kitchen is the room where all the meals are prepared.
bedroom	Schlafzimmer	I have my own bedroom – I don't have to share it with my sister or brother!

Achte darauf, beim Abschreiben der Vokabeln keine Fehler zu machen. Vergleiche dein Heft mit dem eines Freundes oder einer Freundin.

Lernen mit dem Vokabelheft:
- Schreibe alle neuen Vokabeln in das Heft und notiere neben der englischen Übersetzung unbedingt einen Beispielsatz.
- Lerne auch hier in Abschnitten: Lies fünf Vokabeln laut vor, schließe die Augen und versuche, die Vokabeln aus dem Gedächtnis zu wiederholen. Wiederhole dies so lange, bis du alle fünf Vokabeln gut beherrschst.
- Lerne auf keinen Fall mehr als eine ganze Vokabelseite im Heft auf einmal – zu viel Lernstoff führt nicht zu einem besseren Ergebnis.

Lernprogramme

Zusätzlich zu den genannten Methoden gibt es auch immer mehr Computer-Lernprogramme für Vokabeln, die sehr beliebt sind. Die Auswahl an solchen Programmen ist so groß, dass hier nur ein mögliches Beispiel genannt werden kann:
Das Vokabellernprogramm *phase-6* ist nach einem ähnlichen Prinzip wie der Karteikasten aufgebaut. Das Lernen mit diesem Programm funktioniert folgendermaßen:
- Schreibe eine neue Vokabel – genau wie bei einer Karteikarte, nur eben hier auf dem Computer – in das Programm.
- Lerne die Vokabeln in sechs zeitlich festgelegten Abschnitten. Phase 1 ist der Zeitpunkt, an dem du das neue Wort eingegeben hast. Die Phasen 2 bis 6 sind Wiederholungsphasen. Wann diese Wiederholung ansteht, kannst du entweder selbst bestimmen oder dich nach dem Zeitplan des Programms richten.

Weitere Methoden

Die folgenden Methoden sind besonders für Vokabeln hilfreich, die dir Schwierigkeiten bereiten.
Um sich auch diese Wörter gut merken zu können, braucht es manchmal eine besondere Hilfestellung.

Haftvokabeln:
Notiere besonders schwierige Vokabeln auf Haftnotizzetteln und klebe diese zu Hause auf.
Sprich die betreffende Vokabel immer dann laut, wenn sie dir ins Auge fällt.

Sprachaufnahme:
Du kannst schwierige Lernvokabeln auch z. B. auf einen MP3-Player mit Aufnahmefunktion sprechen.
Sprich zuerst das deutsche, dann – mit einigen Sekunden Abstand – das englische Wort.
Höre später die Aufnahme wieder an und sage die englische Vokabel in der jeweiligen Pause laut vor dich hin.

Wie du neue Wörter lernen kannst

Methode	Wie es funktioniert	Vorteile (+) und Nachteile (–)
Vokabelkartei	Lernen mit 3 Fächern, Sortieren der Vokabeln nach Wissensstand	+ effektive Selbstkontrolle – nur daheim
Vokabelheft	DIN-A5-Heft mit allen Vokabeln	+ überall verwendbar – keine Sortierung der Vokabeln möglich
Lernprogramm am Beispiel *phase-6*	Lernen am Computer, Abfrage der Vokabeln in sechs Schritten	+ Sicherung im Langzeitgedächtnis – nur am Computer – Anwendung im Satz fehlt
Haftnotizen	Notizzettel mit Vokabeln im Zimmer verteilen	+ nebenbei lernen – nur als Ergänzung
Sprachaufnahme	Vokabeln mit Pausen z. B. auf MP3-Player aufnehmen	+ gutes Training der Aussprache – ohne zu schreiben

Sprich bei der Aufnahme langsam und deutlich. Versuche, die richtige Aussprache gleich mitzulernen.

Wie du siehst, haben alle diese Methoden auch Nachteile. Natürlich kannst du dich auch für eine Mischform entscheiden, um die Nachteile auszugleichen. Benutze beispielsweise eine Vokabelkartei und mache zusätzlich ein paar Sprachaufnahmen, um auch ab und zu Vokabeln unterwegs zu lernen.

1.4.2 Den Wortschatz ordnen

Das Lernen vieler Vokabeln funktioniert viel einfacher, wenn du nach einer bestimmten Ordnung vorgehst. In den folgenden Abschnitten sind ein paar Möglichkeiten vorgestellt, wie du beim Lernen sinnvoll strukturieren kannst.

Wortfelder

Sind in einer Lektion *(unit)* beispielsweise 50 neue Wörter zu lernen, so geht das viel schneller, wenn du all die Wörter, die etwas miteinander gemeinsam haben, zusammenfasst und dann lernst. Gibt es viele Wörter, die zu einem gemeinsamen Oberbegriff passen, so spricht man von einem **Wortfeld** *(word field)*. Es gibt verschiedene Möglichkeiten, solche Wortfelder zu ordnen. Beispielsweise können Adjektive Unterbegriffe zu einem Substantiv sein. In der Regel bestehen Wortfelder jedoch ausschließlich aus Substantiven.

> Thematische **Wortfelder** werden aus einem **Oberbegriff** und den dazu passenden **Unterbegriffen** gebildet.

Das folgende, unvollständige, Beispiel hat den Oberbegriff *"house"*:

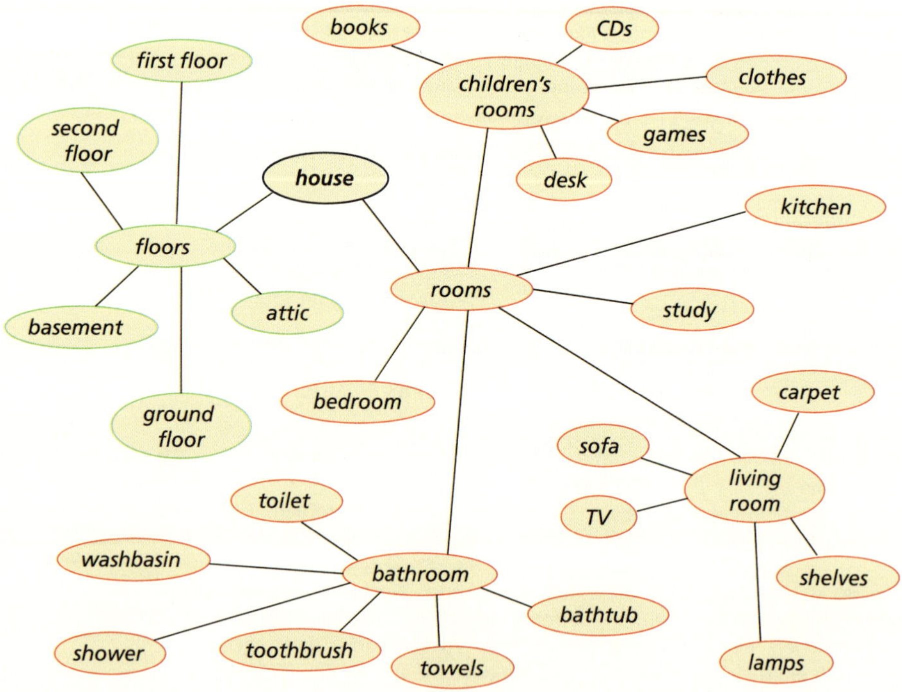

Wörter einem Wortstamm zuordnen

Wörter besitzen einen Wortstamm und oft auch sogenannte Wortbildungselemente.

> Der **Wortstamm** *(word stem)* ist unveränderlich, er behält seine Bedeutung auch in den verschiedenen Zusammensetzungen bei.
> Ein **Wortbildungselement** ist ein Teil eines Wortes, jedoch kein ganzes Wort für sich, z. B. Vorsilben oder Präfixe (*prefix*) und Nachsilben *(ending)*. Wortbildungselemente verändern das Wort zu einem anderen, allein ergeben sie jedoch keinen Sinn.

Das englische Adjektiv *"kind"* bedeutet „freundlich" oder „gütig". Hängt man die Vorsilbe *un-* davor, so erhält man *"unkind"* = „unfreundlich, gemein".
Falls du nun nicht weißt, was *"unkind"* bedeutet, so gibt es also die Möglichkeit, dass du den Wortstamm *"kind"* kennst. Dann lässt sich die Bedeutung des neuen Wortes leicht erschließen.

Gegensatzpaare, sinnverwandte und zusammengesetzte Wörter

Viele der Wörter, die du einem **Wortstamm** zuordnen kannst, sind entweder durch andere Begriffe ergänzt oder haben einen direkten Gegensatz. Diese veränderten Wörter kannst du in der Regel leicht erschließen.

Sinnverwandte Begriffe – bei denen zwei Wörter in etwa dasselbe bedeuten – nennt man verkürzt auch **Synonyme *(synonyms).*** In der Regel gibt es bei Synonymen aber kleine Bedeutungsabweichungen, die sich erst im Zusammenhang in einem Text erkennen lassen.

Demgegenüber gibt es die **Gegensatzpaare** – also zwei verschiedene Wörter, die einen Gegensatz ausdrücken.
Solche Gegensatzpaare nennt man auch **Antonyme *(antonyms, opposites).*** Es ist sehr viel einfacher, bei solchen Kombinationen beide Begriffe gemeinsam zu lernen.

Sinnverwandte Begriffe und Gegensatzpaare	Beispiele für Synonyme	Beispiele für Antonyme
Adjektive	*beautiful, lovely, pretty, splendid, gorgeous, pleasant*	*pleasant – unpleasant*
Verben	*(to) sleep, (to) rest, (to) doze, (to) nap*	*rise – fall*
Substantive	*house, home, residence, domicile, building*	*fire – water* *sky – earth*

Zusammengesetzte Wörter, in denen zwei oder mehr Wörter ein neues Wort bilden, nennt man auch **Komposita.** Dabei können verschiedene Wortarten, z. B. **Substantive, Adjektive** oder **Verben** miteinander kombiniert werden.

> **Komposita** *(compound words)* erhältst du, wenn du zwei Wörter kombinierst, die zusammen ein neues Wort mit eigenständiger Bedeutung ergeben. Im Singular heißen Komposita **Kompositum.**

Beispiele für zusammengesetzte Wörter

1. word	*2. word*	*compound word*
home	*work*	*homework*
cup	*board*	*cupboard*
web	*site*	*website*

Im Deutschen gibt es deutlich mehr Komposita als im Englischen, was allerdings teilweise nur an der Rechtschreibung liegt, denn im Englischen werden viele zusammengesetzte Wörter getrennt geschrieben, z. B. *school bag, garden party.*

1.4.3 Unbekannte Wörter verstehen

Neue Vokabeln zu lernen, ist wichtig, und das nimmt dir auch niemand ab. Wenn du aber erst einmal einen großen Wortschatz hast, so kannst du manchmal auch neue Wörter lernen, ohne dir überhaupt die deutsche Übersetzung anzusehen. Dies funktioniert über sogenannte **Erschließungstechniken.**

Wörter aus dem Textzusammenhang erschließen

Der folgende, kurze Text benutzt fast nur Wörter, die du spätestens in Klasse 7 lernen solltest. Die fett gedruckten Wörter hingegen sind schwierigere Begriffe. Versuche einmal, sie aus dem Zusammenhang heraus zu verstehen – das sollte dir in dem einen oder anderen Fall nicht schwerfallen.

▸ Eine **Erschließungstechnik** kann sein, dass du ein englisches Wort in ähnlicher Weise aus einer anderen Sprache kennst, oder aber, dass du ein Wort aus dem Zusammenhang des Textes kennst.

Sarah lay on her bed, reading a book that was more than funny – it was so ***hilarious*** *she couldn't stop laughing. Her mother came into the room and said: "Stop laughing so hard – your father is trying to work, and now he is so* ***distracted*** *he can't concentrate anymore!"*
Sarah ***replied:*** *"I'm sorry, mom, but the book I'm reading is just so funny! You should read it, too – it's not just funny, but clever and* ***witty,*** *too."*

Im ersten Satz lässt sich leicht herauslesen, dass *"hilarious"* eine Steigerung von *"funny"* sein muss – tatsächlich bedeutet es „urkomisch" oder „lustig".
Im zweiten Satz ist der Zusammenhang wie folgt: Sarahs Vater kann nicht sich nicht mehr konzentrieren, da sie zu laut ist und er deswegen ________ ist. Selbst wenn man überhaupt kein Wort für die Lücke vorgegeben hat, kann man auf die tatsächliche Bedeutung (*distracted* = abgelenkt) kommen.
Auf ähnliche Weise lässt sich bei den anderen Beispielen verfahren: *"replied"* = „erwiderte"; *"witty"* = „geistreich" oder „clever".

Wörter mit Wörtern aus anderen Sprachen erschließen

Der zweite Text, der dich mit Erschließungstechniken vertraut machen soll, beinhaltet einige Wörter, die in anderen Sprachen ähnlich gebraucht werden wie im Englischen. Auch diese kannst du wahrscheinlich gut aus dem Zusammenhang verstehen – oder aber du kennst sie aus der jeweiligen Fremdsprache. Gerade dann, wenn du in der Schule Latein lernst, wird dir das für das Englische viel helfen – eine große Menge an englischen Wörtern kommt ursprünglich aus dem Lateinischen.

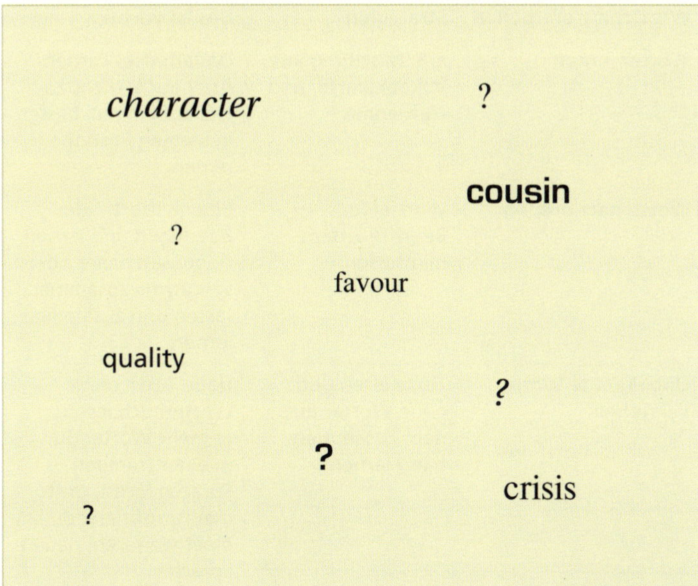

1

Wenn du nach Englisch eine 2. Fremdsprache lernst, versuche ab und zu, Wörter, die in beiden Sprachen ähnlich sind, aufzuschreiben. Dadurch lassen sich Wörter nicht nur gut lernen, sondern du vermeidest auch, die Sprachen durcheinanderzubringen!

Sarah sat on her bed, reading a book that was more than funny – it was hilarious! Her mother came into the room and said: "Are you making ***progress,*** *Sarah?" Sarah* ***responded:*** *"I sure am, mom." Then her mother told her that* ***Sarah's cousin*** *Jane was on the phone for her. Sarah went down to the kitchen, took up the phone and said: "****Hello,*** *Jane!" – to which Sarah replied, "Hi, Sarah – do you want to watch the new* ***reality*** *TV show with me tonight?"*

Das erste fett gedruckte Wort im Text, *"progress"*, stammt ursprünglich aus dem Lateinischen – es ist abgeleitet von *„progressio"*. Hast du also entweder das lateinische oder das englische Wort einmal gelernt, kannst du es dir in der anderen Sprache ganz einfach ableiten.
Das funktioniert natürlich auch mit den anderen Wörtern:
- *"responded"*, abgeleitet vom Verb *"to respond"* bzw. vom Substantiv *"response"*, gibt es in ähnlicher Form im Französischen („résponse").
- Das englische Wort *"cousin"* kennst du vom Deutschen „Cousin".
- Zu *"Hello"* gibt es gleich mehrere Sprachen, in denen ein ähnliches Wort verwandt wird.
- Dasselbe gilt für *"reality"* (z. B. „Realität" im Deutschen oder *„réalité"* im Französischen oder *„realidad"* im Spanischen).

Aber Vorsicht: Manchmal werden deutsche Wörter im Englischen anders benutzt als im Deutschen! Das Wort „Blitz" zum Beispiel bezeichnet im Englischen eine Taktik im *American Football.*

Zusammenfassung: Wortschatz erarbeiten

Wortschatz erarbeiten	Strategien	Das ist wichtig
Wörter lernen	z. B. Mischung aus Vokabelkartei und Aufnahme	Dauerhaftes Lernen! Aber auch: Nicht zu viel auf einmal, besser in kleinen Portionen lernen.
Wortschatz ordnen	Wortfelder, Begriffe zusammenfassen	Eigene Wortfelder überlegen und lernen. Gegensatzpaare oder Synonyme zusammenfassen und zusammen lernen.
Unbekannte Wörter verstehen	Texte lesen und neue Wörter aus dem Zusammenhang lernen	Neue Texte ohne Wörterbuch lesen. Je mehr Wörter du in einer fremden Sprache lernst, desto mehr profitierst du bei einer weiteren, neuen Sprache.

1.5 Texte schreiben

Im Unterricht lernst du, englische Texte über unterschiedliche Themen zu schreiben. Hier ist es wichtig, Wortwahl, Struktur und äußere Form des Textes der Situation und dem Thema anzupassen.
Eine E-Mail, die du einem Freund schreibst, unterscheidet sich von einem Brief, in dem du dich beschweren möchtest. Während des Unterrichts fertigst du häufig Mitschriften oder Notizen an. Solche Texte entstehen spontan und dürfen daher ungeordnet und stichwortartig sein. Sie sind für deinen persönlichen Gebrauch und für eine spätere Ausarbeitung bestimmt. Texte, die für andere Leser bestimmt sind, sollten zusammenhängend formuliert und klar aufgebaut sein. Dadurch kann der Leser deinen Gedankengang besser nachvollziehen.

Im Englischunterricht schreibst du häufig **Sachtexte** (z. B. *description, report*) oder **kreative Texte** (z. B. *dialogue, diary entry, letter* oder *story*); manchmal musst du Aufgaben zu einem Text bearbeiten.
Je nach Aufgabenstellung kann der **Schreibprozess gelenkt** sein. Dabei bekommst du Angaben, an die du dich halten musst. Du kannst aber auch deiner Fantasie in einem weiten Rahmen freien Lauf lassen. Hierbei handelt es sich dann um einen **freien und ungelenkten Schreibprozess.**

Das Schreiben eines englischen Textes bedeutet ein Umschalten von der Muttersprache zur Fremdsprache. Für das Schreiben eines englischen Textes sind folgende Punkte zu beachten:

Worauf du beim Schreiben eines englischen Textes achten solltest	**Beispiele**
Schreibe sauber und gut leserlich. Lass einen Rand für Korrekturen und Ergänzungen frei. Benutze treffende Formulierungen. Trenne die Sätze mit Satzzeichen.	*We had a great time. I enjoyed every minute there because the weather was fantastic.*
Das Verb und nicht das Nomen bildet den Mittelpunkt des Satzes.	*"This means that …"* klingt besser als *"Its meaning is …"*
Verknüpfe deine Sätze durch Konjunktionen und andere Satzverknüpfungen.	*As soon as we had arrived at the campground we started to set up our tent. Next we prepared everything for our supper. During the night we put out our camp fire.*
Beantworte Fragen immer in der gleichen Zeitstufe, in der die Frage gestellt wurde.	*Why did Linda stay at home on Saturday night? (simple past)* *She stayed at home on Saturday night because her Mum did not allow her to go out. (simple past)*

1.5.1 Themenfindung

Eine **Präsentation** ist ein mündlicher Vortrag, der die Zuhörer über ein bestimmtes Thema informiert.

Besonders bei **Referaten** und **Präsentationen** kann es vorkommen, dass der Lehrer oder die Lehrerin dir die Aufgabe gibt, das Thema genau zu formulieren und inhaltlich einzugrenzen. Falls du von deinem Lehrer keine Einschränkung bzw. konkrete Festlegung bekommst, bestimmst du die Richtung des Themas. Du legst als Verfasser fest, welches dein Schwerpunkt werden soll. Es ist sinnvoll, vom eigenen Interesse oder von deinen Vorkenntnissen auszugehen.

Um den Zugang zu einem Thema und den dazugehörigen Unterthemen zu finden, gibt es verschiedene **Methoden:**
- das *brainstorming*
- das *clustering*
- das *mindmapping*

Brainstorming

engl. *brainstorm* = „Geistesblitz"

Bevor du das Thema formulierst, kannst du mithilfe des Brainstormings zunächst einmal alles notieren, was zu diesem Thema passt. Beim Brainstorming versuchst du zunächst einmal, spontan das zu notieren, was du bereits zu diesem Thema weißt. Du schreibst diese Begriffe und Fakten stichwortartig untereinander oder in tabellarischer Form auf. So verschaffst du dir einen ersten Überblick über das Thema. Außerdem findest du heraus, worüber du noch weitere Informationen einholen musst und welche Informationen für dein Thema nicht wichtig sind.

Ein Brainstorming zum Thema *"Explore the situation in Australian detention camps"*, bei dem die Stichpunkte tabellenartig angeordnet sind:

What do I know already?	***What else needs to investigated?***	***What information is irrelevant?***
• *immigrants arrive by boat → "boat people")* • *Australia is not able to deal with the illegal people – or just not willing to?* • *immigrants were sent to detention camps* • *suffered from bad conditions* • *camps are over-crowded* • *Australian govern-ment criticized*	• *what happened in the detention camp?* • *who criticized the Australian govern-ment?* • *why does Australia insist on such strict im-migration rules?*	• *boats were caught during the night* • *prime minister defended election platform* • *people had nothing to drink*

Cluster

▸ engl. *cluster* = „Büschel, Menge"

Soll zum Beispiel zu dem Thema *„Native Americans"* ein Text verfasst werden, so können spontane Einfälle auch ungeordnet in Form eines Clusters, einer **„Gedankentraube"** *(clustering)* um den zentralen Begriff herum aufgeschrieben werden. Dadurch entsteht eine umfangreiche Sammlung von Ideen. Diese Sammlung kannst du durch die Befragung z. B. von Mitschülern ergänzen. Die Vorkenntnisse zu einem Thema werden gesammelt, und es könnte das folgende Cluster entstehen:

Mindmap

▸ engl. *mindmap* = „Gedankenplan" oder „Gedächtniskarte"

In einem weiteren Schritt kannst du nun die spontanen Einfälle ordnen. Du kannst wichtige von weniger wichtigen trennen. Außerdem kannst du solche graphisch miteinander verbinden, die in einem logischen oder zeitlichen Zusammenhang miteinander stehen. So entsteht eine Mindmap.
Die ersten Einfälle werden unter Oberbegriffe zusammengefasst, und du erhältst Unterthemen zum Themenfeld *"Native Americans"*:

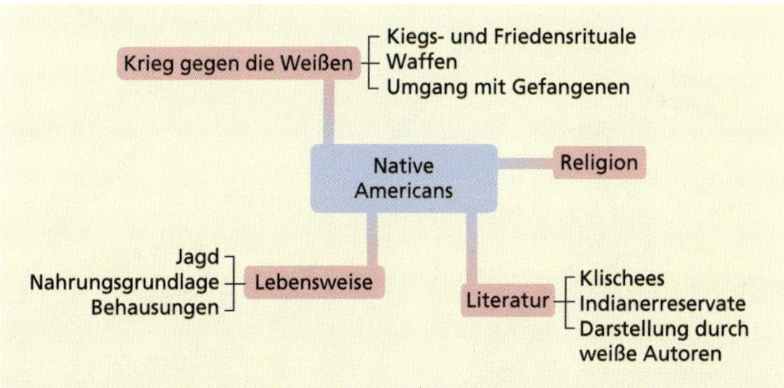

Ein weiteres Thema, das sich aus der Unterrichtssituation oder aus einem gegenwärtigen bzw. zukünftigen Lerngegenstand ergeben kann ist z. B. *"Being a teenager – best years of life"*. Bei diesem Thema kann es hilfreich sein, wenn du dir beim Sammeln von Ideen und Vorwissen z. B. deine eigene Situation zu Hause und in der Schule ins Gedächtnis rufst oder deine Mitschüler oder Familienangehörige befragst.
Mache dir zu allen wichtigen Punkten Notizen. Wähle dann einen Themenschwerpunkt aus. Aus deinen Vorüberlegungen kann sich unter Umständen das Thema *"Teen Pregnancy"* ergeben. Zu diesem Thema gibt es viel zu diskutieren und zu erklären. Zunächst ordnest du deine Informationen nach Themen. Du kannst die einzelnen Aspekte auf kleine Zettel schreiben und Zettel mit gleichem Thema auf ein Häufchen legen.

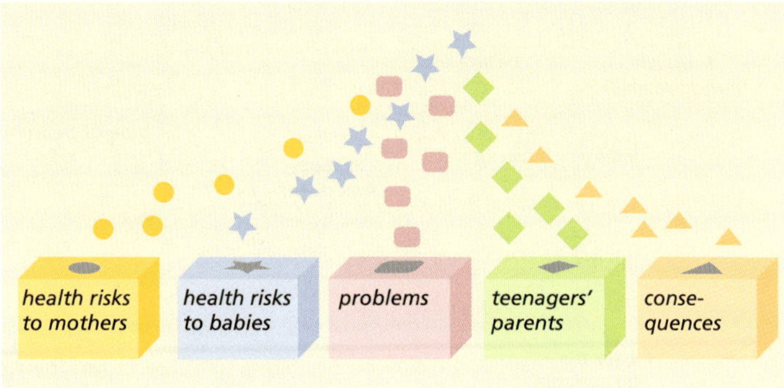

Anschließend kannst du mit der Mindmap beginnen, die dir hilft, die eigenen Gedanken zu sortieren.

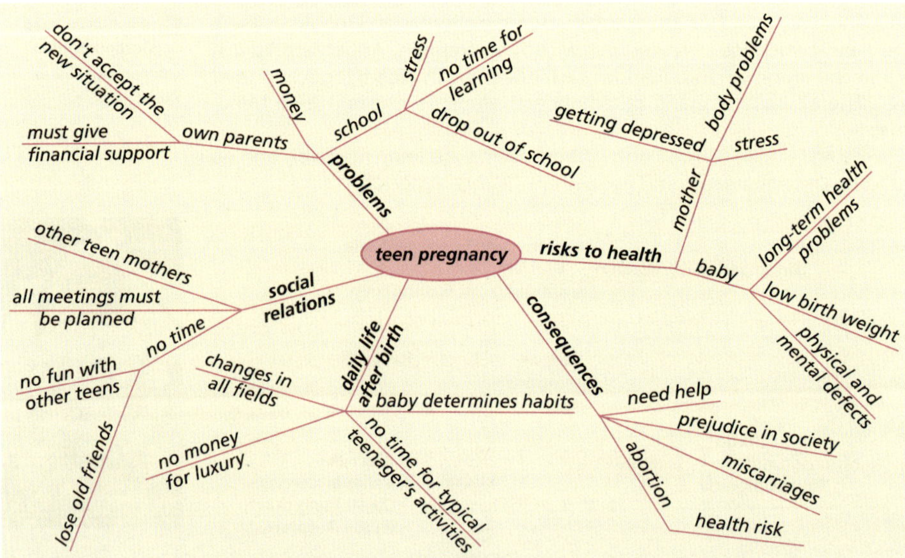

1.5.2 Materialsuche und Recherche

Du möchtest dein Cluster oder deine Mindmap mit weiteren Ideen stützen und vertiefen. Bei dieser Arbeit ist es wichtig, zuverlässige **Quellen** zu finden. Gute Quellen sind neutral gehalten und stellen das Thema objektiv dar. Wenn du dir bei einem Thema nicht sicher bist, dann solltest du auf jeden Fall alle Behauptungen, auf die du triffst, überprüfen.

Bibliotheken

Suche dir gleich zu Beginn vertrauenswürdige Quellen. Traditionelle Orte wie die **Schul- oder Stadtbibliothek** bieten dir eine erste Anlaufstelle. Achte jedoch immer auf das Erscheinungsdatum eines Buches oder einer Zeitschrift, da der Bestand an Literatur durchaus veraltet sein kann.

Der Bestand einer Bibliothek ist in einem **Katalog** verzeichnet. Das kann ein herkömmlicher Zettelkasten sein mit Karteikarten, auf denen der Name des Autors, der Titel des Buches, Erscheinungsort und -jahr sowie die Signatur verzeichnet sind. Viele Bibliotheken haben ihre Kataloge jedoch digitalisiert. Wenn du ein Buch suchst, gibst du am Computer den Namen des Autors oder den Titel ein und erhältst die Signatur, mit der du das Buch bestellen und ausleihen kannst. Du kannst aber auch Schlagwörter in die Suchmaske eingeben, wenn du allgemein zu einem Thema suchst. Ist ein Buch, das du bestellt hast, bereits ausgeliehen, kannst du es vorbestellen. Sobald es zurückgegeben wird, erhältst du eine Benachrichtigung, dass das Buch nun für dich zum Abholen bereitliegt.

▶ Eine **Signatur** ist eine Kombination aus Buchstaben und Zahlen, unter der ein Buch in einer Bibliothek geführt wird und anhand deren man es findet.

Lexika oder **Enzyklopädien** sind für den Einstieg in die Materialsuche besonders hilfreich. Lexika gibt es als Buchausgabe, online oder auf CD-ROM. Alle Lexika sind alphabetisch nach Stichworten geordnet. Am Ende von Lexikonartikeln findest du oft eine Liste mit weiterführender Literatur.

▶ Links zu den **Onlinekatalogen** deutscher Bibliotheken findest du unter www.hbz-nrw.de/recherche/linksammlung/

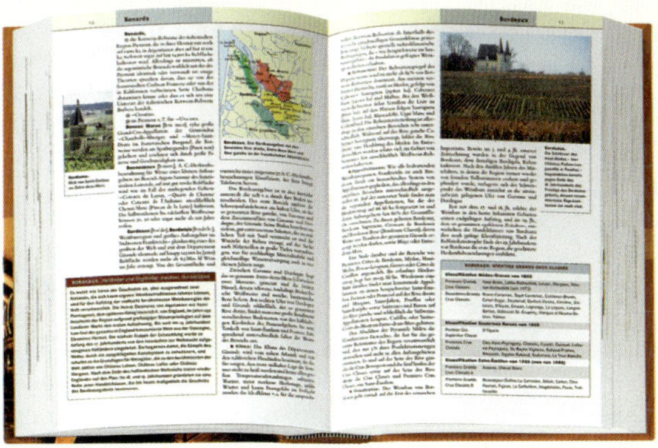

Unter Umständen musst du eine Weile suchen, bis du das richtige Stichwort gefunden hast. Oft beziehen sich mehrere Lexikonartikel aufeinander und ergänzen sich. Deshalb folgst du am besten den **Verweisen** auf weitere Artikel.

Zeitschriften und **Zeitungen** bieten dir ebenfalls zuverlässige und aktuelle Informationen. Sie liefern dir vor allem Informationen zum Zeitgeschehen. Je jünger das Ausgabedatum, desto mehr verwendbare aktuelle Fakten, Bilder und Zitate sind vorhanden.
Viele Zeitschriften und Zeitungen bieten dir die Möglichkeit, online Artikel nachzulesen. Auch in zahlreichen Schulbüchereien liegen aktuelle Ausgaben von Zeitungen und Zeitschriften aus. Falls du immer noch eine bestimmte Zeitung oder Zeitschrift suchst, kannst du deinen Lehrer oder deine Lehrerin um Hilfe bitten.

Zeitungen	Zeitschriften
The Guardian (GB) *The Independent (GB)* *The Times (GB)* *The New York Times (US)* *The Washington Post (US)* *The Sydney Morning Herald* *Melbourne Herald Sun*	*The Economist* *The Spectator* *Time Magazine* *Newsweek* *The Times Literary Supplement*

Ein wichtiges Hilfsmittel bei der Materialsuche sind **Wörterbücher.** Sie können als Printmedium oder als Online-Wörterbuch genutzt werden.
Online-Wörterbücher bieten die kostenlose Übersetzung von Begriffen und Beispielen für ihre Verwendung in Sätzen. Du kannst dir darüber hinaus auch Aussprachebeispiele anhören – die sind allerdings nicht immer gut verständlich.
Liest du beispielsweise einen Text online und möchtest ein Wort nachsehen, kannst du das Onlinewörterbuch in einem zweiten Fenster öffnen. Auf diese Weise wird es dir ermöglicht, das unbekannte Wort direkt nachzuschlagen.
Das Anklicken der **Übersetzungsfunktion** neben einem auf der Google-Seite angezeigten Suchergebnis bringt wenig Erfolg. Die Qualität der Übersetzung ist nicht ausreichend, um den Text zu verstehen. Daher ist es ratsam und bei Weitem zuverlässiger, für die Recherche auf ein Wörterbuch in Printausgabe zurückzugreifen.

▸ Das Online-Wörterbuch der LEO GmbH (Technische Universität München) findest du unter www. leo.org.

Internet

Das **Internet** ist in letzten Jahren zu einer beliebten Quelle für Hintergrundinformationen geworden. Es bietet dir die Möglichkeit, schnell und einfach Informationen zu einem aktuellen Thema zu bekommen.

Für die Suche im Internet sind **Suchmaschinen** sehr hilfreich. Sie sind einfach in der Handhabung und liefern binnen Sekunden eine umfangreiche Ergebnisliste. Zu den gängigen Suchmaschinen gehören:

- www.allesklar.de
- www.altavista.de
- www.google.de
- www.klug-suchen.de
- www.wer-weiss-was.de
- www.yahoo.de

Die Suche im Internet funktioniert ähnlich wie die Suche im Lexikon mit **Schlagwörtern,** die in die Suchmaschine eingegeben werden. Allerdings kannst du eine Suchmaschine mit mehreren Schlagwörtern zur gleichen Zeit „füttern", sodass du nach Eintragungen suchen kannst, die sich auf alle eingegebenen Schlagwörter beziehen. Außerdem kannst du bestimmen, in welcher **Sprache** die gesuchten Webseiten verfasst sein sollten.

Um die Sprache zu wählen, in der die Webseiten verfasst sein sollen, klickst du z. B. in der Google-Suchmaske die Funktion „Sucheinstellungen" oder „Sprachtools" an.

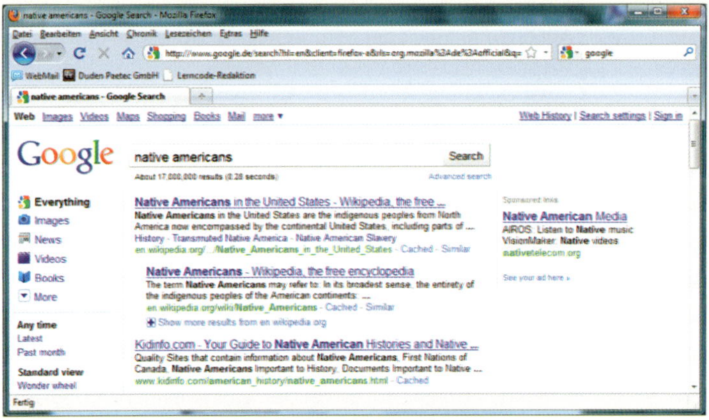

Die Suche zu einem Schlagwort kann unter Umständen eine Unmenge an Informationen liefern. Um die Menge der Suchergebnisse zu begrenzen, setze die Funktion „erweiterte Suche" ein.
Hast du eine Anzahl an Suchergebnissen erhalten, wähle die beste Webseite aus. Zunächst sollen die Texte zum Thema umfassend informieren. Vorteilhaft sind auch Webseiten, die Bilder und Karten bieten.

Die Arbeit beginnt jedoch damit, aus der Vielzahl an ermittelten Funden die **passenden Informationen** herauszufinden und dabei auf **vertrauenswürdige** und **ernstzunehmende Inhalte** zu achten. Da im Internet jeder veröffentlichen kann, ist es besonders wichtig, die Qualität der gefundenen Materialien zu beurteilen.

1

Häufig steht auf der Startseite einer Website ein Hinweis auf die letzte Aktualisierung *(last update; last modified)*. Über den Herausgeber der Website findest du meist Informationen unter „Impressum" oder *"About the author"*.

Merkmale einer guten Website:
- **Aktualität:** Ein Hinweis auf die letzte Aktualisierung zeigt, ob eine Website gepflegt und regelmäßig um neue Informationen ergänzt wird. Seit längerem nicht mehr aktualisierte Seiten können unzutreffende Informationen enthalten.
- **Herausgeber:** Der Name und die E-Mail-Adresse des Internetangebotgestalters sollte aufgeführt sein.
- Die **Darstellung der Inhalte** sollte möglichst sachlich und nicht einseitig sein.
- Die Website sollte eine **Sitemap** haben, um so dem Benutzer einen Überblick über die Webpages zu geben.
- Das Angebot soll übersichtlich aufgebaut sein, d.h. die **Links** sollten oben oder in der linken Spalte direkt zu den wichtigsten Abschnitten führen.

Um die Qualität der gefundenen Materialen zu beurteilen, solltest du beachten, dass jede beliebige Person und Organisation Informationen ins WWW (World Wide Web) stellen kann. Seriöse Webseiten erkennt man meist schon an ihrer **Top Level Domain.**

Der Punkt vor der Top Level Domain heißt im Englischen *dot*.

Top Level Domain	Bewertung
.ac .edu	Adressen mit *.ac* oder *.edu* stehen für *academic* und *educational.* Diese Webseiten werden von Universitäten unterhalten, und ihre Informationen sind meist relativ zuverlässig. Vorsicht ist jedoch bei privaten Webseiten von Studenten geboten.
.org	Die Top Level Domain *.org* deutet auf eine Organisation hin, die hinter dieser Webseite steht. Je nach Absicht und Aufgabe der Organisation können diese Informationen sehr gut, aber auch einseitig und subjektiv sein.
.com	Kritisch müssen Seiten mit *.com* gelesen werden. Sie waren ursprünglich Unternehmen vorbehalten, stehen aber heute jedem Nutzer zur Verfügung.
.de .co.uk .ca .au	Länderspezifische Top Level Domains wie *.de* (für Deutschland), *.co.uk* (für Großbritannien), *.ca* (für Kanada) oder *.au* (für Australien) sind frei zugänglich. Die entsprechenden Webseiten sind daher kritisch zu prüfen.

Bei der Internetrecherche solltest du dich jedoch nicht auf die Suchmaschinen verlassen. Für eine genaue und ordentliche Suche ist ein ernstzunehmendes Portal wichtig. So ist z.B. die Homepage eines **Forschungsprojekts einer Universität** ein guter Ausgangspunkt für die Recherche. Es gibt auch zahlreiche von Schülern und Studenten erstellte und betreute **Infoportale.** Allerdings werden solche Texte teilweise recht unkritisch ins Netz gestellt. Bei Auffälligkeiten ist es wichtig, dass du die Informationen aus anderen Quellen beziehst.

Viele Printmedien sind auch online zugänglich. Sie können für die Materialsuche sehr hilfreich sein.

Online-ausgabe von Enzyklopädien	www.britannica.com	*Encyclopædia Britannica* (englisch)
	www.blartleby.com/65	*Columbia Encyclopedia* (englisch)
	www.schuelerlexikon.de	Fachlexika von Basiswissen Schule (deutsch)
Onlineausgabe einiger englischsprachiger Zeitungen und Zeitschriften	www.guardian.co.uk	Onlineausgabe der englischen Tageszeitung *The Guardian*
	www.timesonline.co.uk	Onlineausgabe der englischen Tageszeitung *The Times*
	www.nytimes.com/learning/index.html	eine Schülerausgabe der *New York Times*
	www.newsweek.com	das Magazin *Newsweek*
Online-Wörterbuch	www.leo.org	das zweisprachige Wörterbuch der TU München
	www.merriam-webster.com	das einsprachige Wörterbuch *Merriam Webster*
	www.yourdictionary.com	Sammlung von Online-Wörterbüchern

Viele Onlinelexika sind kostenpflichtig. Die Internetenzyklopädie **Wikipedia** (www.wikipedia.org) ist frei zugänglich. Die Artikel werden nicht von einer Redaktion eines Verlages verfasst, sondern jeder kann Einträge beisteuern. Daher sind die Artikel kritisch zu prüfen.

Die Sonderzeichen in Webadressen nennt man:
- \- dash
- _ underscore
- / slash
- \ backslash

Willst du Material einer Webseite für dein Referat verwenden, musst du die Fundstelle angeben. Internetadressen werden nach einer Regel zitiert.

Zitieren von Internetadressen
- Verfasser, Titel der Internetseite, genaue Adresse (URL), Datum, an dem du die Seite aufgerufen hast
- Internetadressen in alphabetischer Reihenfolge angeben

Der Nachweis einer Internetadresse kann z. B. so aussehen: „Wie kommt ein Wort in den Duden?", http://www.duden.de/ueber_duden/wie-kommt-ein-wort-in-den-duden (letzter Zugriff: 31.01.2014)

Andere Medien

Statistiken kannst du statistischen Jahrbüchern, Statistischen Landesämtern oder dem Statistischen Bundesamt entnehmen (www.destatis.de). Nachrichtensendungen oder Reportagen im **Fernsehen** (ARD, ZDF, WDR, BR, HR, news.bbc.co.uk) bieten dir die neuesten Informationen zu aktuellen Themen. Handelt es sich um weiter zurückliegende Ereignisse, kannst du Aufzeichnungen von den Sendern erhalten.

1.5.3 Materialsichtung und Auswahl

Du hast eine Vielzahl von Materialien für dein Referat gefunden. Nun ist es an der Zeit, die Texte oder Bilder genau durchzusehen und das geeignete Material auszuwählen. Du wirst feststellen, dass dies bei einer großen Fülle an Texten und Bildern nicht einfach ist.

▶ Es ist hilfreich, längere Texte mit eigenen Worten zusammenzufassen.

Hast du viele Texte von Internetseiten, empfiehlt es sich, **Ausdrucke** anzufertigen. Auf einem Ausdruck liest sich ein Text leichter als am Bildschirm. Außerdem kannst du dir jederzeit Notizen an den Rand des Textes machen oder wichtige Passagen unterstreichen.

Zunächst solltest du die gesammelten Texte und Textausschnitte kritisch prüfen. Dies heißt, dass du die **Herkunft der Materialien** hinterfragen solltest: Die Selbstdarstellung einer britischen Schule vermittelt Informationen beispielsweise in anderer Weise als die zusammenfassende Darstellung einer Austauschorganisation.

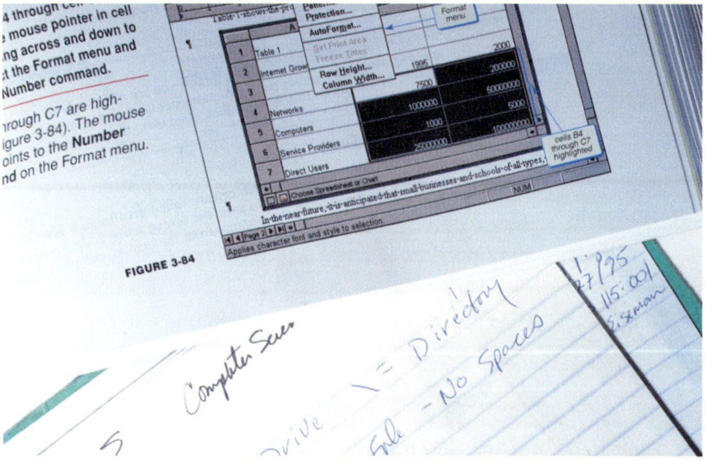

Neben der Herkunft des gefundenen Materials sind auch die Wichtigkeit und der **Informationsgehalt der Texte** und anderen Quellen von großer Bedeutung. Texte, Textteile, Bilder oder Zahlenmaterial, die deiner Meinung nach für dein Thema wichtig sein können, solltest du sofort als brauchbares Material zur Seite legen.

Wenn du genügend sinnvolles Material gesammelt hast, dann solltest du dieses nach folgenden Punkten untersuchen. Dient der Text
- zum Markieren und Unterstreichen,
- zum Anbringen von Randnotizen,
- zur Strukturierung,
- zur Zusammenfassung,
- zum Anfertigen von Stichpunktzetteln,
- zum Aufdecken von Zusammenhängen,
- dazu, Vergleiche mit der eigenen Lebenswirklichkeit zu ziehen.

Im nächsten Schritt ordnest du die Materialien und Informationen thematisch. Dazu kannst du dir Stichpunkte machen oder z. B. auch eine Tabelle anlegen. Mithilfe einer Tabelle kann man das gewonnene **Wissen sortieren und strukturieren.** Dadurch wird deutlich, was zusammengehört bzw. über- oder untergeordnet ist. Beim Erstellen von Tabellen sind die Kriterien wichtig, nach denen die Einordnung vorgenommen werden soll.

Das thematische Material zum Thema *"Teen pregnancy"* könnte z. B. in folgender Weise übersichtlich in einer Tabelle dargestellt werden.

Thematisches Material zum Thema *"teen pregnancy"*

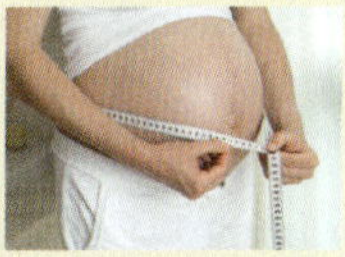

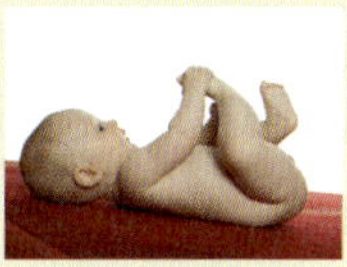

problems	*health risks to the teenage mother*	*health risk to the baby*	*consequences for teenagers' parents*	*conclusions*
girls are too young to look after a baby	*under 16 five times more likely to die during or shortly after pregnancy than women between 20 to 24*	*babies have a higher health risk (e.g. low birth weight)*	*have to help their daughters to look after the baby*	*organizations which take care of teenage mothers and their babies*
young fathers are often absent	*high death rate among girls under 15*	*babies may die at an early age*	*have to give them money*	*specialists and mothers support and advise young mothers*
don't know what happens to their body	*don't eat properly and healthily during pregnancy, so they suffer premature or prolonged labour*	*young mothers might smoke, drink alcohol or take drugs, which is bad for the baby and its health*	*must keep an eye on their grandchildren*	*start campaigns for safer sex methods and how to avoid pregnancy*
don't know what it means to have a baby and to have responsibility for somebody else	*high stress factor*		*must change their daily life when the baby is born*	*all pregnant teenagers should have medical care beginning early in their pregnancy*
sometimes they must leave / want to leave school	*teens can catch sexually transmitted diseases*		*the daughter's baby is also the grandmother's baby, although not really wanted*	*parents should guide their children and offer enough information about sexuality and its risks*
money problems				

Eine solche Darstellung des Themas bietet dir recht schnell einen **Überblick,** da die verschiedenen Fakten auf einen Blick in Beziehung zueinander gesetzt werden. Du kannst dich jetzt entscheiden, ob du das ganze Thema zum Inhalt deines Referats oder Aufsatzes machen möchtest oder ob du dir nur **einige Aspekte** aussuchst. Darüber hinaus gibt dir eine solche Tabelle bereits eine Hilfestellung für die später anzufertigende Gliederung. Eine Tabelle, die du aus vorgefundenem Material angefertigt hast, kannst du natürlich auch in deinen Aufsatz oder dein Referat einbauen.

Triffst du bei der Materialsichtung auf eine **Tabelle,** solltest du bei der Auswertung genau lesen. Die gegebenen Informationen sind oftmals verkürzt dargestellt, und du musst darauf achten, dass du die dargestellten Fakten und deren Bedeutung erkennst.

Bei der Sichtung und Auswertung der gewonnenen Informationen bietet es sich auch an, Zahlen in **Grafiken** darzustellen. Eine solche Grafik kannst du später auch in deinen Vortrag oder deinen Aufsatz einbauen. Überlege dir jedoch zuvor, welche statistischen Zahlen für einen Vergleich geeignet sind. Manchmal bietet sich kein Vergleich an, sondern eine Zusammenfassung von wichtigen Aussagen und Zahlenmaterial.

About 11 percent of all U.S. births in 2002 were to teens (ages 15 to 19). The majority of teenage births (about 67 percent) are to girls aged 18 and 19. About one million teenagers become pregnant each year in the United States. It means approximately 520 000 births, 403 000 abortions and 77 000 miscarriages.

(Quelle: www.modimes.org)

Ein solch kurzer Text über *teen pregnancy* bietet einiges an Zahlenmaterial, das sich nicht unbedingt zum Vergleich anbietet. Dennoch solltest du – falls dir das Zahlenmaterial als wichtig erscheint – es für dich übersichtlich gestalten. Die Informationen sind kurz gehalten und eignen sich zum Zusammenfassen:

Teenage Pregnancy (15-19) in the U.S. (2002)

- 11% of all births were to teens
- 67% were to girls ages 18 and 19
- one million teenagers become pregnant:
  → 520 000 births
  → 403 000 abortions
  → 77 000 miscarriages

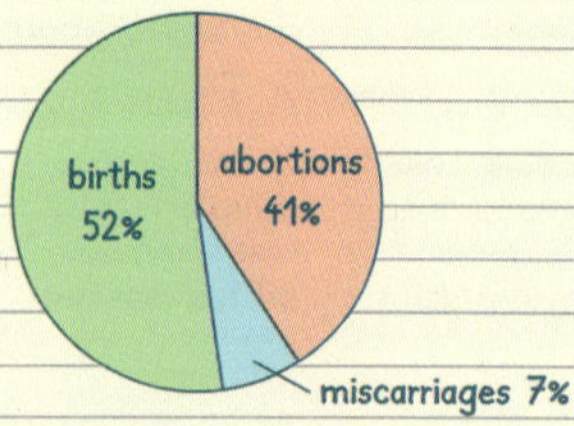

1

1.5.4 Materialaufbereitung

Du hast das gefundene Material gesichtet und ausgewählt. In weiteren Arbeitsschritten bearbeitest du das Material, um es in dein Referat oder deinen Vortrag einzuarbeiten.
Dieser Schritt umfasst:
- das gründliche Lesen der Materialien,
- das Markieren wichtiger Textstellen,
- das Anfertigen von Randnotizen,
- die Ausarbeitung einer Gliederung, die die Inhalte des Vortrags festlegt,
- das Notieren der wichtigsten Inhaltspunkte in eigenen Worten.

Lesen und Markieren

M Die Lesemethode des Scanning kann bei der gezielten Suche nach Informationen sehr hilfreich sein (↗ S. 11)

Beim ersten Lesen deiner Materialien geht es darum, dass du erkennst, was für den Vortrag **inhaltlich wichtig** sein könnte. Du solltest dich während des Lesens fragen, welche Inhalte du vermitteln möchtest. Dabei kann es hilfreich sein, aus der Fülle der Materialien einen einführenden Text auszuwählen. Dadurch kannst du dir einen guten Überblick über dein Thema verschaffen.
Lesen bedeutet für dich aber auch **Orientierung.** Um dich beim Lesen eines Textes zu orientieren, kannst du mit folgenden Hilfsmitteln arbeiten:
- farbige Markierung von Schlüsselwörtern,
- Unterstreichen der dazugehörigen Nebeninformationen,
- Markieren unklarer Begriffe.

Der folgende Lexikonartikel der Online-Enzyklopädie der *Ohio Historical Society* über den Indianerhäuptling TECUMSEH ist zusammengefasst worden. Die Überschriften sind Zwischenüberschriften, die sich aus dem Artikel ableiten. Schlüsselwörter, die dazugehörigen Nebeninformationen und unklare Begriffe wurden farbig markiert.

TECUMSEH'S family history

TECUMSEH *was born in 1768, probably at Old Piqua in Ohio. His father died during Lord* DUNMORE'S *war when* TECUMSEH *was only six years old.* TECUMSEH*'s mother and many other Shawnee Indians who feared the continuous influx of white people moved westward.* TECUMSEH*'s sister and his older brother raised him and trained him to become a warrior.*

▶ Welche Begriffe du als unklar markierst, hängt von deinen Vorkenntnissen ab. Die Markierungen sind deshalb von Person zu Person unterschiedlich.

The Greenville Treaty and the advancement of the whites

In 1794, the Indians were defeated by the army of ANTONY WAYNE *in the Battle of Fallen Timbers. Many Indians believed signing over their land to the whites was the only way to make peace with them. Therefore, in the Greenville Treaty of 1795 the Indians handed most of their land – except for the northwestern corner of present day Ohio – over to the whites.* TECUMSEH *and many other Indians didn't agree with this strategy.*

TECUMSEH lebte von 1768 bis 1813.

The Prophet and Prophetstown

One of TECUMSEH*'s younger brothers was called the Prophet because he had had a vision, in which the Shawnee Indians' primary god, the Master of Life, had told him that the Indians should give up all white customs and products to regain their independence from the whites. In 1808, Tecumseh and the Prophet founded Prophetstown, a village in the Indiana territory. Many Indians who believed in* TECUMSEH*'s and the Prophet's message moved to Prophetstown.*

= Schlüsselwörter und dazugehörige Nebeninformationen
= unklare Begriffe bzw. unbekannte Vokabeln

Während des Lesens und Markierens benötigst du unter Umständen Hilfsmittel.
Wörterbücher, Lexika und **Atlanten** unterstützen deine Arbeit mit den Texten. Ein Wörterbuch hilft dir, unbekannte Vokabeln nachzuschlagen. Lexika sind unverzichtbar, wenn du die Bedeutung unbekannter Begriffe nachschlagen möchtest. Atlanten sind wichtig, um geografischen Hinweisen nachzugehen.

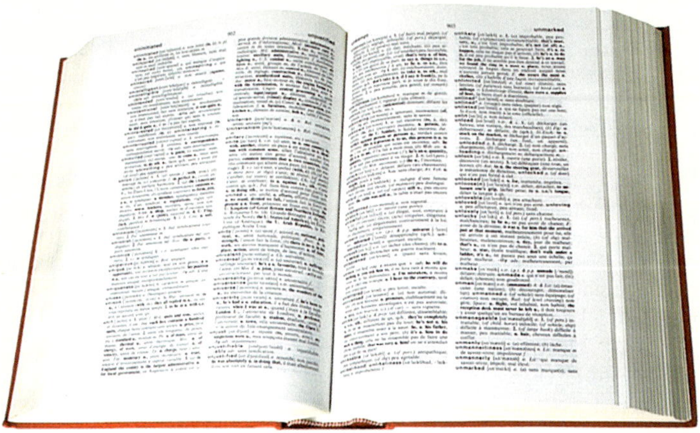

Randnotizen

Während du liest und markierst, möchtest du unter Umständen Textabschnitte durch Zwischenüberschriften oder kürzere Texte zusammenfassen.
Solche Zusammenfassungen schreibst du am besten an den Rand, damit du diese schnell wieder finden kannst.
Du kannst mit Randnotizen aber auch Informationen festhalten, die du mittels eines Nachschlagewerks ermittelt hast. Ähnlich wie bei der Unterstreichung kann es bei Randnotizen wichtig sein, mit unterschiedlichen Farben zu arbeiten.

TECUMSEH's beliefs and his endeavours for an Indian confederacy	***endeavour*** **= Bestreben/Anstrengung**
TECUMSEH*'s strongly believed that only all Indians united would be able to resist further military threat by the whites and further white settlement.*	TECUMSEH*'s belief – all Indians united* *to resist* = widerstehen *threat* = Bedrohung
He was also convinced that not only one tribe owned a piece of land, but all tribes living on this land. Therefore only all those tribes together could hand over or sell this land to whites.	*the tribes own a piece of land* *SO:* *all tribes must sign*
If a treaty handing over land was signed by only one tribe or some tribes living in this area, then TECUMSEH *considered this treaty invalid.*	*considered …* = betrachtete diesen Vertrag als ungültig
TECUMSEH *wanted to unite the tribes living west of the Appalachian Mountains. He traveled widely to convince the tribes' chiefs of his plans. His ultimate goal was a confederacy of all Indian tribes. This confederacy – so he hoped – would be militarily powerful and very effective in negotiations with the whites.*	*Appalachian Mountains* = Gebirgszug in Nordamerika (vom Südosten Kanadas bis Alabama) *ultimate goal* = endgültiges Ziel *How* TECUMSEH *united the different tribes.*

Da du deinen Vortrag auf Englisch halten wirst, ist es sinnvoll, die **Randnotizen auf Englisch** zu verfassen. Dies hilft dir auch, wichtige englische Begriffe für den Vortrag nochmals hervorzuheben.
Manchmal kannst du in den Rand auch einen Hinweis auf eine Seite in einem Lexikon oder Atlas vermerken, um so die entsprechende Information zu einem späteren Zeitpunkt schnell nachschlagen zu können.

Gliedern eines Textes

Du erleichterst dir die Arbeit mit deiner Textvorlage, wenn du den Textaufbau verstehst. Daher solltest du bei jedem Text erkennen können, wie die Informationen angeordnet sind. Ein Thema wird in einem Text nach einem bestimmten Bauplan entfaltet.
Der Autor gestaltet den strukturellen Aufbau bewusst. Bei der Gestaltung eines Textes spielen für den Autor sowohl seine **Absicht** *(intention)* als auch der jeweilige **Textgegenstand** *(subject matter)* eine wichtige Rolle.
Die individuelle Art des Schreibens beeinflusst ebenfalls die Gliederung eines Textes. Schließlich hängt der Textaufbau von den jeweiligen **Textsorten** *(text forms)* ab. Ein offizieller Brief wird anders gegliedert sein als ein Bewerbungsschreiben oder ein Bericht.

1

Tipps zum Gliedern eines Textes:

- Betrachte zunächst die äußere Gliederung des Textes in **Überschriften** und **Absätze.**
  - Mehrere Absätze bilden in einem längeren Text je einen **Abschnitt** *(part).*
  - Abschnitte werden durch eine **Zwischenüberschrift** *(cross head)* oder eine Leerzeile vom vorangegangenen Teil abgegrenzt.
- Gliedere den Text in Einleitung, Hauptteil und Schlussteil. Jeder Teil kann aus mehreren Abschnitten bestehen.
  - Die **Einleitung** enthält meistens eine Hinführung zum Thema und die notwendigen Informationen zum Verständnis des Themas.
  - Im **Hauptteil** werden die Fragen der Einleitung vertieft. Du bekommst Hintergrundinformationen *(background information)*, Kommentare von Betroffenen *(comments from relevant people)*, die Meinung des Verfassers *(author's opinion)* oder weiterführende Mitteilungen.
  - Die vorab gegebenen Informationen werden im **Schlussteil** bewertet. Darüber hinaus kann ein Autor im Schlussteil eines Textes auf mögliche Entwicklungen in der Zukunft hinweisen.
- Ermittle die **Kernaussage** *(key message)* eines jeden Abschnitts.
- Überlege dir, welche Funktion die Kernaussagen erfüllen sollen. Frage dich, ob diese informieren, aufklären, überzeugen, werten usw.

[1] *(times) tables:* Einmaleins
[2] *to learn by rote:* auswendig lernen
[3] *retrieval from the memory:* Erinnerung
[4] *to conclude:* schlussfolgern
[5] *numeracy:* Rechnen
[6] *to rely on:* sich auf etwas verlassen
[7] *to emphasize:* betonen

Learning tables[1] by rote[2] is best way

Children who are taught their times tables by rote can manage arithmetic much better than children who are taught to calculate or count on their fingers, according to Sylvia Steel of Royal Holloway College.	*introduction and main thesis*
Dr Steel designed a test for 241 seven to 12-year-olds in which she found that children used three major strategies. Retrieval from the memory[3], calculation and counting using their fingers or blocks. *She found that the fastest and most accurate strategy was retrieval. Counting was the slowest and least accurate. "Even for children at the top end of primary and the first year of secondary, only a third could retrieve all the answers that they were given," she said.* *Dr Steel concluded[4] that "concrete" and visual methods of teaching numeracy[5] might be part of the problem because those who worked slowly were left behind.* *A second, later test found that things had changed – more children were learning number facts such as times tables by rote, and of those, more than half could retrieve all their multiplication facts. None was relying on[6] counting.*	*main part paragraphs 2–5 giving evidence for the thesis*
"The most effective way of mastering number facts is to learn by rote," Dr Steel told the conference in Exeter. But she emphasized[7] that children should also understand what they were doing.	*final part paragraph 6 conclusion*

Beim Lesen des Zeitungsartikels ergibt sich folgende Gliederung. Die farbliche Kennzeichnung der jeweiligen Abschnitte ist sinnvoll und unterstützt deine weitere Arbeit. Notiere dir zu jedem Teil die Kernaussage.

- ***introduction: paragraph 1 (introductory passage/part)***
  - Vorstellen des Textgegenstandes, Aufstellen einer Behauptung (Einführung in das Thema)
  - *naming the subject, expressing a thesis → introducing the subject matter*
  - Kernaussage *(key message): Teaching tables by rote is much better than being taught to calculate or count on your fingers.*

- ***main part: paragraphs 2–5***
  - Darstellung des Textgegenstandes, die Fragen Wer?, Was?, Wie?, Warum? werden beantwortet (informieren und erläutern)
  - *presentation of the subject matter and the questions Who?, What?, How?, Why? are answered → to inform and comment on the topic*
  - Kernaussage *(key message): Sylvia Steel designed a test for children aged seven to twelve in which three major strategies were used; retrieval was most effective; in a later test especially those children who were learning by rote who could also retrieve.*

- ***final part: paragraph 6***
  - Zusammenfassung der Ergebnisse, Empfehlung geben (Bewertung und Schlussfolgerung)
  - *findings noted down, advice given → evaluation of the presented news and facts*
  - Kernaussage *(key message): The most effective way is to learn by rote.*

Wenn du den Text nochmals für dich zusammenfasst, benutze Formulierungen, die du auch später beim Vortrag verwendest.

introduction: To start with, Sylvia Steel maintains that learning arithmetic by rote is more effective than being taught to calculate or to count.
main part: For that reason Dr Steel designed a test for 241 children seven and twelve years old. In that test children used three major stretegies: retrieval from memory, calculating and counting using their fingers or blocks. However, retrieval was the most effective strategy. Consequently concrete and visual methods of teaching arithmetic cause some problems among slow learners. Finally, a second test showed that things had changed. More than half of the children who could retrieve their multiplication facts were learning numbers by rote. Thus, counting was no longer used.
final part: In summary, learning by rote is the most effective way when it comes to managing arithmetic.

1.5.5 Eine Gliederung erstellen

Nach der Bearbeitung des Materials hast du nun viele Informationen gesammelt, die für dein Referat von Bedeutung sein können. Vielleicht weißt du am Anfang gar nicht, wie du alles unterbringen kannst. Daher ist es jetzt notwendig, eine Gliederung deines Referates oder Aufsatzes zu erstellen.

Das gesammelte Material wird nun gegliedert, d.h., du ordnest deine Informationen nach bestimmten Themen. Du kannst dabei kleine Zettel benutzen, auf denen eine jeweils passende Überschrift zu den verschiedenen Unterthemen geschrieben steht. Auch die Zwischenüberschriften eines weitergehenden Textes geben dir erste Anhaltspunkte für eine Gliederung eines Referats oder Aufsatzes. Die kleinen Zettel lassen sich so lange verschieben, bis du dir sicher bist, dass du den richtigen **„roten Faden"** gefunden hast.
Du kannst die erste Fassung deiner Gliederung immer noch einmal ändern. Dies wird vor allem dann nötig sein, wenn du während der Materialbearbeitung neue Informationen findest.

Eine Gliederung ist gewissermaßen das **Inhaltsverzeichnis** deines Vortrags. Sie ist der rote Faden, der den Vortrag durchzieht.

Eine **Gliederung** besteht aus:
- Einleitung *(introduction)*
- Hauptteil *(main body)*
- Schlussteil *(summary and conclusion)*

In der **Einleitung** erwähnst du sowohl das Thema als auch die einzelnen Gliederungspunkte deines Vortrags. Du führst deine Zuhörer in das Thema ein. Dadurch stellst du sicher, dass sich die Zuhörerschaft auf das Thema einstellen kann und eine Vorstellung von dem Vortrag bekommt. Gleichzeitig sollte die Einleitung das Interesse der Zuhörer wecken.

Im **Hauptteil** legst du die wichtigsten inhaltlichen Punkte dar.

Im **Schlussteil** fasst du die Inhalte deines Vortrags zusammen und bewertest diese. Eine Bewertung ist nicht immer notwendig. Wenn dies vom Thema her angebracht erscheint, beziehst du Stellung zum Gesagten.

Eine erste Grobgliederung zum Thema *"TECUMSEH"* könnte so aussehen:

I Introduction
II TECUMSEH and his opposition against white settlement
1 Who was TECUMSEH? (his family and the Shawnee Indians)
2 TECUMSEH's first battles
3 TECUMSEH's beliefs and his wish for an Indian confederacy
III Summary and conclusion
Was the idea of the confederacy useful?

Mithilfe der Gliederung kannst du einen **vorläufigen Titel** für deinen Vortrag formulieren. Es ist wichtig, dass du den Titel weder zu eng noch zu weit fasst. Der Titel *"TECUMSEH"* wäre z. B. zu allgemein. *"TECUMSEH and his fights against the whites"* wäre zu eng, weil er den Widerstand auch mittels Verhandlungen ausgeübt hat. Ein besserer Titel wäre z. B. *"TECUMSEH's opposition against white settlement"*.

Denke daran, die Überschrift deines Referats anzupassen, wenn du die Gliederung zu einem späteren Zeitpunkt noch einmal änderst.

Wenn die Grobgliederung steht, kannst du dir überlegen, wie du deinen Aufsatz oder deinen Vortrag gestalten willst. Folgende Aspekte kommen als Bestandteile von Einleitung, Hauptteil und Schluss in Frage.

„Türöffner" **Einleitung**	**„Wissensbox"** **Hauptteil**	**„Türschließer"** **Schluss**
• aktuelles Ereignis • interessante Fakten • provozierende Frage • Ereignis aus jüngster Vergangenheit • Karikatur/Bild	• Informationen • Argumente • Aspekte nach Wichtigkeit gliedern	• Bogen zur Einleitung spannen • Fazit/Zusammenfassung • eigene Meinung
↓ Thema nennen ↓	↓	↓
Überleitung →	Überleitung →	
„Türöffner" **Neugier wecken**	„Wissensbox" **Wissen vermitteln**	„Türschließer" **Abschluss finden**

Eine Gliederung zu dem Thema *"Should pupils wear school uniforms at German schools?"* könnte so aussehen.

I ***Introduction***
Pupils in Britain wear school uniforms.
Should German pupils wear school uniforms?

II ***German pupils should wear a uniform because***
- *they couldn't show off brand-name clothes*
- *they wouldn't make fellow students feel envious*
- *this would reduce the number of bullies*
- *it might help identify with their school*

German students should not wear a school uniform because
- *students can still show off other gadgets*
- *brand-name articles are not the only reasons for bullying*
- *wearing a uniform supports the idea of uniformity*

III ***Summary and conclusion***
The idea of wearing a uniform seems to be worth trying, and yet it might also cause some problems or even conflicts among the pupils.

1.5.6 Ein Referat schreiben und vortragen

Es kann sein, dass du in der Schule ein Referat oder einen Vortrag zu einem bestimmten Thema vor deinen Mitschülern halten sollst. Mit dem Vortrag informierst du deine Klasse über ein bestimmtes Thema.

Es ist für das Gelingen deines Vortrags wichtig, dass du zuvor mit deinem Lehrer oder deiner Lehrerin sprichst. Mit ihnen kannst du über die Anforderungen und den Zeitraum deines Referats sprechen. Du solltest auch während der Arbeit an deinem Vortrag Rücksprache mit deinem Lehrer halten. So kannst du dich bei Fragen nochmals absichern.

Mit deinem **Lehrer** sprichst du ab,
- über welches Thema du sprechen sollst,
- ob du das Thema frei wählen kannst,
- wie lange dein Vortrag sein soll bzw. darf,
- ob dir dein Lehrer hilft, Materialien zu beschaffen,
- worauf du bei deinem Referat achten sollst,
- wie viel Zeit du für die Vorbereitung bekommst.

Nun beginne zügig mit der Arbeit. Du wirst dich bei einem Vortrag sehr unwohl fühlen, wenn dieser unter Zeitdruck vorbereitet wurde. Nur wenn du genügend Zeit für die Vorbereitung einplanst, wird dein Vortrag vollständig und sachlich richtig.

Überblick der Arbeitsschritte für die Vorbereitung eines Vortrags

Zeitspanne	Arbeitsschritte
1. und 2. Tag	1. Themenfindung und Materialsuche in einer Bibliothek und im Internet
ca. 3.–7. Tag	2. Lesen und Bearbeiten des Materials, Erstellen einer Gliederung
ca. 8. + 9. Tag	3. Auswahl und Vorbereitung der Medien
ca. 10. + 11. Tag	4. Für den Vortrag ein Manuskript erstellen, vielleicht auch ein Handout für die Zuhörer
ca. 12. Tag	5. Einüben des Vortrags Präsentation (z. B. vor einem Spiegel oder vor Freunden)
ca. 13. Tag/ 14. Tag	6. Der Tag des Vortrags (ca. 5–10 Minuten für einen Kurzvortrag; ca. 20–30 Minuten für einen längeren Vortrag)

Die Tabelle zeigt nur eine Möglichkeit, wie du deine Arbeit einteilen kannst. Natürlich kann es sein, dass du schneller arbeitest oder dass Ferien die Vorbereitungszeit erleichtern. Du brauchst unter Umständen auch einen anderen Zeitplan, wenn du mit einer Gruppe von Mitschülern einen Vortrag vorbereitest. Dann musst du dich mit der Gruppe während der Vorbereitung mehrmals treffen und den Vortrag genau absprechen.

Auf jeden Fall musst du einen Vortrag gut vorbereiten. Du solltest mit dem Vortrag möglicht alle ansprechen und ihn verständlich gestalten.

Verständlichkeit wird folgendermaßen erreicht:
- Achte darauf, was deine **Zuhörer** schon über das Thema wissen oder was sie interessieren könnte.
- Mache zwischen einzelnen Unterthemen deines Vortrags kurze **Sprechpausen** und weise darauf hin, dass du nun über den nächsten Aspekt sprechen wirst.
- Verwende **Beispiele.**
- Setze **Anschauungsmaterial** ein.
- Verwende **kurze Sätze** und formuliere in deinen eigenen Worten.
- Schreibe neue, den Mitschülern **unbekannte Begriffe** am Anfang des Vortrags an die Tafel oder auf die Folie und erläutere sie.

Einsatz von Medien

Bei einem längeren Vortrag möchtest du vielleicht als Anschauungsmaterial auch Medien einsetzen. Sie helfen den Zuhörern, das Dargestellte durch Bilder oder Zeichnungen besser zu verstehen.
Folgende **Medien** stehen dir z. B. zur Verfügung:
- Folie *(transparency)* auf dem Overheadprojektor
- Dias *(slides)*
- Ausschnitte aus DVDs oder Videos *(DVD clip, video clip)*
- PowerPoint-Präsentation *(PowerPoint presentation)*
- Computer
- Smart-Board/White-Board *(Smart Board, Promethean whiteboard)*
- Tafel *(board)*
- Wandzeitung *(wall news-sheet)*
- Abbildungen aus Büchern *(illustrations)*
- Gegenstände, z. B. nachgebautes Modell *(objects, e.g. model)*

▶ Ein Smart-Board oder White-Board ist eine interaktive elektronische Tafel, die an einen Computer angeschlossen wird. Das Bild wird von einem Beamer erzeugt.

Durch den Einsatz von Medien gestaltest du deinen Vortrag interessant und anschaulich. Dein Publikum hört und sieht dein Thema, und vielleicht gibt es auch etwas zum Anfassen, wenn du ein Modell mitbringst.

Einüben des Vortrags

Durch häufiges lautes Lesen kannst du dir bestimmte Wendungen und Formulierungen einprägen, sodass dein Vortrag natürlich klingt.

Sobald du die Vorbereitungen abgeschlossen hast, kannst du mit dem Einüben des Vortrags beginnen. Du kannst ein Mitglied deiner Familie oder einen Freund oder eine Freundin bitten, dir zuzuhören. Ist das nicht möglich, kannst du den Vortrag auch aufnehmen.
Um den Zeitaufwand gut einschätzen zu können, solltest du alle Medien bei dem **Probedurchlauf** zum Einsatz bringen. Erfahrungsgemäß unterschätzt man die Zeit, die man für einen Vortrag braucht. Wenn du deinen Vortrag aufgenommen hast, kannst du – falls nötig – dein Sprechtempo, Überleitungen oder deinen Ausdruck verbessern. Lass dir ansonsten von deinen Probezuhörern sagen, wo es „hakt". Wenn etwas nicht gut verständlich ist, kann es auch daran liegen, dass du zu lange oder zu komplizierte Sätze verwendet hast. Vielleicht musst du mehrere Probedurchläufe machen, bis der Vortrag wirklich kurz und knapp formuliert und deshalb verständlich wird. Denke während des Übens an deine Zuhörer und daran, wie sie normalerweise im Unterricht sprechen. Versuche nicht, in druckreifen Sätzen zu sprechen, sondern lebendig vorzutragen.

„Handout" stammt ab von dem englischen Verb *to hand out* = „austeilen, ausgeben".

Deinen Zuhörern kannst du ein **Handout** austeilen. Das Handout sollte die wichtigsten Punkte der Präsentation noch einmal „vor Augen führen". Informationen, die auf dein Handout gehören, sind:
- dein Name und das Datum des Vortrags
- das Thema des Vortrags und die Gliederung
- eventuell wichtige Zitate und Schaubilder
- eventuell eine Liste mit wichtigen und unbekannten Vokabeln und Fachbegriffen

Das Handout kannst du vor oder nach dem Vortrag austeilen. Wenn du es vorher austeilst, gibt es deinen Zuhörern etwas Zeit, es sich anzusehen.

Durchführung des Vortrags

Nach all den geleisteten Vorarbeiten kannst du dir jetzt um die Durchführung des Vortrags Gedanken machen.

Beachte beim Vortragen folgende Punkte:
- Halte Blickkontakt zum Publikum.
- Sprich langsam, laut und deutlich.
- Plane Pausen an geeigneten Stellen ein.
- Gerate nicht in Hektik, wenn ein Gerät nicht gleich funktioniert. Bitte in einem solchen Fall den Lehrer oder einen Mitschüler um Hilfe.
- Versuche nicht, um jeden Preis witzig zu sein,
- Denke an deine Körpersprache.

Deine **Körpersprache** ist ein besonders wichtiger Punkt. Von ihr hängt ab, wie ernst dich deine Zuhörer nehmen. Es gibt einige Dinge, die du vermeiden solltest, und andere, die für deinen Vortrag hilfreich sind.

Auf keinen Fall solltest du …	**Auf jeden Fall solltest/kannst du …**
• deine Hände in die Hosentasche vergraben. • deine Schultern hängen lassen. • einen gelangweilten Gesichtsausdruck aufsetzen. • mit monotoner Stimme sprechen. • an deiner Kleidung oder an den Haaren zupfen. • dich unruhig im Raum hin und her bewegen. • mit den Händen fuchteln. • ständig nach unten auf dein Konzeptblatt schauen.	• lächeln. • deinen Vortrag freundlich und interessiert darbieten. • die Zuhörer anschauen. • ruhig bleiben, wodurch du auch ruhig und langsam redest. • während des Vortrags ruhig atmen. • dich auf ein bekanntes Gesicht in der Klasse konzentrieren. • dich insgesamt entspannen.

Bei all deinen Vorbereitungen bleibt natürlich etwas Nervosität, die nicht schaden kann. So bleibst du auch wach und kannst dich besser konzentrieren. Außerdem kann jeder deiner Klassenkameraden nachvollziehen, wie du dich fühlst. Sie nehmen dir kleine Fehler und Unsicherheiten nicht übel. Solltest du mit deinem Vortrag trotz aller Vorbereitungen nicht zufrieden sein, so bitte deinen Lehrer oder auch deine Mitschüler um eine **Rückmeldung.** Sie können dir vielleicht Punkte nennen, die noch nicht so gut geklappt haben und an denen du noch arbeiten kannst.

Vortragen mithilfe von Karteikarten

Für die Erstellung des **Manuskripts** für deinen Vortrag gibt es verschiedene Möglichkeiten.

- Du kannst deinen gesamten Text für den Vortrag niederschreiben und die wichtigsten Stellen farblich hervorheben.
- Du notierst auf Karteikarten die Stichworte zu den einzelnen Gliederungspunkten und sprichst dann relativ frei.
- Du formulierst einen Vortrag aus und notierst die wichtigen Stichwörter am Rand.

Entscheide dich für eine Möglichkeit, die dir am meisten zusagt. Für den Erfolg deines Vortrags ist allerdings nicht nur dein Mauskript von Bedeutung, sondern auch die Gestaltung deines Vortrags. Du solltest auf jeden Fall darauf achten, dass du deinen Vortrag nicht abliest. Ein frei gesprochener Vortrag ist besser als ein abgelesener Vortrag.

Das **Karteikartenmanuskript** hilft dir am besten, frei zu sprechen. Hier sind einige Tipps, die dir beim Erstellen eines solchen Manuskripts helfen:

- Beschreibe die Karteikarten nur einseitig, in großer und sauberer, **gut lesbarer Schrift,** damit du deine Notizen während des Vortrags ohne Probleme ablesen kannst.
- Arbeite mit verschiedenen **Farben,** denn so erleichterst du dir die Orientierung.
- **Nummeriere** die Karteikarten, damit du während des Vortrags die richtige Reihenfolge schnell vor Augen hast.
- Notiere Wichtiges in Form von **Regieanweisungen,** z. B.
  - Einsatz von Medien
  - Hinweise auf kurze Pausen
  - Erinnerungen daran, langsamer zu sprechen usw.

-3-

2. Who was Tecumseh?

As mentioned before,	Tecumseh	show transparency
Tecumseh was one of the		2 with map of
most important Indian leaders.	one of most	Ohio, point out
To understand his actions, a	important leaders	Mad River,
look at his family history is		
important.		
Tecumseh was born in 1768	family history	show transparency
near the Mad River in what is	born in 1768	3 with timeline of
today the state of Ohio. 1774,		his life.
Tecumseh six years old: his		
father was killed fighting in		
the Battle of Point Pleasant		
during Lord Dunmore's War (...).		

Wie genau du die Stichworte auf deinen Karteikarten ausformulierst, hängt davon ab, wie frei du Englisch sprechen kannst. Du solltest allerdings deinen Vortrag gut einüben. Durch mehrmaliges **Üben des Vortrags** kannst du die Fähigkeit, frei zu sprechen, sehr verbessern.

> Lies dir wichtige Sätze und Wendungen mehrmals durch und wiederhole sie laut. So kannst du dir sie leichter einprägen und während des Vortrags natürlich präsentieren.

Formuliere wichtige Sätze wie z. B. Einleitungssätze oder Überleitungen als ganze Sätze und notiere sie dir auf die Karteikarten.

Häufig fällt besonders der Einstieg schwer. Folgende Formulierungen kannst du für die **Einleitung deines Vortrags** benutzen:
Today / This morning I'm going to talk to you about / tell you, show you / report on, take a look at
I'll start off bringing you up-to-date on / giving you an overview of / outlining ...
I'll go on to highlight what I see as the main problem / to discuss in more depth / to talk you through ...
The topic of my presentation is ...
Additionally, I would also mention a few facts about ...

Als **Überleitung** bieten sich folgende Sätze an:
As I have already mentioned ...
To be more precisely, ...
To start with, I would like to point out some relevant facts about ... which help to understand ...
First, mention should be made of the fact that ...
What I'm saying is that ...
Moreover, one has to keep in mind that ...

1

1.5.7 Berichten

Der **Bericht** kann sowohl aktuelle Ereignisse aufgreifen als auch weiter zurückliegende Ereignisse durch die Bereitstellung von Hintergrundinformationen näher beleuchten.

Ein **Bericht** ***(report)*** gibt Fakten und Beobachtungen eines tatsächlich abgelaufenen Geschehens objektiv wieder. Er beantwortet die W-Fragen lückenlos und verzichtet auf persönliche Wertung.

Folgende Fragen werden als **W-Fragen** bezeichnet:
- *What happened?*
- *Where did it happen?*
- *When did it happen?*
- *Who had to do with it?*
- *Why did it happen?*
- *How did it happen?*

Die **Kurzmitteilung** ***(news item)*** ist die die kürzeste Form des Berichts. Sie stellt die wichtigsten Fakten in ein oder zwei Sätzen dar, um die W-Fragen zu beantworten. Solche Mitteilungen werden z. B. in Radionachrichten bekannt gegeben.

Computers were stolen from Thomson Technical College in Selby, Yorkshire at about 8.45 last night. The thieves entered the building, which was not burglar-safe, through a door which they had broken open.

Der **Zeitungsbericht** ***(news report)*** ist eine Sonderform des Berichts.
Er enthält wesentliche Fakten zu einem Vorgang, ohne diese zu bewerten oder zu kommentieren. Aussagen von Augenzeugen, Betroffenen oder Experten können in wörtlicher Rede erscheinen.

Computer theft at Thomson college

by Jenny Larin

COMPUTERS worth £ 3,500, which had only recently been purchased were stolen from the computer labs of Thomson Technical College in Selby, Yorkshire at about 8:45 last night. The school's housekeeper Ian McDaffor and his wife Judy found a broken entrance door when they came back from a weekend trip to Scotland at midnight. Sergeant Eric Kemston from the local police department in Selby said, "We've found a lot of different footprints, so there must have been two or even three thieves. They knew that the safety system had not been installed yet. So they came when nobody was there." The broken door is the place where the criminals got into the building. (...)

Kentish Star
11th May, 2005

Die **Nachricht** ***(news story)*** informiert den Leser über aktuelle Geschehnisse. Die Fragen *Who?*, *When?* und *Where?* werden zumeist in den ersten Abschnitten des Artikels beantwortet. Die Klärung der Fragen *How?* und *Why?* erfolgt im Hauptteil. Oft folgen kurze Äußerungen von Betroffenen oder Experten in wörtlicher Rede.

Tipps zum Verfassen einer Nachricht:

- **Sammle Fakten** über einen Sachverhalt und überprüfe sie auf ihren Wahrheitsgehalt.
- Überlegen dir, ob der Artikel in einer **seriösen Zeitung** *(serious newspaper/broadsheets)* oder in der **Boulevardpresse** *(popular newspaper/tabloids)* erscheinen soll.
- Stelle in dem einleitenden Abschnitt zunächst den Sachverhalt bzw. das Geschehen vor und beantworte die Fragen **Wer?, Wann?** und **Wo?** Achte dabei auf die logische Anordnung der Fakten.
- Gestalte die weiteren Abschnitte, wobei du je einem Unterpunkt des Themas je einen Abschnitt widmest. Beginne mit den **wichtigsten Informationen** und beziehe **Hintergrundinformationen** sowie Äußerungen von **Augenzeugen** oder **Spezialisten** in einer *news story* ein.
- Finde eine passende und interessante **Überschrift.**
- Illustriere den Beitrag mit einem **Foto** oder einem **Cartoon.**

Der Brief

Ein Brief (*letter*) dient der schriftlichen Verständigung zwischen Personen, die sich an verschiedenen Orten aufhalten. Der Inhalt und der Zweck eines Briefes hängen davon ab, an wen du den Brief richtest und ob du den Empfänger des Briefes gut bzw. weniger gut kennst. Man unterscheidet folgende Arten von Briefen:

privater Brief ***(private or informal letter)***	**halbprivater Brief** ***(formal/semi-formal letter)***	**offizieller Brief** ***(business letter, formal letter)***
Briefe, die zwischen Privatpersonen, z. B. Freunden ausgetauscht werden. Z. B. eine Einladung, Gratulation oder Danksagung, Urlaubsgrüße	Briefe, die zwischen einer Privatperson und z. B. einer Behörde ausgetauscht werden. Z. B. der Leserbrief (*reader's letter/letter to the editor*)	Briefe, die zwischen Betrieben, Institutionen bzw. Behörden ausgetauscht werden. Z. B. der Beschwerdebrief (*letter of complaint*), die Anfrage (*letter of enquiry*), das Bewerbungsschreiben (*letter of application*)

Private Briefe

Private Briefe werden in der informellen, umgangssprachlichen *(informal or colloquial style)* oder der neutralen *(neutral style)* Stilebene verfasst. Zwischen Freunden und Familienangehörigen können Äußerungen verwendet werden, die ansonsten im mündlichen Sprachgebrauch zu finden sind, z. B. umgangssprachlicher Wortschatz *(colloquial language)* und Kurzformen der Verben *(short forms).* Auf jeden Fall sollte der Brief höflich und sprachlich korrekt sein.

Formulierungen zum Abfassen privater Briefe		
Grußformeln	**Verabschiedung**	**Beendigung des Briefes mit der Bitte um Rückantwort**
Dear Peter, *Hello,* *Hi,* **Grüße an weitere Personen** *Give my love to …,* *Give my regards to …,*	*Yours,* *Sarah* *Love,* *Sarah* *Yours sincerely, (BE) /* *Sincerely yours, (AE)* *Sarah*	*How are things with you?* *Hope to hear from you?* *Drop me a line.* *Let's keep in touch.* *Write back soon.* *I'm looking forward to hearing from you.* *Please let me have a quick reply.*

Die Regeln für das Abfassen von privaten und halbprivaten Briefen gelten auch für **E-Mails**.

Offizielle und halbprivate Briefe

Offizielle und halbprivate Briefe enthalten im **Briefkopf** den Namen und die Adresse des Senders *(sender's name and address)* und dann den Namen und die Adresse des Empfängers *(addressee's name and address).* Unter dem Datum kann der Betreff *(Re:)* angekündigt werden.

Tipps zum Verfassen von offiziellen und halbprivaten Briefen:
- Nenne den Name des Adressaten in der **Anrede,** wenn er dir bekannt ist.
- Ansonsten beginne mit *Dear Sir(s)/Madam (Mesdames), …*
- Das **erste Wort** nach der Anrede wird großgeschrieben.
- Verwende eine **neutrale** oder sogar **formale Stilebene.** Verzichte auf umgangssprachliche Ausdrücke und Kurzformen der Verben.
- Nenne in einer kurz gehaltenen Einleitung den **Grund des Schreibens.** In den folgenden Absätzen können zusätzliche Informationen, Vorschläge oder Nachfragen mitgeteilt werden. Der letzte Abschnitt enthält in der Regel eine **Höflichkeitsformel.**

Rebecca Harris
21 Old Well Road
Cheltenham GL52 6NR
Gloucestershire

St. Martin's Community Centre
24 Church Road
Cheltenham GL52 7LN
Gloucestershire

November 30th, 2009

Re: Voluntary work in community centre

Dear Sir or Madam,

I learnt from your webpage that you are looking for volunteers. I would like to apply as a helper for the elderly. Recently I volunteered at St. Vincent's Community Centre, helping elderly people with their groceries. I enjoyed that and would be glad to do similar work for your Centre.

I am looking forward to your reply.
Yours sincerely,
Rebecca Harris

In der amerikanischen Schreibweise steht die Postleitzahl, durch Komma getrennt, direkt hinter dem Zustellungsort und der Abkürzung für den Bundesstaat, z. B. Houston, TX, 77030

Verwendet man ausschließlich Zahlen, kann die Datumsangabe auch lauten: 30-11-2009.

In den USA wird bei der Datumsangabe mit Zahlen häufig der Monat vor den Tag gesetzt, z. B. 11-30-2009.

Formulierungen zum Abfassen halbprivater und offizieller Briefe

auf eine Quelle Bezug nehmen	**Bitte um weitere Informationen**
With reference to your advertisement in … *Regarding you advertisement in …, would/could you please send me …* *I am told that you …* *On recommendation of …* *We have obtained your address from …* *Mr X has referred to you.* *We have read about your product in the press.* *We have seen your advertisement in (this week's) edition of …* *We have seen your homepage on the Internet.* *We have seen from your brochure, booklet/catalogue.*	*I would also like to know …* *Could you tell me whether …* *We would be grateful if you could …* **abschließende höfliche Formulierungen** *I look forward to hearing from you soon.* *Thank you for your efforts in advance.* *Please inform us about …* *I should be pleased to receive your … (answer) soon.* *Looking forward to your reply (with interest).* *Thank you once again for your help.* **Abschiedsgruß** *Yours faithfully,* *Mrs Parker* *Yours sincerely,* *Mrs Parker*

1.5.8 Argumentieren

Schriftliches Argumentieren geschieht meist in Form einer **Erörterung *(comment/argumentative essay).*** In einer Erörterung setzt du dich mit einem kontroversen Thema, Sachverhalt oder Geschehen auseinander. In einer solchen Auseinadersetzung kannst du eine neutrale Position beziehen oder für eine Seite Partei ergreifen. Jedes Argument solltest du sachlich begründen. Die Stilebene ist neutral. Die Zeitform ist in der Regel das Präsens.

Tipps für das Verfassen einer Erörterung

1. **Vor dem Schreiben**
   - **Sammle Material** und informiere dich gründlich zu dem Thema,
   - **Ordne** die **Fakten** zunächst nach **„Pro"** und **„Kontra"** und dann innerhalb der Gruppe nach ihrer Aussagestärke. Beginne mit dem schwächsten Argument.
   - **Formuliere** den **eigenen Standpunkt,** wenn du Stellung beziehen sollst.

2. **Erstellen einer Gliederung**
   - Halte zunächst stichpunktartig die **Struktur** der Erörterung fest.
   - Formuliere anschließend **Thesen.**
   - Ordne jeder These ein bis zwei **Argumente** zu, die durch **Beispiele** gestützt werden.

3. **Der Aufbau einer Erörterung**
   - Die **Einleitung** *(introduction)* enthält eine genaue und verständliche Darstellung des Problems. Du kannst in der Einleitung auch verschiedene Meinungen gegenüberstellen, Zusammenhänge beschreiben oder wichtige Hintergrundinformationen geben.
   - Die **Argumentationsführung** *(line of thought)* hängt davon ab, ob du eine Pro-Kontra-Erörterung oder eine steigende Erörterung verfasst.

Pro-Kontra-Erörterung	Steigende Erörterung
• Gegensätzliche Argumente folgen abwechselnd aufeinander: Du stellst dem Proargument *(pro)* ein Kontraargument *(con)* direkt gegenüber und wiegst sie gegeneinander ab. oder • Du widmest dich zuerst den Proargumenten und dann den Kontraargumenten; so wirst du vielleicht erkennen, dass eine Seite die überzeugenderen Argumente hat.	• Du stellst nur eine Seite des Arguments dar. • Du nennst alle wichtigen Punkte, die zu einem Thema gehören. • Wenn du die wichtigen Punkte nennst, beginnst du mit dem schwächsten Argument.

- In der **Schlussfolgerung** *(conclusion)* fasst du die Ergebnisse der Erörterung zusammen. Du kannst aber auch mögliche Auswirkungen oder Entwicklungen bestimmter Probleme aufzeigen, um den Leser zum Nachdenken zu bringen.

Gliederung einer Pro-Kontra-Erörterung/steigenden Erörterung

1 Introduction	***1 Introduction***
2 Main part/body	***2 Main part/body***
• *pros:*	
a) strongest positive argument	*a) first argument/idea/aspect*
b) …	*b) second …*
c) weakest positive argument	*c) third ….*
• *cons:*	
a) weakest negative argument	
b) …	
c) strongest negative argument	
3 Conclusion	***3 Conclusion***

Der Leserbrief *(letter to the editor/reader's letter)*

Der Leserbrief stellt eine besondere Form des Argumentierens dar. Du richtest einen solchen **Brief an den Herausgeber einer Zeitung oder Zeitschrift.** In einem Leserbrief äußerst du dich über einen in der Zeitung veröffentlichen Beitrag. Du kannst in einem solchen Brief auch Stellung zur Darstellungsweise einer bestimmten Thematik beziehen, oder du teilst lediglich deine eigene Meinung zu einem besonders aktuellen Thema mit.
Ein Leserbrief sollte kurz, sachlich und höflich formuliert sein. Du verfasst ihn in einer neutralen bis formalen Stilebene.

Tipps für das Verfassen eines Leserbriefes:
- Stelle in der Einleitung kurz die **eigene Person** vor, erwähne Details, die das eigene Verständnis des Themas beeinflussen können (z. B. dein Alter und die Tatsache, dass du Schülerin bist, wenn es um die Frage geht, ob Jugendliche mit 16 den Führerschein machen dürfen).
- Nenne kurz den **Anlass des Schreibens.** Wenn du deine Meinung zu einem bestimmten Beitrag äußern möchtest, dann nennst du den betreffenden Artikel genau (Titel, Autor, Erscheinungstag, Seite).
- **Formuliere den eigenen Standpunkt** und erläutere die eigene Meinung. Um einem Argument Stärke zu verleihen, kannst du durchaus einen gefühlsbetonten Ton anschlagen. Bleibe jedoch immer höflich und fair und achte darauf, dass deine Aussagen verständlich sind.
- **Fasse** im Schlussteil die **wesentlichen Punkte** des Briefes **zusammen.**
- Mache außerdem **Vorschläge,** wie mit deinem Leserbrief verfahren werden soll – du kannst zum Beispiel darum bitten, dass dieser veröffentlicht oder an einen Journalisten weitergeleitet werden soll. Du kannst aber auch gegenüber dem Herausgeber den Wunsch äußern, ein Thema weiter zu verfolgen.

1.5.9 Bewerben

In einem **Bewerbungsschreiben *(letter of application)*** empfiehlst du dich für eine Ausbildungsstelle oder eine Arbeitsstelle bzw. ein Stipendium o. Ä. Aus diesem Grund solltest du in einem Bewerbungsschreiben deine besondere Eignung oder Qualifikation selbstbewusst darstellen. Diese Darstellung ist unbedingt in ansprechender Form zu gestalten. Dies gelingt dir am besten, wenn du dein Bewerbungsschreiben sachlich, genau und höflich verfasst. In einem Bewerbungsschreiben vermittelst du einen wesentlichen Eindruck über dich selbst. Daher achte darauf, dass deine Bewerbung besonders sorgfältig und sprachlich richtig verfasst wird. Es gibt zwei Arten von Bewerbungen.

verlangte Bewerbung *(solicited application)*	**unverlangte Bewerbung *(unsolicited application)***
eine Bewerbung, die auf eine Anzeige, eine Stellenausschreibung oder eine konkrete Anforderung hin verfasst wird	eine Bewerbung, die nicht aufgrund einer Stellenausschreibung hin formuliert wird, sondern vielmehr eine mögliche Einstellung durch eigene Anregung hin bewirken soll

Tipps zum Verfassen eines Bewerbungsschreibens:

- Nenne den **Anlass** der Bewerbung.
- Zähle deine bisherigen **Bildungsabschlüsse** (mit Zeitangaben) mit eventuell gemachten **praktischen Erfahrungen** im Arbeitsalltag (mit Angabe der Arbeitsstätten und Zeiten) auf. Beginne mit den am kürzesten zurückliegenden Daten und beschreibe die aktuell ausgeübte vorwiegende Tätigkeit (Profil, Verantwortlichkeiten).
- Begründe deine persönliche **Eignung** für die ausgeschriebene Stelle. Dies gelingt dir am besten, wenn du die in der Ausschreibung formulierten Anforderungen in deiner Bewerbung und deine eigenen speziellen Fähigkeiten und Kenntnisse hervorhebst.
- Verweise auf **Anlagen** (z. B. Lebenslauf, Zeugniskopien oder Empfehlungsschreiben).
- Bekunde dein Interesse und den Wunsch an einem **persönlichen Vorstellungsgespräch.** Dabei kannst du auch einen Terminvorschlag machen.

Formulierungen zum Verfassen eines Bewerbungsschreibens
I am writing to you to apply for the position of …
I am writing to you with regard to your job advertisement in the local newspaper of 5th October 2009.
I am very interested in the job because …
I think I am qualified for this position because I …
Please find my CV enclosed.
Please, contact me at …
I'm looking forward to seeing you/hearing from you.

Susanne Peters
Hauptstraße 14
50996 Köln
Germany

The Bookshop Ltd
F. A. O. Dr M Brown
2 King's Street
Birmingham

October 12th, 2009

Re: Job as secretary

Dear Dr Brown,

I am writing to apply for the job as a secretary in your Customer Service Department advertised in "Birmingham Today" of October 10th.

As you can see from my enclosed CV, I finished Gymnasium in 2006 and spent one year as an au-pair in Brighton. In 2009 I completed an apprenticeship in secretarial work. Since August 2009 I have been working as a junior secretary for an insurance company in Munich.

I would enjoy working in the Customer Service Department, because I like answering questions and dealing with customers' demands. Due to the year which I spent in England as an au-pair, my English communication skills are good. I am an enthusiastic worker. I would look forward to working in a team.

Should my application for this position be successful, I would be able to commence work on December 1st at the earliest.

I would be pleased to be invited to an interview and look forward to hearing from you dear Dr Brown,

Yours sincerely,
Susanne Peters

Encl.
Curriculum vitae,
Photograph
Photocopies of certificates

1

Der Lebenslauf

▶ Im Amerikanischen wird der Lebenslauf auch ***résumé*** genannt.

Für ein Bewerbungsschreiben musst du auch einen Lebenslauf *(curriculum vitae or CV)* anfertigen. Darin gibst du in zeitlicher Abfolge Auskunft über deine persönlichen Daten. Du stellst diese in der Regel in tabellarischer Form zusammen. Folgende Bestandteile sind für einen **tabellarischen Lebenslauf** *(personal data sheet)* wichtig:

1. ***Personal details*** *(name, address, telephone, fax, e-mail, date of birth, place of birth, nationality)*
2. ***Education*** (Nenne Begriffe für Schulformen oder Bildungsabschlüsse in ihrer genauen deutschen Bezeichnung und erkläre sie durch die amerikanischen oder britischen Entsprechungen.)
3. ***Qualifications***
4. ***Job experience***, z.B. Praktika *(work experience)*, Ferienjobs *(afterschool/mini/vacation jobs)* oder Berufsausbildung *(apprenticeship)*
5. ***Other qualifications*** (besondere berufsbezogene Abschlüsse oder Kompetenzen, z.B. Abschluss eines PC-Lehrgangs bei Bürojob)
6. ***Languages*** (fließend/sehr gut = *fluent a very good command of …*; durchschnittlich/noch gute Kenntnisse = *fair/a working knowledge* of …)
7. ***Special Interests*** (Hobbys, die für den Beruf wichtig sein könnten, z.B. die regelmäßige Teilnahme an Computerworkshops)
8. ***References*** (von Personen, mit denen man zusammengearbeitet hat)
9. ***Signature, Date***

▶ Wenn du einen Lebenslauf in **Fließtextform** verfassen sollst, dann kannst du auch nach dieser Gliederung vorgehen. Du musst jedoch auf eine eindeutige Wortwahl achten. Setze Bindewörter sinnvoll ein, um die zeitlich richtige Anordnung von Fakten zu unterstützen. Wähle eine neutrale Stilebene.

	Curriculum vitae
Personal details	
Name	*Rebecca Harris*
Address	*21 Old Well Road* *Cheltenham GL52 6NR* *Gloucestershire*
Email	*reharris@gmail.com*
Nationality	*British*
Education	
Primary School *1997–2002*	*St Mary Primary School*
Secondary School *Since 2002*	*Cheltenham Grammar School* *A-level in Social Studies, English and History* *Expected graduation: May 2009*
Work Experience	
July–August 2007 and 2008	*Voluntary work at St. Vincent's community centre*
Language and Computer Skills	
	French and German (GCSE) *Proficient with Microsoft and PowerPoint*
Special Interests	
	Member of the school drama group

Sprechen 2

2.1 Varianten des Englischen

Beim Lesen von Texten aus den USA oder Australien ist dir mit Sicherheit aufgefallen, dass sie ein anderes Vokabular enthalten, als du es aus dem Unterricht kennst. Auch klingt das Englisch eines Nordamerikaners oder eines Australiers anders als das Schulenglisch. Es gibt also Varianten des Englischen, die ihre eigenen Besonderheiten haben.
Varianten des Englischen sind u. a.:
- britisches Englisch *(Britisch English/BE)*
- amerikanisches Englisch *(American English/AE)*
- australisches Englisch *(Australian English)*
- neuseeländisches Englisch *(New Zealand English)*
- indisches Englisch *(Indian English)*
- schottisches Englisch *(Scottish English)*
- kanadisches Englisch *(Canadian English)*
- *Black English*

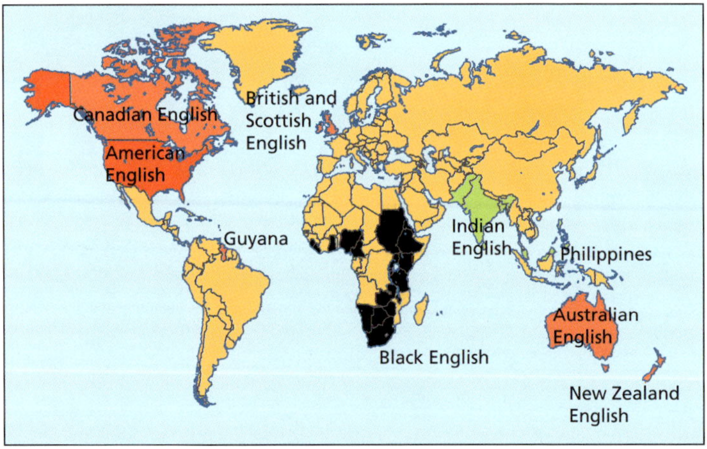

Britisches Englisch und Amerikanisches Englisch

Die Unterschiede zwischen BE und AE betreffen in erster Linie die Aussprache, die Rechtschreibung und den Wortschatz.

Aussprache BE	Aussprache AE	Wortbeispiele
[a:]	[æ]	*ask, grass, last*
[ju:]	[u:]	*new, student, stupid*
[o]	[a:]	*bottle, hot, body*
[iə], [o:], [ɜ:], [a:]	[iər], [o:r], [ɜ:r], [a:r]	*here, more, shirt, farm*
[t]	[d]	*letter, city*

Schreibung BE	**Schreibung AE**
-our in *colour, neighbour*	*-or* in *color, neighbor*
-re in *litre, theatre*	*-er* in *liter, theater*
Weitere Beispiele	
dialogue, pyjamas, traveller, programme, mum	*dialog, pajamas, traveler, program, mom*

Beim Vergleich zwischen dem amerikanischen und dem britischen Wortschatz wirst du erkennen, dass es im BE und AE dasselbe Wort mit jeweils unterschiedlicher Bedeutung gibt.

Auf die Rechtschreibreform des amerikanischen Autors NOAH WEBSTER (1758–1843) gehen die meisten Unterschiede zwischen dem amerikanischen und dem britischen Englisch zurück. Er veröffentlichte 1806 sein erstes Wörterbuch.

britisches Englisch	**amerikanisches English**
vest = Weste	*vest* = Unterhemd
first floor = 1. Stock	*first floor* = Erdgeschoss
bill = Rechnung	*bill* = Geldschein
subway = Fußgängerunterführung	*subway* = U-Bahn

Außerdem gibt es im BE und AE jeweils ein unterschiedliches Wort, das den gleichen Gegenstand bezeichnet:

britisches Englisch	**amerikanisches Englisch**	**britisches Englisch**	**amerikanisches Englisch**
petrol	*gas(oline)*	*lift*	*elevator*
lorry	*truck*	*flat*	*apartment*
pavement	*sidewalk*	*biscuit*	*cookie*
queue	*line*	*rubbish*	*garbage*
holiday	*vacation*	*mark*	*grade*
taxi	*cab*	*sweets*	*candy*
motorway	*freeway*	*autumn*	*fall*

Das **australische Englisch** ist besonders durch zahlreiche umgangssprachliche Ausdrücke gekennzeichnet. Im australischen Englisch werden häufig Wörter gekürzt, indem *-ie* oder *-o* am Wortende steht.

australisches Englisch	**deutsche Bedeutung**	**australisches Englisch**	**deutsche Bedeutung**
smoko (von *smoking*) *beaut* (von *beautiful*)	Kaffeepause großartig	*barbie* (von *barbecue*) *arvo* (von *afternoon*)	Grillfest Nachmittag

2

2.2 Aussprache

Beim Erlernen der englischen Sprache reicht es nicht, sich Vokabeln sowie deren Bedeutung und Schreibung anzueignen. Hinzu kommt als eine weitere Fähigkeit die Beherrschung der Aussprache und Betonung der Wörter.

Die Regeln, die das richtige Kombinieren von Wörtern zu sinnvollen Sätzen beschreiben, bezeichnet man als **Grammatik.** Dementsprechend trägt die Zusammenfassung aller Regeln zur **Aussprache** *(pronunciation)* die Bezeichnung **Phonetik.**

Die **Phonetik** ist ein Teilgebiet der Sprachwissenschaft, das sich mit der Lautbildung, den Eigenschaften der Laute und ihrer Bedeutung für die Sprache beschäftigt.

Um sich über die Aussprache von Wörtern verständigen zu können, wurde eine internationale **Lautschrift** geschaffen. Diese Lautschrift setzt sich aus **Lautzeichen** *(phonetic symbols)* zusammen; das sind Symbole für die unterschiedlichsten **Laute** *(sounds).* In der folgenden Übersicht findest du alle Lautzeichen sowie Wörter, in denen diese Laute vorkommen. Sie sind unterteilt in die **Vokale** (*vowels*, dt. Selbstlaute) und die **Konsonanten** (*consonants,* dt. Mitlaute).

Vokale		**Konsonanten**	
[i:] *clean*	[ə] *a sister*	[p] *put*	[j] *you*
[i] *many*	[eɪ] *take*	[b] *brother*	[f] *football*
[ɪ] *kid*	[aɪ] *bike*	[t] *tea*	[v] *very*
[e] *pen*	[ɔɪ] *boy*	[d] *door*	[s] *song*
[æ] *hat*	[əʊ] *cold*	[k] *car*	[z] *close*
[a:] *park*	[aʊ] *round*	[g] *go*	[ʃ] *shoe*
[ɒ] *song*	[ɪə] *here*	[m] *many*	[ʒ] *television*
[ɔ:] *ball*	[eə] *there*	[n] *now*	[tʃ] *rich*
[u:] *two*	[ʊə] *poor*	[ŋ] *sing*	[dʒ] *budgie*
[ʊ] *put*	Das Zeichen [:] bedeutet, dass der Vokal gedehnt wird.	[l] *lemonade*	[θ] *three*
[ʌ] *cup*		[r] *red*	[ð] *they*
[ɜ:] *bird*		[w] *winter*	[h] *have*

Um dir schwierige Lautzeichen merken zu können, lerne sie zusammen mit diesen Wörtern: [a:] steht für den *park*-Laut, [æ] für den *hat*-Laut.

Die Lautzeichen, die dir angeben, wie ein Wort ausgesprochen wird, stehen im Wörterbuch direkt hinter dem fettgedruckten Wort. Du findest sie immer in eckigen Klammern (z. B. ***hat*** [hæt] • Hut) oder zwischen zwei Schrägstrichen (z. B. ***hat*** /hæt/ • Hut) abgebildet.

Im Englischen besteht ein großer Unterschied zwischen der Schreibung der Wörter und ihrer Aussprache:

- Manche geschriebenen Buchstaben werden nicht ausgesprochen (z. B. das *"k"* in *"know"* oder das *"d"* in *"sandwich"*)
- Vokale *(vowels)* werden anders ausgesprochen, als wir das vom Deutschen her erwarten (z. B. das *"i"* in *"like"*, oder das *"u"* in *"but"*).

Wichtige Ausspracheregeln

- stumme Konsonanten *(silent letters)*
  - *b* nach *m* in einsilbigen Wörtern: *to clim(b), com(b), dum(b)*
  - *s* vor *l*, wenn beide Bestandteil derselben Silbe sind: *ai(s)le, i(s)land*
  - *k* vor *n: (k)nee, (k)now,(k)nowledge*
- Aussprache der *simple-past*-Endung *-ed*
  - [d] nach Vokalen und stimmhaften Konsonanten wie in *climbed, lied*
  - [t] nach stimmlosen Konsonanten wie in *hoped, fetched, locked*
  - [ɪd] nach [d] und [t] wie in *decided, wanted, regretted*

Die Betonung

Neben der Aussprache der einzelnen Buchstaben spielt auch die Betonung *(stress)* der Silben in einem Wort eine wichtige Rolle.
Bei mehrsilbigen Wörtern findest du folgende Symbole für die Betonung:

Betonungszeichen stehen immer **vor** der betonten Silbe.
['] Der kleine Strich oben zeigt die **Hauptbetonung** an.
[ˌ] Der kleine Strich unten zeigt die **Nebenbetonung** an.

The stress is on the first syllable. („Die erste Silbe wird betont.")

Folgende Besonderheiten solltest du bei der Betonung beachten, damit man dich richtig versteht:

Betonungsregeln	Beispiele
Die Betonung eines Wortes kann sich verschieben, wenn mit ihm ein neues Wort gebildet wird	*able* ['eɪbl] / *ability* [ə'bɪləti] *demo'cratic* [demə'krætɪk] / de'mocracy [dɪ'mɒkrəsi] *'photo* ['fəʊtəʊ] / *pho'tographer* [fə'tɒgrəfə]
Die Betonung eines Wortes kann sich verschieben, wenn es mit anderen Wörtern kombiniert wird.	*'Westminster / Westminster 'Abbey* *'ham and 'cheese / ham and cheese 'sandwich*
Nomen/Adjektive und Verben werden gleich geschrieben, aber unterschiedlich betont.	*'protest* (n.) ['prəʊtest] / *to pro'test* (v.) [prə'test] *'increase* (n.) ['ɪŋkriːs] / *to in'crease* (v.) [ɪn'kriːs]
Manche Wörter sind ähnlich wie im Deutschen, werden aber anders betont.	a) Betonung auf der 1. Silbe *April, garage, atmosphere, minister, August, politics, calendar, private, Catholic, Protestant, colleague, salad, concert, signal* b) Betonung auf der Mittelsilbe *catastrophe, infinitive, cathedral, mankind, democracy, museum, idea, republic*

2.3 Sprachebenen

Mit dem Begriff der Sprachebene bezeichnet man, wie förmlich und unpersönlich oder wie locker und persönlich das Gesprochene klingt. Auch bei geschriebenen Texten fällt dir leicht ein offizieller Brief an seiner distanziert formulierten, förmlichen Sprache auf. Er unterscheidet sich deutlich von einem offen und vertraulich formulierten Brief.

Die Beispiele zeigen, dass ähnliche Sachverhalte auf unterschiedlichen Sprachebenen ausgedrückt werden können. Der **offizielle Brief** ist in sehr gewähltem formellen Englisch *(formal English)* geschrieben und macht einen höflichen Eindruck. Hier sind typische Merkmale des formellen geschriebenen Englisch:

Offizieller Brief
(formal letter)
Dear Mrs Thompson,
I am writing to inform you that we will not be able to deliver the products you ordered before October 1st. We apologize for the delay and regret any inconvenience this may cause to you.
Yours sincerely,
Andrew Jones

Formelles Englisch *(features of formal English)*
- lange Sätze, mit Haupt- und Nebensätzen
- Anrede mit *Mr* oder *Mrs* und dem Familiennamen
- formelles Vokabular (z.B. *"to deliver"* statt *"drop in and bring"; "we apologize for"* statt *"I am sorry for"*)
- formelle Grußfloskeln (z.B. *"Yours sincerely"*)

Der **persönliche Brief** ist in informellem, umgangssprachlichem Englisch formuliert *(informal or colloquial English)*. Durch die Anrede mit dem Vornamen klingt er für den Leser sofort ungezwungen. Dieser Brief macht durch eine Reihe informeller Redewendungen einen höflichen Eindruck:

Persönlicher Brief
(informal letter)
Dear Cathy,
how are you? Just a short note to tell you I am sorry for having let you down on Monday. I could not drop in and bring the biscuits I promised because Rob is down with a cold. I will make up for it next time.
Love, Susie

Informelles Englisch
(features of informal English)
- kurze Sätze
- Anrede mit dem Vornamen
- informelles Vokabular (z.B. *"Just a short note to tell you"* statt *"I am writing to inform you")*
- umgangssprachliche Wendungen (z.B. *"I will make up for it"*)
- persönliche Ansprache (z.B. *"how are you?"*)
- informeller Abschiedsgruß (z.B. *"Love"*)

An den Beispielen kann man auch erkennen, wie gut der Schreiber die angesprochene Person kennt. Diese Beziehung zur angesprochenen Person ist entscheidend für die Sprachebene.
Stehen die Gesprächspartner oder Verfasser eines Briefes in einer engen Beziehung zueinander, z.B. in der Familie, unter Freunden und guten Arbeitskollegen, so wählen sie die **informelle Sprachebene** *(informal language).*
Besteht zwischen ihnen nur ein loser Kontakt oder handelt es sich um die Beziehung zu einer Behörde, einem Kunden oder einem Vorgesetzten, so wird die **formelle Sprachebene** *(formal language)* bevorzugt.
So kann eine Mitteilung je nach Gesprächpartner sehr unterschiedlich ausfallen:

Aussage gegenüber einem guten Freund:	*"Met that guy John today. Wants to go and work in Australia. Has probably never been there."*	
Aussage gegenüber einem Kollegen:	*"Do you remember John? I met him today and he told me he is planning to go to Australia. I wonder if he's ever been there."*	
Aussage gegenüber seinem Chef:	*"I met Mr Smith today, sir, if you remember. He used to work for our company. He has plans of embarking on a new life in Australia. Quite extraordinary, isn't it?"*	

Benutze umgangssprachliche Formulierungen nur in Briefen oder E-Mails an Freunde und Bekannte.

Englisch zu beherrschen bedeutet also nicht nur, grammatisch fehlerfreie Sätze zu produzieren, die Vokabeln treffend einzusetzen und die Aussprache zu beherrschen. Hinzu kommt die Fähigkeit, die für eine Situation angemessene Sprachebene auszuwählen. Die Wahl der Sprachebene, die für eine Situation angemessen ist, bildet eine Grundvoraussetzung für das Gelingen des Gesprächs oder des Briefkontaktes. Umgekehrt kann die Wahl der falschen Sprachebene zu Missstimmungen führen und die Verständigung blockieren.

Die Übergänge zwischen den einzelnen Sprachebenen sind fließend und für den Fremdsprachenlernenden nicht immer erkennbar. Einige wichtige Unterschiede zwischen der formellen und der informellen Sprachebene sollte jedoch auch der Fremdsprachenschüler kennen. In einem Bericht, einer sachlichen Beschreibung, einer höflichen Unterhaltung oder in einer Klassenarbeit sind z.B. Wörter wie *guy* („Typ"), *bloody* („verflucht"), *kinda* („ irgendwie") in der Regel fehl am Platz.

formelle Ausdrücke	informelle Ausdrücke
Thank you very much.	*Thanks a lot.*
Would you please stop talking?	*Please, stop talking.* Weniger höflich: *Be quiet! Shut up!*
Thank you for your kind assistance.	*Thanks for helping me.* *It was very kind of you to help me.*
Would you be kind enough to open the door?	*Please, open the door.*
to attend school	*to go to school*
to leave school	*to quit school*
to participate in a discussion	*to take part in a discussion*
A number of school officials were present at the reception.	*A number of school officials were at the reception.*

Umgangssprachliche Wendungen

Idioms drücken einen Sachverhalt oft **bildhaft** aus.

Auf Idiome wird in **Wörterbüchern** durch Abkürzungen wie „IDM" oder „idiom" hingewiesen.

Als umgangssprachliche Redewendung *(idioms)* bezeichnet man eine Kombination mehrerer Wörter, die zusammen einen neuen Sachverhalt sehr bildhaft ausdrücken. So entspricht das englische Idiom *to make a mountain out of a molehill* der deutschen Redewendung „aus einer Mücke einen Elefanten machen".

idioms	deutsche Bedeutung
That's easier said than done.	Das ist leichter gesagt als getan.
as the saying goes	wie man so sagt
to go through thick and thin	durch dick und dünn gehen
to cut a long story short	um es kurz zu fassen, kurz und gut
to make ends meet	mit dem (wenigen) Geld auskommen
to drop s.o. a line	jdm. eine kurze Mitteilung schreiben
to lose heart	den Mut verlieren
to be a safe bet	eine todsichere Sache sein
to get away with s.th.	ungeschoren davonkommen
to get along with s.o.	mit jemandem auskommen
to be up to s.th.	etwas vorhaben
to be out of one's mind	nicht klar bei Verstand sein
to have one's say	seine Meinung sagen
Have another go!	Versuch es noch einmal!

to go through thick and thin

2

Jugendsprache

Von den informellen Ausdrücken amerikanischer und englischer Teenager sind einige inzwischen auch Bestandteil der deutschen Teenagersprache, (z. B. *kids, mega fun, to be in, the "in" thing, to look for the kick, to date s.b.*). In der Schriftsprache müssen sie durch gleichbedeutende formelle Ausdrücke ersetzt werden.

Teenager ordnen ihre Altersgenossen bestimmten Trends zu:

> Goths look a bit weird. They are the Gothic people. Indies like independent music. Techies are obsessed by their computers.

"Life"- und *"death"-idioms* sind sehr gefühlsbetont. Sie werden gerne verwendet, um extreme Begeisterung oder Kritik zu äußern.

idioms	deutsche Bedeutung
not on your life	auf gar keinen Fall
a live wire	ein Energiebündel
to death	sehr
to bore s.o. to death *to scare s.o. to death*	zu Tode langweilen zu Tode erschrecken.
to be dead right	vollkommen recht haben
to talk a load of rubbish	nur dummes Zeug quatschen

to be dead right

Slang

Als Slang bezeichnet man umgangssprachliche Ausdrücke, die nur von den Mitgliedern bestimmter gesellschaftlichen Gruppen (z. B. Seeleute, Soldaten, Mediziner, Teenager) verwendet werden.

Beispiele für Slangausdrücke	
Ta! *(= Thank you!)*	*I'll be buggered.* *(= What a surprise!)*
Let's shove off. *(= Let's go.)*	*He made a real prat of himself.* *(= a real fool)*
He's a terrible dweeb. *(= a clumsy person.)*	*dosh (n.)* *(= money)*

Slang liegt außerhalb der Standardsprache. Er ist nur im mündlichen, informellen Sprachgebrauch üblich. Slangbegriffe sind in der Regel sehr kurzlebig. Sie werden innerhalb weniger Jahre durch andere Ausdrücke verdrängt.

2

Dialoge verfassen

Den Begriff „Dialog" *(dialogue)* verwendet man in erster Linie für ein fiktives Gespräch zwischen zwei oder mehr Personen in einem Bühnenstück oder in einem Erzähltext. Des Weiteren kann man auch bei einem realen Gespräch zwischen zwei oder mehr Personen von einem Dialog sprechen.

Eine einfache Möglichkeit, schriftliches und mündliches Arbeiten im Unterricht zu kombinieren, ist das Verfassen von Dialogen. Dabei wird besonders der Gebrauch häufiger englischer Wendungen in bestimmten Situationen sowie Aussprache und Spontaneität beim Sprechen im Englischen trainiert.

Es gibt zahlreiche **Alltagssituationen,** für die Dialoge geübt werden können. Beispiele hierfür wären etwa eine Einkaufsszene, eine Wegbeschreibung oder auch ein Telefonat. Im Folgenden sind zwei Dialoge abgedruckt, die von Schülern geschrieben wurden. Die Dialoge könnten sich in ähnlicher Form in England oder in den USA abspielen.

Woman: Excuse me, could you tell me the way to Derby Square, please?
Man: Certainly. Just take a left at the next corner, walk down Kelly Street for three blocks and you're there!
Woman: Thank you! That's much simpler than I thought.
Man: You're welcome.

Auffällig bei diesem Dialog ist, dass der Mann und die Frau sehr höflich miteinander reden. Gerade in England wird darauf großen Wert gelegt. Bei einer Bitte oder auch einer Frage darf in der Regel das *"please"* nicht fehlen!

Das nächste Beispiel ist ein Dialog in einem Schnellrestaurant, der sich so oder ähnlich in den USA abspielen könnte.

Waitress: Hello, what can I get you?
Customer: Hello! I would like a double cheeseburger with bacon, fries and extra onions, please.
Waitress: Would you like that to be supersized?
Customer: No, just the regular size, please.
Waitress: Would you like some ketchup or mayonnaise with your order?
Customer: Some ketchup, please.
Waitress: Are you staying in the restaurant or do you want your order to go?
Customer: It is to go, please.
Waitress: Very well - that makes $ 7,95, please.
Customer (hands her $ 8): Keep the change.
Waitress: Thank you! Have a nice day!
Customer: You too, thanks!

In England spielen **Höflichkeitsfloskeln** in der Regel eine größere Rolle als in den USA. So fragt ein Amerikaner *"How are you?"*, erwartet darauf aber keine Antwort – die Frage bedeutet im Grund lediglich „Hallo" im Deutschen. Ein Engländer hingegen würde auf dieselbe Frage durchaus mit *"I'm fine, thanks!"* antworten.

Die folgende Tabelle zeigt auf, welche **Situationen** sich besonders für Dialoge eignen. Versuche ruhig selbst einmal, einen Dialog zu einem der Beispiele zu verfassen, am besten zusammen mit einem Freund oder einer Freundin.

Dialog: Situationen	***British English***	***American English***
Telefongespräch, Einkaufsszene, Wegbeschreibung, Streit unter Freunden, neue Freunde kennenlernen, Urlaub, ein Abenteuer erleben	*Say "please", please!* *Be polite when talking to strangers.* *Use the present perfect when talking about recent news.*	*Keep it short and simple.* *Say what you want.* *Use the present tense when you tell a story.*

2

2.4 Mediation

Das Problem mit reinen Übersetzungen liegt darin, dass man englische Wörter viel besser lernen kann, wenn man die deutsche Übersetzung dazu nicht ständig im Kopf hat. Wenn du also einmal ein deutsches Wort im Englischen gelernt hast, versuche, nicht mehr an die deutsche Übersetzung zu denken, wenn du das englische Wort benutzt.

Bei der Mediation *(mediation)* geht es nicht wie bei der Übersetzung darum, Textpassagen möglichst wörtlich zu übersetzen. Vielmehr tritt der Mediator als eine Art Vermittler auf, der einen bestimmten Sachverhalt zunächst in einer Sprache hört und dann in der anderen Sprache erklärt. Mediation ist keineswegs neu, sondern wurde schon vor Jahrtausenden verwendet. Schon lange benutzt man den Begriff für den Vorgang der Streitschlichtung. Im Zusammenhang mit Sprachen ist Mediation die Bezeichnung für Bedeutungsvermittlung.

Peter, ein Junge aus Berlin, möchte unbedingt eine Sprachreise nach London machen und schaut sich mit seiner Mutter einen englischsprachigen Prospekt dafür an.

Mutter: Gibt es denn auch ein Programm außerhalb der Schulzeit? Nicht, dass du abends allein durch London streunst.
Peter: Da steht, dass Ausflüge zur *Tower Bridge*, zu *Madame Tussaud's* oder zum *Piccadilly Circus* zum Programm gehören und dass man rund um die Uhr betreut wird!
Mutter: Ist das der Gesamtpreis? 1800 Euro? Das ist viel Geld.
Peter: Das stimmt, aber es ist nur der Preis, wenn wir bis zum 1. Februar reservieren. Danach wird es teurer.

In dem Beispiel erklärt der Junge als Vermittler *(mediator)* also die Informationen in der fremden Sprache, welche die Mutter sonst nicht verstehen würde.

Mediation ist natürlich genauso möglich, wenn ein deutscher und ein englischer Sprecher sich unterhalten und der eine dem anderen Informationen „vermittelt“.

Ein Beispiel für Mediation in einer amerikanischen Schule:

Jeff: *Hey, are you new here?*
Sarah: Ääh, Lukas, kannst du mir helfen?
Lukas: Er möchte nur wissen, ob du neu auf der Schule bist. *Yes, she is. She's here as an exchange student, just like me.*
Jeff: *And which form is she attending?*
Lukas: Er möchte wissen, in welche Klasse du gehst.
Sarah: Das versuche ich ja gerade, herauszufinden.
Lukas: Ach so. *She doesn't know yet. Who could we ask?*
Jeff: *The secretary's office is right around the corner. They'll know.*

Eine umfangreiche Liste „falscher Freunde“ gibt es unter www.uebersetzungsfallen.de.

False Friends

False friends („falsche Freunde“) sind englische Wörter, die äußerlich deutschen Wörtern sehr ähnlich sind, aber eine gänzlich andere Bedeutung haben.

German	English	German	English
tatsächlich	*actually*	aktuell	*topical*
besorgt, bemüht	*anxious*	ängstlich	*frightened*
anständig, ordentlich	*decent*	dezent	*discreet*
schließlich, endlich	*eventually*	eventuell	*possibly*
Geschenk	*gift*	Gift	*poison*
Landkarte	*map*	Mappe	*briefcase, folder*
Bedeutung	*meaning*	Meinung	*opinion*
Mord	*murder*	Mörder	*murderer*
nicht dürfen	*must not*	nicht müssen	*not to have to*
Anmerkung	*note*	Note	*mark, grade*
gewöhnlich, üblich	*ordinary*	ordinär	*vulgar*
Arzt, Ärztin	*physician*	Physiker	*physicist*
vernünftig	*sensible*	sensibel	*sensitive*
Hocker	*stool*	Stuhl	*chair*
sich fragen	*to wonder*	sich wundern	*to be surprised*

2

2.5 Nützliches Basisvokabular

2.5.1 *Describing ourselves and others*

General description	Allgemeine Erscheinung
to be old/young	alt/jung
child, children (plural)	Kind
an adult, a grown-up	ein Erwachsener
woman, women (plural)	Frau
man, men (plural)	Mann
girl	Mädchen
boy	Junge
a young person	ein Jugendlicher
teenager	Jugendlicher, Teenager
a disabled person	ein behinderter Mensch
a human, humans (plural) *a person*	ein Mensch

Outward appearance	Aussehen
What does he/she look like?	Wie sieht er/sie aus?
He/She looks good. *He/She looks striking.*	Er/Sie sieht gut aus. Er/Sie fällt auf.
to be tall/short *pretty/ugly* *beautiful* *good-looking*	groß/klein hübsch/hässlich schön gut aussehend
His/Her face looks friendly. *bored* *excited* *worried* *frightened* *angry*	Sein/Ihr Gesicht sieht freundlich, gelangweilt aufgeregt besorgt ängstlich wütend aus.
He/She has a cheerful look on his/her face.	Er/Sie hat einen heiteren Gesichtsausdruck.
He/She is talking with a smiling face.	Er/Sie spricht mit einem Lächeln.
He/She moves fast/slowly. *nervously* *carefully*	Er/Sie bewegt sich schnell. nervös vorsichtig

Characteristics	Charaktereigenschaften
clever/stupid *intelligent*	schlau/dumm intelligent
to be good at s.th. *He is good at sports.*	etwas gut beherrschen, können Er ist ein guter Sportler.
to be talented	talentiert sein
open-minded	offen
narrow-minded	engstirnig
ambitious	ehrgeizig
successful/unsucessful	erfoglreich/erfolglos
sensitive	sensibel, empfindsam
shy	schüchtern, ängstlich
self-conscious	gehemmt
self-confident	selbstbewusst
clumsy	ungeschickt
independent	unabhängig
kind/unkind *friendly/unfriendly*	liebenswürdig/unfreundlich freundlich/unfreundlich
considerate, thoughtful	rücksichtsvoll
understanding	verständnisvoll
tolerant/intolerant	tolerant/intolerant
selfish/unselfish	egoistisch/selbstlos
cheeky	frech, unverschämt
aggressive/quiet, peaceful	aggressiv/ruhig, friedlich
brave/cowardly	mutig/feige
mean	gemein
honest/dishonest	unehrlich
He/She is someone you can trust, someone you can confide in	jemand, dem man etwas anver- trauen kann
popular/unpopular *He is popular with the girls.*	beliebt/unbeliebt Er ist bei den Mädchen beliebt.
a peacemaker/a troublemaker	Schlichter/Unruhestifter
a model student	Musterschüler
a bully	Rüpel
the black sheep of the family	das schwarze Schaf

Be careful!
anxious = besorgt
angry = wütend
shy, frightened = ängstlich

Be careful!
brave = tapfer
obedient = brav

2

2.5.2 *Growing up*

At home	Zu Hause
family	Familie
parents	Eltern
mother *mom (AE), mum (BE)*	Mutter Mama (Koseform)
father/dad	Vater/Papa (Koseform)
daughter/son	Tochter/Sohn
brother/sister	Bruder/Schwester
grandparents	Großeltern
grandmother/grandma	Großmutter/Oma
grandfather/granddad	Großvater/Opa
childhood	Kindheit
a single-parent family	Familie mit nur einem Elternteil
a patchwork family	Patchworkfamilie
to be married to	verheiratet sein mit
to be divorced from	geschieden sein von
to grow up *They grew up in London.*	heranwachsen, aufwachsen Sie wuchsen in London auf.
to bring up one's children *They were brought up by their grandparents*	seine Kinder großziehen, erziehen Sie wurden von ihren Großeltern großgezogen.
the children's upbringing	die Erziehung der Kinder

Rules at home	Verhaltensregeln für zu Hause
to obey	gehorchen
strict/lax	streng/nachgiebig
to obey the rules *to break the rules*	sich an die Regeln halten Regeln brechen
to listen to one's parents	auf die Eltern hören
(not) to be allowed to do s.th.	etwas (nicht) dürfen
to refuse to do s.th.	sich weigern, etwas zu tun
to stay out late	lange von zu Hause wegbleiben
to tidy one's room	das Zimmer aufräumen

At school	In der Schule
at school, in school	in der Schule (als Institution)
in the school	im Schulgebäude
to go to school	die Schule besuchen
to be late for school	zu spät kommen
to play truant/to skip lessons	schwänzen
to miss school/a lesson	Unterricht versäumen
to start school at the age of… *to finish school*	mit dem Schulbesuch im Alter von … beginnen/ den Schulbesuch abschließen
to leave school	die Schule verlassen
education *to get a good education at school*	Bildung ein gute Bildung erhalten
to teach a subject at school	unterrichten
teacher	Lehrer
headteacher (BE)/principal (AE)	Schulleiter/-in
pupil, student	Schüler/in
class *in class* *in the classroom*	Schulklasse; Kurs; Schulstunde im Unterricht im Klassenraum
period, lesson *We have Maths in the first period.*	Unterrichtsstunde Wir haben in der ersten Stunde Mathe
classmate	Klassenkamerad/-in
class spokesman	Klassensprecher/-in
to learn (for a test)	lernen
to study/work hard	gründlich lernen
to do a test *to take a test/an exam*	eine Arbeit schreiben an einer Arbeit/Prüfung teilnehmen
to pass a test *to fail a test*	eine Arbeit/Prüfung bestehen eine Prüfung nicht bestehen
to cheat	täuschen, schummeln
to get good/bad marks (BE)/ grades (AE)	gute/schlechte Noten bekommen
school report	Schulzeugnis

2

After-school activities	Nachmittagsaktivitäten
to run a school magazine	Schülerzeitung herausgeben
school club *chess club* *model club* *school orchestra* *school choir*	Arbeitsgemeinschaft Schach-AG Modellbau-AG Schulorchester Schulchor
to join a school club	teilnehmen an AGs

The school system	Das Schulsystem
year (BE), grade (AE)	Jahrgangsstufe
term	Schulhalbjahr
primary school	Grundschule
secondary school	weiterführende Schule
comprehensive school	Gesamtschule
grammar school	(entspricht dem) Gymnasium
public school	Privatschule
GCSE = General Certicate of Secondary Education	Abschluss der weiterführenden Schule
GCSE O-level	Abschluss nach Jg. 10
GCSE A-level	Abschluss nach Jg. 12
to go to university	die Universität besuchen
to pay (school) fees	Schulgebühren bezahlen

▶ *Your subjects are in your **timetable**.*

Subjects at school		Unterrichtsfächer	
English	*History*	Englisch	Geschichte
French	*Social Studies*	Französisch	Sozialkunde
German	*Math/Mathematics*	Deutsch	Mathematik
Spanish	*Biologie*	Spanisch	Biologie
Latin	*Physics*	Latein	Physik
Art	*Chemistry*	*Kunst*	Chemie
Music	*Computing*	Musik	Informatik
Sports, PE	*Geography*	Sport	Erdkunde
Religious Education, RE		Religion	

School facilities	**Einrichtungen der Schule**
schoolyard	Schulhof
gym	Turnhalle
library	Bibliothek
cafeteria	Cafeteria
school office	Sekretariat
timetable	Stundenplan

▶ *There are* ***breaks*** *between lessons* (Pausen). *At some schools there are* ***lunchbreaks*** (Mittagspausen).

Classroom phrases	**Im Unterricht**
What is the spelling of the word "…"?	Wie wird … geschrieben?
Is it spelled with a capital letter at the beginning?	Wird das Wort am Anfang groß geschrieben?
Could you write it on the board, please?	Könnten Sie es bitte auf die Tafel schreiben?
What is the English way of saying …?	Wie heißt … auf Englisch?
What do you mean by …?	Was bedeutet …?
How do you pronounce this word, please?	Wie wird dieses Wort ausgesprochen?
I'm sorry for being late.	Tut mir leid, dass ich mich verspätet habe.
I've forgotten my (exercise) book.	Ich habe mein … vergessen.
I couldn't hear you. Could you say it again, please?	Ich konnte es nicht verstehen. Könntest du es bitte noch einmal sagen?
I wasn't able to follow. Could you explain it again, please?	Ich konnte nicht folgen … es bitte noch einmal erklären?
Could you say/read it more slowly, please?	Könntest du das bitte langsamer sagen/vorlesen?
Could you repeat the last sentence/word, please?	Könntest du bitte das letzte Wort/den letzten Satz noch einmal wiederholen?
Could we do this (sentence/ exercise) again, please?	Könnten wir diesen Satz/diese Übung bitte wiederholen?
What about …? *Wouldn't it be a good idea if we …?*	Wie wäre es, wenn wir … ?
What page is it, please?	Auf welcher Seite ist das?
Where can I find information about …?	Wo finde ich … über …?

▶ *You carry all your books in your* ***schoolbag****. Your pens and pencils are in your* ***pencilcase****.*

2

2.5.3 *Talking to one another*

Asking for information	Um Auskunft bitten
to ask s.b. s.th.	jmd. etwas fragen
to ask a question	eine Frage stellen
to want to know	wissen wollen
to wonder if	sich fragen, ob
to demand	fragen, verlangen
to answer a question, to give an answer	eine Frage beantworten

Giving information	Informieren
to inform s.o. of s.th./to give s.o. information	jmd. über etwas informieren
to report	berichten
to explain s.th./to give an explanation of s.th.	etwas erklären
to mention	erwähnen
to add/to say s.th. in addition	hinzufügen
to advise s.o. to do s.th. to give s.o. a piece of advice	jmd. einen Ratschlag geben
to hint at s.th./to give s.o. a hint	hinweisen auf

Be careful!
They ***discussed the topic.*** = Sie diskutierten über das Thema.

Discussing	Diskutieren
to discuss s.th./to have a discussion	über etwas diskutieren
to comment on/to make a comment on	etwas kommentieren
to argue	argumentieren; sich streiten
I quite agree with you.	Ich bin auch deiner Meinung.
to object to s.th.	einwenden
on the one hand … on the other hand	einerseits … andererseits
in my opinion …/to my mind …	meiner Meinung nach …
You are absolutely right/wrong.	Du hast vollkommen (un)recht.
That is only one way of looking at it.	So wird es nur von einer Seite betrachtet.
I can see your point, but …	Ich verstehe dein Argument, …

2.5.4 *Feelings*

Feelings	Gefühle
feeling	Gefühl, Empfindung
to feel	fühlen
to show one's feelings	seine Gefühle offen zeigen

Positive feelings	Angenehme Gefühle
joy/happiness *happy/unhappy*	Freude/Glück glücklich/unglücklich
sadness/sad	Traurigkeit/traurig
to be in a cheerful/good/ bad mood	in heiterer/guter/schlechter Stimmung sein
to be glad/delighted	froh/erfreut sein
to be calm	ruhig, ausgeglichen sein
hope of s.th./to hope for	Hoffnung auf/hoffen auf
to long for s.th.	sich sehnen
to pity s.o./to feel pity for s.o.	bemitleiden
to be surprised at/by s.th.	von etwas überrascht sein
to take s.o. by surprise	jemanden überraschen
to be astonished	erstaunt sein

Negative feelings	Unangenehme Gefühle
to be shocked at/by	schockiert sein von
to be a shock to s.o.	ein Schock für jmd. sein
to be confused/to be in confusion	verwirrt sein
to be puzzled/at a loss	verwirrt/ratlos sein
to feel at ease/to feel uneasy	sich (un)wohl fühlen
uneasiness	Unbehagen
nervousness *to feel nervous/irritable*	Nervosität nervös/gereizt sein
to be depressed	niedergeschlagen sein
to be suspicious	misstrauisch sein
suspicion	Misstrauen
loneliness/to be lonely	Einsamkeit/einsam sein

Negative feelings	Unangenehme Gefühle
to feel shame/to be ashamed of s.th.	sich schämen
embarrassment/to be embarrassed	Verlegenheit/verlegen sein
embarrassing	peinlich
to be tired of/fed up with s.th./s.o.	etwas satt haben, leid sein
to be angry	wütend sein
to be annoyed with s.o. at/about s.th.	verärgert sein
to be upset	bestürzt, fassungslos sein
to lose one's temper	wütend werden
to be out of one's mind	verrückt sein
to go out of one's mind/lose one's mind	den Verstand verlieren
to (not) mind doing s.th. *She doesn't mind/care.*	ausmachen, stören Es ist ihr egal/gleichgültig.

2.5.5 *Attitudes and opinions*

Attitudes	Einstellungen
to have an attitude towards s.o./s.th.	Einstellung, Haltung zu
relationship between … and …/with	Beziehung zu
to consider s.o./s.th. (as/to be) s.th. *to regard s.o./s.th. as*	jmd./etw. halten für
to change one's mind	seine Meinung ändern
to doubt s.th.	etwas anzweifeln

Positive attitudes	Positive Einstellungen
to accept	annehmen; akzeptieren
to be familiar with/used to s.th.	vertraut sein mit
to take care of/look after s.o.	nach jmd. sehen, sich kümmern
to care about s.th.	sich interessieren für, Sorgen/Gedanken machen
to pay attention to s.o./s.th.	Aufmerksamkeit schenken
to be interested in	interessiert sein an
to prefer … to … /to prefer doing s.th.	bevorzugen
to respect	respektieren, achten

Positive attitudes	**Positive Einstellungen**
to get on/along with s.o.	mit jmd. gut zurechtkommen
to enjoy s.th., to enjoy doing s.th.	Spaß haben an
to be fond of s.o./of doing s.th.	mögen
to be keen on doing s.th. *He is keen on swimming.*	etw. sehr gern mögen Er schwimmt sehr gerne.
to love/to love s.o. for s.th.	mögen; lieben/lieben wegen
to adore	anbeten; innig lieben
to admire	bewundern

Negative attitudes/dislikes	**Abneigungen**
a dislike of/for/to dislike	Abneigung/nicht mögen
to hate	nicht mögen; hassen
s.o.'s hatred of	Hass auf etwas/jdn.
to look down on s.o.	herabblicken auf

2.5.6 *Conflicts*

Friendly relationships	**Gute Beziehungen**
to stick together	zusammenhalten
to compromise	Kompromisse schließen
to share s.th.	etw. teilen, gemeinsam haben
to have s.th. in common	(Eigenschaften) gemeinsam haben
to keep in touch with s.o.	in Verbindung bleiben
to understand s.o. *to show understanding*	jmd. verstehen Verständnis zeigen

Starting a conflict	**Eine Auseinandersetzung auslösen**
to get on s.o.'s nerves	jmd. auf die Nerven gehen
to call s.o. names	beschimpfen, beleidigen
to make fun of s.o.	sich lustig machen über
to bully s.o.	drangsalieren
to exclude s.o. from	jmd. von etw. ausschließen
to be s.o.'s rival	Rivale
to fight, fought, fought	streiten; kämpfen

Starting a conflict	**Eine Auseinandersetzung auslösen**
to quarrel/to have an argument with	streiten
to argue	streiten; argumentieren
to be cross with s.o *to look cross*	wütend, verärgert sein verärgert aussehen
to feel hurt/offended/insulted	verletzt/gekränkt/beleidigt sein
to shout at s.o.	jem. anbrüllen
to tell s.o. to shut up	auffordern, den Mund zu halten

Putting an end to a conflict	**Einen Konflikt beenden**
to put an end to a conflict *to settle a conflict* *to solve a conflict*	einen Konflikt beenden, einen Konflikt lösen
to find a solution to a conflict	Eine Lösung finden für
to cope with a problem	ein Problem bewältigen
to reconcile/reconciliation	versöhnen/Versöhnung
to apologize for s.th.	sich entschuldigen für
to make up for s.th.	wieder gut machen

Conflicts in society	**Konflikte in der Gesellschaft**
to commit a crime	ein Verbrechen begehen
to vandalize / to damage public property	(mutwillig) beschädigen oder zerstören
to use violence	Gewalt anwenden
to discriminate against s.o.	jemanden benachteiligen
racism *racist (adjective, noun)*	Rassismus rassistisch/Rassist
civil war	Bürgerkrieg

Conflicts between countries	**Konflikte zwischen Staaten**
to prevent a war	einen Krieg verhindern
to keep peace	den Frieden erhalten
to be at war with	Krieg führen gegen
A war breaks out.	Ein Krieg bricht aus.
to talk	Gespräche führen
to carry out peace talks	Friedensgespräche führen

2.5.7 *Taking part in politics*

Community	Gemeinde, Gemeinschaft
local government	örtliche Verwaltung
city hall (AE) / town hall (BE)	Gebäude der Stadtverwaltung Stadthalle
community centre	Gemeindezentrum
city council (BE)	Stadtrat
council services (BE)	vom Stadtrat bereitgestellte Dienste

Politics	Politik
politician	Politiker
political power	politische Macht, Einfluss
military/economic power	militärische/wirtschaftliche Macht
to have the power to do s.th.	die Macht haben, etwas zu tun
to rule/govern a country	regieren
to make decisions/to decide (whether)	Entscheidungen fällen
to sign a contract/a treaty	einen Vertrag/ein Bündnis unterzeichnen

Political systems	Politische Systeme
democracy/democratic	Demokratie/demokratisch
monarchy	Monarchie
King	König
Queen	Königin

Constitution	Verfassung
government	Regierung
to be at the head of the government	an der Regierungsspitze stehen
to declare s.th. unconstitutional	für verfassungswidrig erklären
minister	Minister
to appoint s.o. minister	zum Minister ernennen
representation *to represent*	Volksvertretung (parlamentarisch) vertreten
Member of Parliament (BE) = MP	Parlamentsabgeordneter

Branches of government	**Regierungsgewalten**
the executive power	ausführende Gewalt
the judicial power	Recht sprechende Gewalt
the legislative power	gesetzgebende Gewalt
to introduce a new law	ein neues Gesetz einführen
to pass a law	ein Gesetz verabschieden
to veto s.th. *to veto a law*	durch Vetorecht verhindern gegen ein Gesetz Widerspruch einlegen

Political rights	**Politische Rechte**
to demonstrate for	demonstrieren für
to protest against	protestieren gegen
to fight for one's rights *to stand up for one's rights*	für seine Rechte kämpfen
constitutional rights	verfassungsmäßige Rechte
civil rights	Bürgerrechte, Grundrechte
human rights	Menschenrechte
to violate human rights	gegen … verstoßen

Voters	**Wähler**
to vote for s.o./a political party	stimmen für
to take votes	abstimmen
election	Wahl
to hold an election	eine Wahl abhalten
to take part in an election	sich an einer Wahl beteiligen
election campaign	Wahlkampagne
a candidate runs for an election	kandidieren
to win/lose an election	eine Wahl gewinnen/verlieren
to win the majority of votes	eine Wahl gewinnen/verlieren
to have an overall majority	die absolute Mehrheit besitzen
to elect s.o. s.th.	jmd. zu etwas wählen
to be elected (as) Member of Parliament (BE)/President	zum Parlamentsmitglied, zum Präsidenten gewählt werden
political party	Partei

2.5.8 *Jobs and employment*

All about the job	**Alles über die Arbeit**
job	Arbeitsplatz/stelle; Aufgabe
work	Arbeit, Tätigkeit
to go to work	zur Arbeit gehen
at work	auf/in der Arbeit
to employ people	Leute beschäftigen
employer	Arbeitgeber
employee	Angestellte/r
to earn a salary *wages*	Gehalt verdienen Lohn
to earn a living	den Lebensunterhalt verdienen
to earn one's income by …	Einkommen verdienen mit …
to be on/to take maternity leave	Erziehungsurlaub
to take a day off	einen Tag frei nehmen
to retire from work	in den Ruhestand treten

Looking for a job	**Eine Arbeitsstelle suchen**
to give s.o. notice	jmd. kündigen
to lose one's job	seine Arbeitsstelle verlieren
out of work/unemployed/jobless	arbeitslos
to apply for a job	bewerben
to write a letter of application	eine Bewerbung schreiben

Kinds of jobs	**Arbeitsstellen**
a well-paid/poorly paid job	gut/schlecht bezahlte Arbeit
to do odd jobs	Gelegenheitsarbeiten
to have a full-time job	eine Vollzeitstelle haben
to have a part-time job	Teilzeitarbeit
to do shift work	Schichtarbeit
to be on the day/night shift	Arbeit in der Tag-/Nachtschicht
a skilled worker *an unskilled worker* *an untrained worker*	eine ausgebildete Arbeitskraft unausgebildete ungeübte

Jobs
plumber = Installateur
electrician = Elektriker
optician = Optiker
builder = Bauunternehmer
mechanic = Mechaniker
dentist = Zahnarzt
vet = Tierarzt
pharmacist = Apotheker
teacher = Lehrer
nurse = Krankenschwester
secretary = Sekretärin
shopassistant = Verkäufer/in

Kinds of jobs	Arbeitsstellen
to work … *for a computer company* *in a factory* *three days a week* *eight hours a day* *full-time* *part-time*	 für eine Computerfirma in einer Fabrik drei Tage in der Woche acht Stunden pro Tag Vollzeit Teilzeit arbeiten
working conditions are good/bad/unhealthy.	Die Arbeitbedingungen sind gut/schlecht/ungesund.
to be on the training for a job	eine Berufsausbildung machen
to start an apprenticeship	eine Lehre beginnen
vocational training	Berufsausbildung
qualifications	Ausbildungsabschluss

2.5.9 *Business and industries*

Economy	Wirtschaft
economic	die Wirtschaft betreffend, Wirtschafts-
economical	sparsam
product	Erzeugnis, Produkt
goods	Waren
production *to produce goods*	Herstellung Waren herstellen
food production	Nahrungsmittelproduktion

Industry	Herstellung, Erzeugung
industrial production	Industrieproduktion
farming	Landwirtschaft
a manufacturer of *car manufacturer*	Hersteller von Automobilhersteller
car factory	Autofabrik
the film industry *the tourist industry* *the computer industry* *the steel industry* *the heavy industry*	Filmindustrie Tourismusbranche Computerindustrie Stahlindustrie Schwerindustrie

Buying and selling	**Kaufen und verkaufen**
to buy/to sell	kaufen und verkaufen
sale	Verkauf
shop/store (AE)	Geschäft
shop owner	Ladenbesitzer
department store/supermarket	Kaufhaus/Supermarkt
stationer's	Schreibwarenhändler
newsagent's	Zeitschriftenhändler
corner shop	Kiosk
to go shopping/to do the shopping	einkaufen gehen
to carry a shopping bag	eine Einkaufstasche tragen
shop assistant	Verkäufer
customer	Kunde
to pay for s.th.	für etwas bezahlen
cheap/expensive	billig/teuer

2.5.10 *Transport and travelling*

Travelling	**Reisen**
to travel abroad *by plane/boat/car/rail* *by coach/caravan/camper*	ins Ausland … mit dem Flugzeug/Schiff/Pkw/Zug … mit dem Reisebus/ Wohnanhänger/ Wohnmobil reisen
tourism/tourist	Tourismus/Tourist
sights of a city	Sehenswürdigkeiten
to go on a sightseeing tour	Besichtigungsreise
railway station	Bahnhof
to change trains	umsteigen
to get on/off at the next stop	ein-/aussteigen
airport	Flughafen
arrival *to arrive at …*	Ankunft ankommen in/um … Uhr
to leave at …	abfahren ab …/um … Uhr
to catch the bus/the train *to take the bus/the train*	den Bus/Zug erreichen den Bus/Zug nehmen

Traffic	Verkehr
traffic sign	Verkehrsschild
traffic light	Verkehrsampel
cycle track	Radfahrweg
pavement	Bürgersteig
pedestrian crossing	Fußgängerüberweg
pedestrian area	Fußgängerzone
the Underground (AE subway)	die U-Bahn
to cancel a flight	einen Flug absagen
a delay of 10 minutes	Verspätung, Verzögerung von 10 Minuten
to be delayed	Verspätung haben

2.5.11 *Global problems*

Global problems	Globale Probleme
the world population is growing	die Weltbevölkerung wächst
overpopulation	Überbevölkerung
overcrowded cities	überbevölkerte Städte
poor/wealthy countries	arme/reiche Länder
to fight poverty	die Armut bekämpfen
to improve living conditions	Lebensbedingungen verbes-sern
immigration	Einwanderung
immigrant	Einwanderer
to immigrate to ... from...	einwandern in ... aus ...
to immigrate because there are religious troubles/political con-flicts in the home country	aus religiösen/politischen Grün-den einwandern
to escape (from) ...	entfliehen; entkommen aus
to lose/give up one's home	das Zuhause verlieren/aufgeben
to start a new life	ein neues Leben beginnen
to be a stranger/to be foreign	fremd sein, sich fremd fühlen

Grammatik 3

3.1 *Who's afraid of grammar?*

So wie du Vokabeln lernst, so solltest du auch Grammatik lernen. Das bedeutet, zwei- bis dreimal in der Woche ein bestimmtes Thema angehen und Beispielsätze schreiben oder lernen.

Grammatik ist der Teil des Unterrichts, bei dem sich die meisten Schüler nach einiger Zeit schwertun. Dabei ist die englische Grammatik durchaus gut zu meistern, wenn du dich an ein paar wesentliche Grundsätze hältst!
An erster Stelle steht dabei die korrekte Verwendung der **Zeiten *(tenses)*.** Im folgenden Kapitel wirst Du merken, dass die meisten Zeitformen recht einfach gebildet werden und ohne zu große Schwierigkeiten anzuwenden sind. Wenn du das Zeitensystem *(tense system)* und seine Gesetzmäßigkeit erst einmal richtig beherrschst, wirst du die Zeitformen richtig anwenden können. Außerdem ist es sehr hilfreich, dass es bei den Zeiten – wie auch bei anderen Themen der Grammatik, z. B. beim Satzbau – eine Menge Ähnlichkeiten und Übereinstimmungen mit dem Deutschen gibt.

Wichtige Grundregeln der englischen Grammatik

- Wer das englische **Zeitensystem *(tense system)*** beherrscht, hat die wichtigste Grundlage für das Beherrschen der Grammatik schon geschafft. Aus diesem Grund beginnt das folgende Kapitel auch damit. Jede Zeitform wird ausführlich erklärt, und es gibt eine Reihe von Beispielen – die ersetzen aber natürlich nicht zusätzliche eigene Beispielsätze, mit denen du lernen kannst!
- **Präpositionen** sind leicht zu beherrschen, wenn man ihre Bedeutung kennt. Manche Ausdrücke mit Präpositionen musst du dir einzeln einprägen.
- Die englische **Satzstellung** hingegen ist ausgesprochen regelmäßig und daher vergleichsweise gut anzuwenden, wenn du sie einmal in Ruhe gelernt hast!
- Vor allen Dingen solltest du keine Scheu oder gar Angst vor Grammatik haben – fast alle tun sich anfangs schwer damit, also nur Mut!

Auch im Internet findest du reichhaltige Websites mit einer Fülle an **Grammatikübungen,** so z. B. unter http://www.ego4u.de.

Von ALBERT EINSTEIN stammt der Satz: *"Genius is nothing but labour and diligence."* Es ist vielleicht kein Geniestreich, die englische Grammatik gut zu beherrschen, aber ohne Grammatik geht es nun mal nicht – und durch stetiges und sorgfältiges Üben wirst du garantiert schon bald gute Ergebnisse erzielen.

3.2 Das Verb und seine Formen

Ein wichtiges Themenfeld der englischen Grammatik ist das Verb oder Zeitwort (z. B. *run, do*). Das Verb wird im Satz benutzt, um über Tätigkeiten zu sprechen. Durch bestimmte Formen kann es auch ausdrücken, wann diese Tätigkeiten ausgeführt wurden (z. B in der Gegenwart).

> Verbformen, die benutzt werden, um über Handlungen in einer bestimmten Zeit zu sprechen, heißen **Zeitformen** *(tenses).*

tenses	**deutsche Bezeichnung**
Present tense	Gegenwart (Präsens)
Past tense	Vergangenheit (Präteritum)
Present perfect	vollendete Gegenwart (Perfekt)
Past perfect	vollendete Vergangenheit (Plusquamperfekt)
Future I and II	Zukunft I und II (Futur I und II)
Conditional I and II	Möglichkeitsform I und II (Konjunktiv I und II)

In der englischen Sprache gibt es von den meisten grammatischen Zeitformen zwei Varianten – die **einfache Form *(simple form)*** und die **Verlaufsform *(progressive form)***. Die einfache Form wird verwendet, um zu sagen, dass eine Handlung **regelmäßig** stattfindet. Die Verlaufsform drückt aus, dass eine Handlung **in diesem Moment bzw. zu einem bestimmten Zeitpunkt** geschieht.

Zustandsverben und Tätigkeitsverben

Bestimmte Verben werden nur in der einfachen Form benutzt, weil sie einen Zustand, ein Besitzverhältnis, Gefühle, Meinungen oder Wünsche anzeigen. Diese Verben werden Zustandsverben *(state verbs)* genannt.

> **Zustandsverben *(state verbs)***
>
> - Verben, die eine Eigenschaft, einen Zustand oder Besitz ausdrücken: *be, belong to, consist, contain, cost*
> - Verben des Meinens, Wissens, Vermutens: *agree, believe, imagine, know, think, realize, suppose (abstract verbs)*
> - Verben des (Nicht)Mögens: *hate, love, like, wish (emotion verbs)*
> - Weitere Verben: *mean, understand, belong, contain, seem, smell, taste, see, doubt, depend on*
>
> Zustandsverben werden meist nur in der einfachen Form verwendet.

*This book **belongs** to my brother. I **like** this song.*

Um auszudrücken, dass sich Handlungen wiederholen, oder um Vorwürfe zu machen, kann man auch die Verlaufsform benutzen.

- *Travelling is so expensive. It's **costing** the world.*

Daneben gibt es Vorgangs- oder Tätigkeitsverben *(activity or dynamic verbs)*. Sie drücken sichtbare Handlungen aus (z. B. Bewegungen, Handlungen, Aktionen).
Diese Verben können die Verlaufsform bilden. So drücken sie aus, was in einem bestimmten Moment passiert.

Tätigkeitsverben *(activity verbs)*
to go, to eat, to drink, to sleep, to play, to run, to watch, to get, to rain, to listen, to read, to write, to come, to sing, to talk, to work usw.

- *Look, it's **raining** outside.*
  *The rabbits are **sleeping** in the hutch.*
  *Are you **listening** to a CD?*

You look good. But I'm not looking at you.

Einige Verben können sowohl Zustandsverb als auch Tätigkeitsverb sein (z. B. *to have, to look, to see, to think*). Sie haben dann jedoch unterschiedliche Bedeutungen.

Zustandsverb	Tätigkeitsverb
Dan has a new mobile phone (Dan hat ein neues Handy.)	*Dan is having breakfast.* (Dan frühstückt gerade.)
The castle looks very old. (Die Burg sieht sehr alt aus.)	*Jack is looking at the castle.* (Jack sieht sich gerade die Burg an.)
Here you see the latest model. (Hier sehen Sie das neueste Modell.)	*Cathy is seeing her tutor today.* (Cathy trifft heute ihre Klassenlehrerin.)
I think it's all right. (Ich finde, es ist in Ordnung.)	*I'm just thinking about yesterday.* (Ich denke gerade über gestern nach.)

3.2.1 Einfache Gegenwart *(simple present)*

Das *simple present* (einfache Gegenwart) wird benutzt, um über Gewohnheiten und Handlungen zu sprechen, die sich häufig wiederholen oder regelmäßig geschehen.

- *Father always **walks** to work.*
  (Vater geht immer zu Fuß zur Arbeit.)
  *I never **go** by train.*
  (Ich fahre nie mit dem Zug.)

Bildung der einfachen Gegenwart	***Simple present***
Die einfache Gegenwart eines Verbs wird mit der Grundform (Infinitiv) gebildet. Nur in der 3. Person Singular endet das Verb mit einem zusätzlichen *-s.*	*I / You like ice cream.* *He / She / It likes ice cream.* *We / You / They like ice cream.*
Die Verneinung und die Frage	***Questions***
Die Verneinung und die Frage in der einfachen Gegenwart *(simple present)* werden mit ***do not*** oder ***does not*** gebildet. Das Verb steht in der Grundform.	*Do you like spiders?* *Does he / she like spiders?* *Do they like spiders?*
	Negative forms
Es gibt auch Kurzformen: ***do not = don't*** ***does not = doesn't***	*No, I don't like spiders.* *He / She / It doesn't like spiders.* *We / You / They don't like spiders.*

Merke dir: *He, she, it* – das „s" muss mit!

Achtung: Nach *do* oder *does* kommt **kein *-s*** ans Verb!

Einige Verben ändern bei angehängten *-s* Schreibweise und Aussprache:
- Bei Verben, die auf einen Zischlaut wie *-sh, -ss, -ch* und *-x* enden, wird ein *-es* [ɪz] angefügt.
  close → closes; push → pushes; use → uses; watch → watches
- Endet ein Verb auf *-y* mit vorhergehendem Konsonant, wird aus dem *-y* ein *-ies: carry → carries; copy → copies; cry → cries; try → tries*
- Die Verben *do → does* und *go → goes* sind unregelmäßig.
- Bei *pay → pays* und *say → says* ändert sich die Schreibweise nicht.

Für folgende Situationen wird das *simple present* angewendet:
- regelmäßige und gewohnheitsmäßige Handlungen
- aufeinanderfolgende Handlungen (z. B. bei Aufzählungen)
- Tatsachen und Gesetzmäßigkeiten
- Zusammenfassungen von Texten

Typische Zusammenhänge, in denen das *simple present* verwendet wird, sind Fahrplaninformation, Organisation und Planung, Bedienungsanleitung, Angaben über Berufe und Hobbys.

Mr Khan is a newsagent.
He sells newspapers.

She always takes the first bus in the morning.
*First I **have** a shower and then I **drink** a cup of hot chocolate.*
*Cows usually **eat** grass.*
*The earth **rotates** around the sun.*
*This story **is** about …*

Signalwörter helfen dir zu erkennen, wann du bestimmte Zeitformen gebrauchen musst.

Bei folgenden **Signalwörtern** wird häufig das *simple present* gebraucht: *often, always, sometimes, usually, every day/time/week/month/year ..., normally, never, on Saturdays, first, then, after that, finally, at last.*

3.2.2 Verlaufsform der Gegenwart *(present progressive)*

Das *present progressive* (Verlaufsform der Gegenwart) wird benutzt, um über Handlungen zu sprechen, die gerade im Moment passieren.

What are you doing now? I'm phoning. I'm not watching TV.
(Was tust du gerade? Ich telefoniere gerade. Ich gucke nicht Fernsehen.)

Es wird mit einer Form von ***be*** und der ***-ing*-Form** des Verbs gebildet.

Aussagesatz:	*I am sleeping.* *You are listening.* *He/She/It is helping.*	*We are talking.* *You are eating.* *They are swimming.*
Fragesatz:	*Am I talking too loud?* *Are you listening?* *Is he/she/it listening?*	*Are we talking too loud?* *Are you taking a photo?* *Are they listening?*
Verneinung:	*I am not listening now.* *You are not listening.* *He/She/It is not sleeping.*	*We are not listening.* *You are not answering.* *They are not watching TV.*

Die **Kurzformen** von *is not* und *are not* sind *isn't* und *aren't.*

Can you see Mr Khan? He is opening his shop.

Das *present progressive* benutzt man für:
- Handlungen, die gerade in diesem Moment oder kurz vorher bzw. nachher stattfinden,
- Veränderungen, die im Moment des Sprechens stattfinden,
- Handlungen, die noch nicht abgeschlossen sind,
- Beschreibung von Geschehnissen, z. B. Reportagen aus der Sicht eines Betrachters,
- zukünftigen Handlungen, die schon fest geplant sind.

*Let's go home now. It**'s starting** to rain.*
*The doctor **is examining** my eyes.*
*The book **I'm reading** at the moment is very exciting.*
*The little child **is playing.** Look, now he **is smiling** at me!*
*Next Saturday we **are having** a big party.*

Signalwörter, nach denen das *present progressive* verwendet wird, sind: *now, today, at the moment, this week/month/year ..., Look!, Listen!*

3.2.3 Einfache Vergangenheit *(simple past)*

Das *simple past* (einfache Vergangenheit) wird benutzt, um über Handlungen zu sprechen, die in der Vergangenheit passierten (z. B. *yesterday, last week*).

- *Yesterday* ***was*** *a wonderful day.* (Gestern war ein wunderbarer Tag.)
  Our holidays ***started****.* (Unsere Ferien begannen.)
  So we ***went*** *to the zoo.* (Also gingen wir in den Zoo.)
  What ***was*** *the weather like?* (Wie war das Wetter?)
  It ***was*** *fine. It* ***didn't*** *rain.* (Schön. Es regnete nicht.)

Das *simple past* von *to be* (sein)
Für das Verb *to be* (sein) gibt es zwei Vergangenheitsformen:
I/he/she/it ***was;*** *You, we, they* ***were***
Verneint lauten sie ***was not (wasn't)*** und ***were not (weren't)***.
Fragen bildet man mit ***Was he.../Were you...?*** usw.
Und mit **Fragewörtern: *Where was he.../ When were you...?***
Kurzantworten lauten z. B. ***Yes, I was.*** oder ***No, we weren't.***

- *Yesterday she* ***was*** *at the club.*
  Were *you at the club, too? – No, we weren't.*
  My bike ***wasn't*** *as fast as Jim's.*
  Was *your bike faster? – Yes, it was.*
  Where ***was*** *your purse?*
  When ***were*** *the Bartons home again?*

Regelmäßige Verben bilden das *simple past,* indem man die Nachsilbe *-ed* an den Infinitiv anhängt (z. B. *climb → climbed*)

Manche Verben ändern bei angehängtem *-ed* ihre Schreibweise und Aussprache:
- Ein stummes e entfällt: *close → closed; like → liked*
- Einige Konsonanten werden verdoppelt: *stop → stopped; plan → planned; travel → tavelled; prefer → preferred*
- *y + -ed* wird zu *-ied: hurry → hurried; tidy → tidied*
- Bei Verben, die auf *t* oder *d* enden, wird *-ed* [ɪd] ausgesprochen: *waste → wasted; want → wanted*

Unregelmäßige Verben haben eine eigene Form für das *simple past.*

- *to meet, met: They* ***met*** *at the station.*
  to have, had: We ***had*** *four tickets*
  to buy, bought: He ***bought*** *new football shoes.*
  to sell, sold: Mr Khan ***sold*** *many sweets.*
  to read, read: She ***read*** *all the Harry-Potter-novels.*

Wichtige unregelmäßige Verben
to begin, began
to come, came
to do, did
to find, found,
to get, got
to go, went
to know, knew
to make, made
to say, said
to see, saw,
to take, took
to tell, told
to think, thought

Verneinte Aussagen werden mit ***did not (didn't)*** und dem Infinitiv des Vollverbs gebildet.
Fragen werden mit ***did*** und dem Infinitiv des Vollverbs gebildet.

Wichtig: Nach ***did*** steht das Verb immer im **Infinitiv** und nicht in der Vergangenheitsform.

*I **didn't waste** my time.*
*They **didn't follow** the rules.*
*When **did** you **meet** Tim?*
*Why **didn't** you **ask** me?*

Benutze das *simple past*, wenn du sagen willst, **wann** etwas geschah.

Zeitpunkt in der Vergangenheit oder abgeschlossener Zeitraum
Das *simple past* benutzt man, um über Handlungen, Ereignisse oder Zustände zu sprechen, die sich zu einem bestimmten Zeitpunkt in der Vergangenheit oder in einem abgeschlossenen Zeitraum der Vergangenheit ereignet haben, etwa wenn man eine Geschichte erzählen oder über Vergangenes (z. B. Ferienerlebnisse) berichten möchte.

Das *simple past* wird **im Deutschen** oft durch das Perfekt wiedergegeben. Das *simple past* kann aber nicht an Stelle des *present perfect* benutzt werden.

Signalwörter für das *simple past* sind: *yesterday, last week / month / year, some time before, some time ago, … year(s), month(s), week(s) ago.*

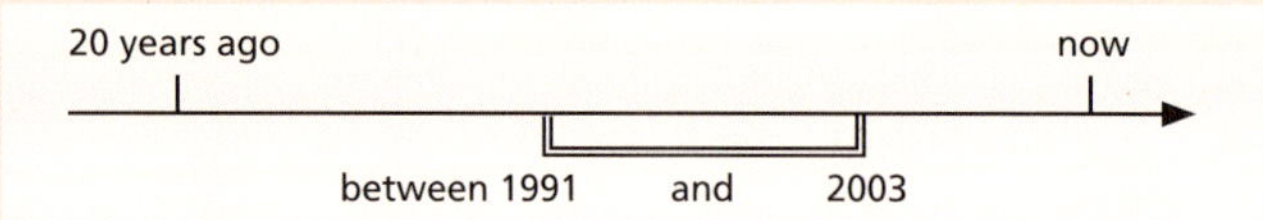

*I **got up** at 6 o'clock **yesterday**.*
***Did** you **go** to the cinema **last week**?*
*Why **did** she leave **in April**?*
***10 years ago** I **was** still at school.*
*We **lived** there **from 1991 up to 2003**.*
*We **lived** there **for twelve years**. Now we live in Bristol.*

Gewohnheiten in der Vergangenheit
Über Gewohnheiten und sich wiederholende Handlungen in der Vergangenheit spricht man im *simple past*. Das deutsche „früher immer" für Gewohnheiten wird übersetzt mit ***used to***.

*He **took** the bus every day.*
*They **got** up early.*
*We **used to** live in Cardiff.*
(Wir haben **früher** in Cardiff gelebt.)

3.2.4 Verlaufsform der Vergangenheit *(past progressive)*

Das *past progressive* (Verlaufsform der Vergangenheit) drückt aus, dass eine **Handlung** oder ein **Vorgang** zu einem **Zeitpunkt der Vergangenheit gerade im Gange,** aber noch nicht beendet war.

> Das *past progressive* wird mit ***was/were*** und der ***-ing*-Form** des Verbs gebildet.
> *I / he / she / it **was singing***
> *You / we / they **were singing***
>
> **Verneint** wird mit ***was not (wasn't) ...ing*** und ***were not (weren't) ...ing.***
> **Fragen** bildet man mit ***Was he ...ing/Were you ...ing?*** usw.
> Und mit **Fragewörtern: *Where was he ...ing/When were you ...ing?***
> **Kurzantworten** lauten z. B. ***Yes, I was.*** oder ***No, we weren't.***

*At seven o'clock I **was having** a shower.*
*She **wasn't listening**.*
***Was** he **fixing** his bike – Yes, he **was**.*
*We **were having** dinner.*
*They **weren't checking** all the suitcases.*
***Were** you **waiting** for the bus? – No, we **weren't**.*
*Where **were** you **waiting**? – I **was waiting** at the bus stop.*

I was waiting at the bus stop.

Häufig wird das *past progressive* benutzt, um Handlungen zu beschreiben, die gerade passierten, als eine zweite Handlung auftrat.

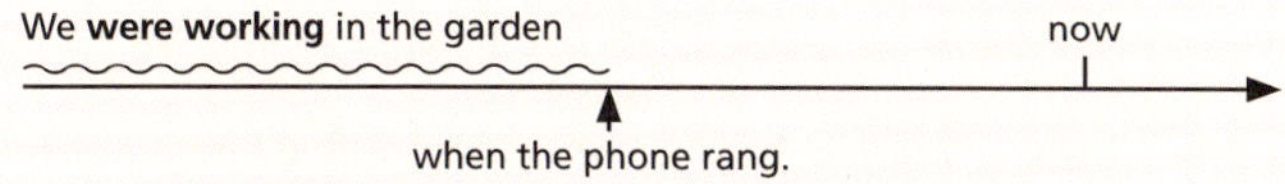

*When we **were watching** the entrance, we saw her walk in.*
*The bottle exploded when they **were opening** it.*
*He **was skiing** in France when he broke his leg.*
***Were** you **listening** when he explained how to do it?*
***Was** she **getting** ready for leaving when you rang?*
*When everybody **was sleeping** the dog started to bark.*
*I **was** just **falling** asleep when a terrible noise woke me up.*

> Benutze das *simple past*, wenn du sagen willst, **wann** etwas geschah.
>
> Benutze das *present perfect*, wenn du sagen willst, **ob** oder **dass** etwas geschah.

3.2.5 Vollendete Gegenwart *(present perfect)*

Mit dem *present perfect* (vollendete Gegenwart) drückt man die Tatsache aus, **dass** jemand bis zum jetzigen Zeitpunkt etwas getan hat oder **dass** etwas geschehen ist. Der genaue Zeitpunkt spielt dabei keine Rolle.

John has been here.

Have you ever been to Paris?

*I **have had** a cup of tea today.* (Ich hatte heute schon eine Tasse Tee.)
*You **have** never **been** late.* (Du bist noch nie zu spät gekommen.)
***Have** you **been** to London before? – Yes, I have.* (Warst du schon einmal in London? – Ja.)
*She **hasn't practised** her part for the show.* (Sie hat nicht für ihre Rolle in der Show geübt.)

> Das *simple past* wird **im Deutschen** oft durch das Perfekt wiedergegeben. Das *simple past* kann aber nicht an Stelle des *present perfect* benutzt werden.

Das *present perfect* wird mit ***have/has*** und dem ***past participle*** (Vollverb + *-ed* oder 3. Verbform) gebildet.
I / you / have waited.
*He / she / it **has waited.***
*You / we / they **have waited.***

Verneint wird mit ***has not (hasn't) + participle*** und ***have not (haven't) + participle.***
Fragen bildet man mit ***Has he / Have you + participle?***
Und mit **Fragewörtern:** ***Where has he / When have you + participle?***
Kurzantworten lauten z. B. ***Yes, he has.*** oder ***No, I haven't.***

Das *present perfect* von ***to be*** lautet ***has been*** oder ***have been.***

> Das ***past participle*** ist die **3. Form** der **unregelmäßigen Verben:**
>
> *to go, went, **gone***
> *to do, did, **done***
> *to have, had, **had***
> *to make, made, **made***

Das *present perfect* steht bei Handlungen oder Zuständen, die in der Vergangenheit begonnen haben und

erst vor kurzer Zeit abgeschlossen wurden,	*He **has helped** cleaning the car for two hours.* *He **has** just **finished** his homework.*
bis zur Gegenwart angedauert haben,	*Since 9 o'clock she **has marked** all her students' papers.* *I **have worked** all day long.*
die zwar abgeschlossen wurden, aber deren Folgen bzw. Auswirkungen noch in die Gegenwart reichen.	*Tom has broken the window.* *We **have painted** the walls. How nice they look!*

Mr Khan has just opened his shop.

Signalwörter für das *present perfect:*

- *since 2003* (seit …)
- *for a year* (ein Jahr lang)
- *never* (nie)
- *ever* (jemals)
- *just* (gerade)
- *already* (schon)
- *not … yet* (noch nicht)
- *before* (vorher)
- *recently* (vor kurzem)
- *up to now* (bis heute)
- *all day long* (den ganzen Tag lang)
- *today* (heute)
- *this week/month/year* (diese Woche/diesen Monat/dieses Jahr)
- *(for) how long…?* (wie lange)

simple past* oder *present perfect?

simple past	***present perfect***
*He **moved** to Dublin three years ago.* ***Did** you see Mike yesterday?* *I **saw** Mike yesterday.*	*He **has lived** in Dublin for three years.* ***Have you seen** him again since then?* *I **haven't seen** him again since yesterday.*
Das *simple past* drückt aus, was zu einem bestimmten Zeitpunkt oder in einem abgeschlossenen Zeitraum der Vergangenheit geschah.	Das *present perfect* drückt aus, was irgendwann in einem Zeitraum der Vergangenheit geschah, der noch bis heute andauert (z. B. *today, this week*). Häufig sind der Zustand oder die Handlung für die Gegenwart von Bedeutung.

Since* und *for

Since und *for* werden leicht verwechselt. Beide können mit „seit" ins Deutsche übersetzt werden. So kannst du sie unterscheiden:
since gibt immer einen Zeitpunkt in der Vergangenheit an, seit dem etwas geschieht.
for gibt immer die Dauer einer Handlung an.

Nach *since* … kannst du mit **„seit wann?"** fragen.

Nach ***for*** kannst du mit **„wie lange?"** fragen.

since we started (seit wir anfingen)
since the bell rang (seit es schellte)
since Monday (seit Montag)
since 2005 (seit 2005)
since April 2nd (seit dem 2. April)
since six o'clock (seit sechs Uhr)

for 10 years (seit zehn Jahren, zehn Jahre lang)
for one day (seit einem Tag, ein Tag lang)
for a short time (eine kurze Zeit lang)

3.2.6 Verlaufsform der vollendeten Gegenwart *(present perfect progressive)*

Mit dem *present perfect progressive* (Verlaufsform des Perfekt) spricht man über eine Handlung, die in der Vergangenheit begann und bis zum Zeitpunkt des Sprechens noch andauert.

How long have you been working on your tasks for maths?

It has been raining since yesterday.

*He **has been writing** letters all day long.* (Er schreibt schon den ganzen Tag Briefe.)
*Since when **has** the phone **been ringing** now?* (Seit wann klingelt das Telefon schon?)
*I **haven't been sleeping** for days now.* (Ich habe schon seit Tagen nicht mehr geschlafen.)

Das *present perfect progressive* wird gebildet mit ***have been/has been*** und der ***ing*-Form** des Vollverbs: ***have/has + been + -ing***
*I / you **have been waiting.***
*He / she / it **has been waiting.***
*You / we / they **have have been waiting.***

Verneint wird mit ***has not (hasn't) been + -ing*** und ***have not (haven't) been + -ing.***
Fragen bildet man mit ***Has he been/Have you been + -ing?***
Und mit **Fragewörtern: *Where has he been/When have you been + -ing?***
Kurzantworten lauten z. B. ***Yes, he has.*** oder ***No, I haven't.***

Das *present perfect progressive* wird in folgenden Fällen verwendet:
- Bei kürzlich beendeten Handlungen:
  ***Have** you **been sleeping** until now?*
  *It **has been raining.***
- Bei gerade erst beendeten Handlungen, deren Folgen wahrnehmbar sind:
  *My husband **has been cycling** all morning, that's why his clothes are so dirty now.*
  ***Have** you **been cleaning** the house? The floor is still wet.*

- Bei sich wiederholenden Handlungen in der Vergangenheit:
  My father is a good skier. He ***has been skiing*** *since he went to school.*
- Bei Handlungen, die in der Vergangenheit begannen, in der Gegenwart andauern und sich möglicherweise auch in der Zukunft fortsetzen:
  He ***has been painting*** *the living room since this morning, and he hasn't finished yet.*
  How long ***have*** *you* ***been learning*** *English?*

He has been skiing since he went to school.

> Da im Allgemeinen für das *present perfect progressive* dieselben **Signalwörter** wie für das *present perfect simple* gelten, musst du anhand der Situation entscheiden, welche Zeitform du wählst. Signalwörter sind:
> *since, for, never, ever, just, already, (not) yet, before, recently, up to now, today, this week/month/year), so far, how long…?*

present perfect simple oder present perfect progressive?	
present perfect simple	***present perfect progressive***
Die Handlung ist abgeschlossen. Es interessiert nicht die Handlung selbst, sondern das Ergebnis der Handlung (die sauberen Fenster).	Die Handlung ist noch nicht abgeschlossen. Hier interessiert die Handlung selbst (das Säubern der Fenster), und nicht, ob die Handlung nun beendet ist.
The walls were red. Anthony has painted the walls. Now they are white. 	*Anthony has been painting the walls blue since this morning. Part of the wall is still white.* 

Unterschiede zwischen britischem und amerikanischen Englisch

Beim amerikanischen Englisch fallen Unterschiede in der Verwendung des *simple past* und des *present perfect* auf.
- Abgeschlossene Handlungen, die Auswirkungen auf die Gegenwart haben, werden manchmal mit dem *simple past* ausgedrückt.
- Das *simple past* wird manchmal zusammen mit unbestimmten Zeitbestimmungen (z. B. *already, before, ever, never, yet)* verwendet.

Weitere Unterschiede zwischen britischem und amerikanischem Englisch findest du in Kapitel 2.1.

Anthony just called/has just called. (AE)	*Anthony has just called.* (BE)
Mike lost/Mike has lost his purse. (AE)	*Mike has lost his purse.* (BE)
Did you already have/Have you already had lunch? (AE)	*Have you already had lunch?* (BE)

3.2.7 Vorvergangenheit *(past perfect)*

Das *past perfect* oder die Vorvergangenheit beschreibt Handlungen, die noch vor einem bestimmten Zeitpunkt in der Vergangenheit passierten.

While Paul made a parachute jump, his father was waiting on the ground.

When we arrived, the training had already started.

Das *past perfect* wird gebildet mit ***had*** und dem ***past participle*** (Vollverb + ***-ed*** oder 3. Verbform).
I / you / he / she / it / we / you / they ***had waited.***

Verneint wird mit ***had not (hadn't) + past participle.***
Fragen bildet man mit ***Had you + past participle?***

Das *past perfect* von *to be* lautet ***had been.***

After my friends ***had arrived*** *we began to have dinner.*
The parcel did not arrive for Christmas. I ***hadn't sent*** *it off in time.*
Joe knew all the interesting places in Rome. – ***Had*** *he* ***been*** *there before?*

The plane had already landed, when I arrived at the airport.

Die Aussage im *past perfect* steht immer im Zusammenhang mit einem anderen Satz oder Nebensatz, der einen Zeitpunkt in der Vergangenheit angibt. Dieser Satz oder Nebensatz steht immer im *simple past*.
- Die im *past perfect* ausgedrückte Handlung lag zeitlich weiter zurück. Diese Handlung fand „vorzeitig" statt.

After she ***had finished*** *repairing his car, he visited his friend.*
She lived alone on the farm since her children ***had left*** *her.*
The plane ***had*** *already* ***landed*** *when I arrived at the airport.*
They were surprised by the giant waves. They ***had*** *never* ***seen*** *something like this before.*

- Die Handlung im *past perfect* dauerte noch an, als eine weitere Handlung eintrat.

When the band began to play, the audience ***had*** *already* ***started*** *to leave the concert hall.*
We didn't know you would be missing. Only Ann ***had*** *already* ***known*** *it for some time.*

Signalwörter für das *past perfect* sind *after* und *(ever/never) before.*

3.2.8 Verlaufsform der Vorvergangenheit *(past perfect progressive)*

Das *past perfect progressive* (Verlaufsform der Vorvergangenheit) drückt aus, dass eine Handlung schon eine ganze Weile in der Vergangenheit verlief, bis ein neues Ereignis oder ein neuer Zustand auftrat. Sätze im *past perfect progressive* enthalten meistens eine Zeitbestimmung (z. B. *for a while, some time*); diese wird mit „schon" ins Deutsche übersetzt.

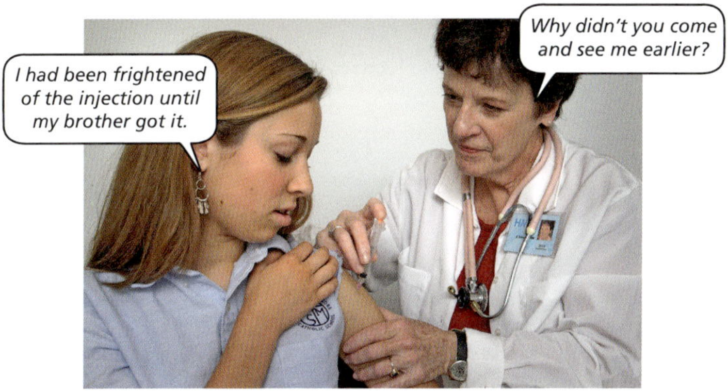

Das *past perfect progressive* wird gebildet mit ***had been*** und der ***ing*-Form** des Vollverbs: ***had + been + -ing.***
I / you / he / she / it / we / you / they ***had been waiting.***

Verneint wird mit ***had not (hadn't) been + -ing.***
Fragen bildet man mit ***Had he been + -ing?***
Und mit **Fragewörtern:** ***Where had he been + -ing?***

They ***had been spending*** *some time at the beach until they noticed the dark clouds.* (Sie hatten schon einige Zeit am Strand verbracht, als …)
Hadn't *he* ***been using*** *the canoe before?* (Hatte er das Kanu nicht schon vorher benutzt?)
He ***hadn't been using*** *his canoe for a while, so he hadn't noticed the missing paddle.* (Er hatte sein Kanu schon eine ganze Weile nicht benutzt, sodass er das fehlende Paddel nicht bemerkt hatte.)
He ***had been driving*** *for quite a while when the car ran out of petrol.*
She ***had been filling*** *the trolley with goods when she noticed she had forgotten her purse.*
Our neighbours ***had been living*** *next door for many years before we noticed that their two sons were twins.*
They ***had been working*** *together for many years before they fell in love with each other.*

She hadn't emptied her rubbish bin for a while.

3.2.9 *Will-future, going-to-future* und andere Zeitformen der Zukunft

Das Futur kann im Englischen mit mehreren Zeitformen ausgedrückt werden.

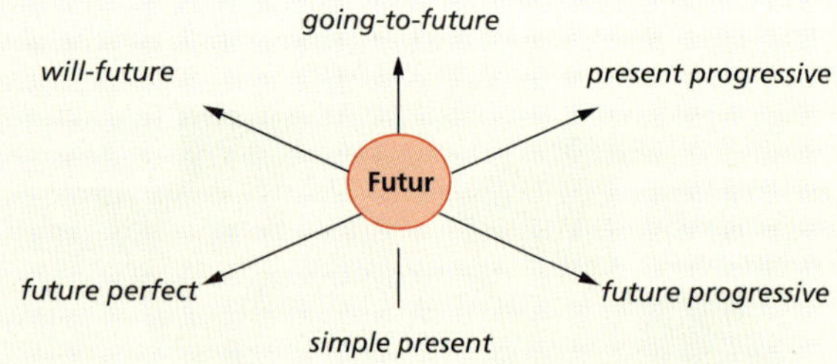

▶ Die Kurzformen werden vor allem in mündlicher, umgangssprachlicher Konversation benutzt.

Beachte, dass bei *will* in der 3. Person Singular kein *-s* angehängt wird.

▶ **Verwechsle nicht *will* und *want to*!**

*I **will go** to England.* = Ich **werde** nach England gehen.

*I **want to go** to England.* = Ich **möchte** nach England gehen.

▶ *for good* = für immer

Zeitform	Beschreibung	Beispiele
will-future Futur I	***will* + Infinitiv des Vollverbs** Die Kurzformen sind ***'ll*** und ***won't* (= *will not*).** Benutzt wird das *will-future*, um zukünftige Handlungen zu beschreiben, die nicht vom Sprecher beeinflusst werden können. Es kann benutzt werden, um einen spontanen Entschluss auszudrücken. Ebenso verwendet man diese Form, wenn man jemandem **anbietet**, etwas zu tun, selbst **zustimmt**, oder **verspricht**, etwas zu tun, sowie jemanden **bittet**, etwas zu tun. Signalwörter sind *next week, year etc. tomorrow* – sowie nach Einleitungen wie *I (don't) think, I suppose, I'm sure* etc.	*I **will have** an ice cream now.* ***Will** you also **have** one with me?* *No, thanks, I **won't**.* *He **will join** us.* *I think **I'll visit** her at the weekend.* *There **will be** rain later.* ***I'll go out** with you on Saturday.* ***Will** you **do** the shopping?* *I'm sure Mary **will pass** the exam.*
going-to-future	***be* + *going to* + Infinitiv des Vollverbs** Mit dieser Form wird angezeigt, dass die zukünftige Handlung bereits **geplant oder beabsichtigt** ist. Aber auch bei Ereignissen, die mit **großer Wahrscheinlichkeit** eintreten werden, wird diese Form gebraucht.	*Next month **I'm going to** go to Brazil for good.* *My boyfriend **isn't going to follow** me.* *Look outside! The storm **is going to be** over soon.*

present progressive (Verlaufsform der Gegenwart)	Ein bereits **vereinbartes** und **geplantes Ereignis** soll geäußert werden.	*My friend and I **are meeting** next Wednesday.*
future progressive (Verlaufsform des Futur I)	***will + be + -ing*** Das *future progressive* drückt aus, dass eine Handlung in der Zukunft zu einem **bestimmten Zeitpunkt** gerade geschieht.	*Tomorrow at this time I **will be flying** to Australia.*
simple present (einfache Gegenwart)	Es wird immer dann verwendet, wenn eine **Regelmäßigkeit** oder **Gesetzmäßigkeit** zum Ausdruck gebracht werden soll.	*The train to Glasgow **leaves** at 10.20 a.m.* *The first persons to arrive at an accident **are** the police.* *Ice cubes **melt** under the sun.*
future perfect simple Futur II	***will + have* + Partizip Perfekt (3. Verbform)** Verneinungen werden mit ***will not (= won't)*** gebildet. Diese Zeitform des Futur zeigt an, dass eine **Handlung** in der **Zukunft** bereits **abgeschlossen** sein wird.	*Tomorrow at 10 a.m. they **will have arrived** in Manchester.* *He **won't have told** her.* *Do you think your friend **will have written** his speech by **tonight**?*
future perfect progressive (Verlaufsform des Futur II)	***will + have + been + ing*-Form.** Das *future perfect progressive* verdeutlicht den Verlauf einer Handlung im *future perfect*.	*Tomorrow at this time I **will have been working** for four hours already.*

▶ *by tonight* = bis heute Abend

3.2.10 Konjunktiv *(conditional)*

Um eine **Möglichkeit** auszudrücken, wird sowohl im Deutschen als auch im Englischen häufig der **Konjunktiv** ***(conditional)*** verwendet. Im Englischen gibt es zwei Zeitformen für den Konjunktiv. Das ***conditional I*** (Konjunktiv Präsens) drückt Möglichkeiten der Zukunft aus.

Das ***conditional I*** wird mit ***would + infinitive*** des Verbs gebildet.
I / you / he / she / it / we / you / they ***would work.***
Die **Kurzform** lautet ***'d: I'd like*** *to walk.* ***She'd like*** *to walk.*

Verneint wird mit ***would not (wouldn't).***
Fragen bildet man mit ***Would you …?*** oder ***Wouldn't you …?***
Und mit **Fragewörtern:** ***Where would he … / When would they …?***
Kurzantworten lauten z. B. ***Yes, he would.*** oder ***No, I wouldn't ….***

Das *conditional I* wird in folgenden Fällen verwendet:

- Als Zeitform der Hauptsätze in den Bedingungssätzen vom Typ II ***(conditional clauses):***
  If I wasn't tired, I ***would go*** *for a swim.*
  They ***would like*** *tea, if it was hot.*
- Zum Äußern von Möglichkeiten und Wünschen („würde" oder „wäre"):
  A nice swim ***would*** *be great now.*
  I ***would like*** *to be a film star.*
- In der **indirekten Rede** der Vergangenheit, wenn das Verb der direkten Rede die *future I*-Form hat:
  Linda said: "I ***will go*** *for a swim later."*
  Linda said she ***would go*** *for a swim.*
- Als Ausdruck eines **typischen Verhaltens** in der Vergangenheit:
  Every week she ***would*** *go for a swim. Peter* ***would come*** *and pick her up.*
- Als Ausdruck einer **Weigerung** in der Vergangenheit:
  She asked me to come in, but I ***wouldn't.***

Das ***conditional II*** (Konditional Perfekt) drückt eine Möglichkeit der Vergangenheit aus. Diese Möglichkeit kann sich nicht mehr erfüllen.

Would *you* ***have liked*** *to sleep in a tent?* (Hättest du gerne in einem Zelt geschlafen?)
I ***would have taken*** *my umbrella.* (Ich hätte meinen Schirm genommen.)
We ***would have gone*** *by car.* (Wir wären mit dem Auto gefahren.)

Das ***conditional II*** wird mit ***would + have + past participle*** des Verbs gebildet.
I / you / he / she / it / we / you / they ***would have worked.***
Die **Kurzform** lautet ***'d have …: I'd have liked*** *to walk.*

Verneint wird mit ***would not (wouldn't) have + past participle.***
Fragen bildet man mit ***Would you have …?*** oder ***Wouldn't you have …?***
Und mit **Fragewörtern:** ***Where would he have + past participle …?***
Kurzantworten lauten z. B. ***Yes, he would.*** oder ***No, I wouldn't.***

Das *conditional II* wird in folgenden Fällen verwendet:
- Als Zeitform der Hauptsätze in den Bedingungssätzen vom Typ III ***(conditional clauses)***
  If I had had time, I ***would have gone*** *for a swim.*
- Zum Äußern von Möglichkeiten und Wünschen, die sich nicht mehr erfüllen lassen („hätte" oder „wäre gewesen")
  Swimming ***would have been great.***
  She ***would have liked*** *to go to the concert.*
  They ***would have gone*** *to the Caribbean.*
- In der **indirekten Rede** der Vergangenheit, wenn das Verb der direkten Rede die *future II*-Form hat
  Linda said: "Same time next week I will have left for Ireland."
  Linda said she ***would have left*** *for Ireland at that time of the following week.*

clauses = Sätze

3

3.2.11 Aktiv und Passiv *(active and passive voice)*

Wenn unwichtig ist, wer die Handlung ausführt, wird ein englischer Passivsatz mit dem unpersönlichen **„man"** ins Deutsche übersetzt:

Work is done by teams. = Man arbeitet im Team.

Jede Handlung kann mit einem Aktivsatz oder mit einem Passivsatz ausgedrückt werden.

***Thomas Edison** invented the light bulb.*

Aktiv:
Im Aktivsatz handelt das **Subjekt.**

***The light bulb** was invented by Thomas Edison.*

Passiv:
Im Passivsatz geschieht etwas mit dem **Subjekt.** Die handelnde Person oder Sache ergänzt als ***by-agent*** den Satz.

Das Passiv wird im Englischen mit einer Form von ***to be*** und dem ***past participle*** (Partizip Perfekt) gebildet.

Many T-shirts are made in India. (Viele T-Shirts werden in Indien hergestellt.)
The first cheap cars were built by Henry Ford. (Die ersten preiswerten Autos wurden von Henry Ford hergestellt.)

passive voice	***simple form***	***progressive form***
present tense	*he is caught*	*he is being caught*
past tense	*he was caught*	*he was being caught*
present perfect	*he has been caught*	Das *passive progressive* der anderen Zeiten wird im Englischen höchst selten verwendet.
past perfect	*he had been caught*	
future tense	*he will be caught*	
future perfect	*he will have been caught*	
conditional	*he would be caught*	
conditional perfect	*he would have been caught*	

Das englische Passiv wird oft verwendet in Nachrichten, Berichten, in Technik und Wissenschaft, in Zeitungsschlagzeilen

*The public **was shocked** by another act of violence.*
*Today a new law **was passed**. Single mothers **will be given** support.*
*Water **is added** at regular intervals.*

Passiv bei Verben mit einem Objekt

Personalpronomen passen sich bei der Umwandlung ins Passiv an. So wird im nachfolgenden Beispiel aus dem direkten **Objekt** (z. B. *her*) im Passivsatz das Subjekt (z. B. *she*) des Satzes.

Verben mit **direktem Objekt** im Englischen sind u. a.:
to write
to follow
to answer
to give
to offer
to promise
to show
to tell
to help

Aktiv: *Somebody called* ***her*** *at home.* — *Mary interviewed* ***him***.

Passiv: ***She*** *was called at home.* (Sie wurde zu Hause angerufen.) — ***He*** *was interviewed.* (Er wurde interviewt.)

Eine Reihe von Verben, die im Deutschen ein Dativobjekt haben, können im Englischen das **persönliche Passiv** bilden.

I was given *many presents.* (Man gab mir viele Geschenke.)
He was helped *by his friends.* (Ihm wurde von seinen Freunden geholfen.)
They were told *to enter.* (Man bat sie hereinzukommen.)

Beachte **die Unterschiede zum Deutschen:**
Im Deutschen wird sowohl das Passiv als auch das Futur mithilfe von „werden" gebildet.
Anders im Englischen:
Dogs are taken for a walk. (Hunde werden ausgeführt.)
We will take the dogs for a walk. (Wir werden die Hunde ausführen.)
Dogs become faster, if they run and play a lot. (Hunde werden schneller, wenn sie viel rennen und spielen.)

Dogs are taken for a walk.

Passiv bei Verben mit zwei Objekten

Hat ein Aktiv-Satz zwei Objekte, so wird meistens das Personenobjekt (indirektes Objekt) zum Subjekt des Passivsatzes.

Aktiv:	*My friend*	*told*	*me*	*an interesting story.*
	Subjekt		Personenobjekt (wem?)	direktes Objekt (wen?/was?)
Passiv:	*I*	*was told*	*an interesting story (by my friend).*	

Passiv bei Verben mit Präpositionen *(phrasal verbs)*

Bei Kombinationen von Verben mit einer Präposition *(phrasal verbs)* steht die Präposition im Passiv auch direkt nach dem Verb:
The animal clinic ***takes care of*** *injured animals. It* ***looks after*** *puppies and kittens which have lost their parents.*
Injured animals ***are taken care of****. Puppies and kittens without parents* ***are looked after****.*

Injured animals are taken care of.

3

Present tense group

Simple present

Gewohnheitsmäßige Handlungen
*He usually **gets up** a 6 o'clock.*

Aufzählung
*He **gets up, washes** and **fetches** the newspaper.*

Gesetzmäßige und planmäßige Handlungen
*Frogs **breed** once a year.*
*The train **leaves** at 9 a.m.*

Present progressive

Augenblickliche Handlungen
***I'm** just **reading** his letter.*

Abweichung von der Regel
*He normally goes by bus, but today he **is riding** his bike.*

Beschreibung einer Entwicklung
*It's **getting** warmer.*

Geplante zukünftige Handlungen
*We**'re going** to Sicily in summer.*

Past tense group

Simple past

Handlungen in einem **abgeschlossenen Zeitraum der Vergangenheit**
*He **left** two years ago.*

Kürzere, aufeinanderfolgende Handlungen
*When my friends **arrived, I put** on my coat and we **left** for the pub.*

Past progressive

Vergangene Handlungen, die zu **einem bestimmten Zeitpunkt noch andauerte**
*What was he **doing**? – He was reading the paper.*

Eine vergangene Handlung wird unterbrochen.
*He was still **sleeping** when the alarm rang.*

Future

Going-to-future

Es besteht eine **Absicht**.
***I'm going to see** the dentist.*

Sicher eintretendes Ereignis
*She**'s going to have** a baby.*

Will-future

Es besteht eine **Vermutung**.
*Prices **will drop** again next year.*

Nicht beeinflussbare Handlung
*They **will have** to cut down the tree.*

Spontaner Entschluss
She's fed up with her job.
*She **will leave** the company.*

Present perfect

Vergangene **Handlung, die bis in die Gegenwart angedauert** oder Auswirkungen gehabt hat
*She **has** just **finished** her homework.*

Vergangene Handlung, deren **Zeitpunkt unbestimmt** ist
*I'**ve been** to Italy before.*

Present perfect progressive

Handlung, die **bis zum Augenblick noch andauert**
***I have been looking** after the children since nine o'clock.*

Past perfect

Eine **Handlung liegt vor einem Zeitpunkt in der Vergangenheit und ist abgeschlossen.**
*They **had** already **gone** when I arrived.*

Past perfect progressive

Der Verlauf einer **Handlung, die vor einem Zeitpunkt in der Vergangenheit begann, aber noch nicht abgeschlossen war,** wird betont.
*They **had been living** quite peacefully in Vienna for some years when the war broke out.*

Future perfect

Zukünftige Handlung, die **zu einem bestimmten Zeitpunkt** in der Zukunft abgeschlossen sein wird
*The police **will have caught** the criminal by Monday next week.*

Future progressive

Handlung, die zu einem **bestimmten Zeitpunkt in der Zukunft noch andauern wird**
*The dog **will be waiting** for me when I get home.*

3.3 Hilfsverben und modale Hilfsverben

3.3.1 Hilfsverben *(auxiliaries)*

Vollverben *(full verbs)* (z. B. *to swim, to dance, to read*) können ohne ein anderes Verb im Satz benutzt werden. Sie haben einen Infinitiv, Partizipien und können alle Zeitformen bilden. **Hilfsverben *(auxiliaries)*** (z. B. *can, may, must*) können nur zusammen mit einem Vollverb verwendet werden.
To have, to do, to be können sowohl Hilfsverb als auch Vollverb sein. In ihrer Funktion als Hilfsverben verwendet man sie zur Bildung der Zeitformen des Vollverbs.

Verwendung von *be, have, do* als Hilfsverben

be, have, do als Hilfsverben *(auxiliaries)*
- *be* — *progressive forms*; *passive voice*
- *have* — Bildung von *present perfect* und *past perfect*
- *do* — Fragen im *simple present* und *simple past*; Verneinung des Imperativs

have drückt als Vollverb Besitz und Zugehörigkeit aus. Als Übersetzung für „haben", „besitzen" ist *have (got)* Zustandsverb.
be drückt als Vollverb einen Zustand oder eine Eigenschaft aus.
have als Tätigkeitsverb *(activity verb)* kommt in vielen Wendungen vor (z. B. *have breakfast, have a drink, have a go, have a party*).
do dient als Vollverb für Tätigkeiten. Es kann übersetzt werden mit „tun, machen, erledigen".

*Vera **has (got)** a house in France. Charly **was** tired. We **had** tea for breakfast. Keith **did** his homework.*

***to have* als Vollverb**

Formen	Gebrauch	Beispiele
present tense: *I/you/we/they* ***have/haven't*** *he/she/it* ***has/hasn't***	*to have/have got* = „besitzen" *has/has got* *don't have* *doesn't have* *didn't have*	*He* ***has (got)*** *a very old book.* ***Have*** *you* ***(got)*** *any sisters?*
past tense: *I/you/we/they/* *he/she/it* ***had/hadn't***		*I didn't have it.*
infinite forms: ***have, having, had***		
	to have in der Kombination mit einem Nomen (to have a rest; to have breakfast; to have a talk; to have a shower etc.)	***Did you have breakfast*** *this morning?* *I* ***didn't have a shower*** *this morning because I overslept.* *After he* ***had had*** *many drinks, he took the bus.*

to have **als Hilfsverb**		
Formen	**Gebrauch**	**Beispiele**
present tense: *I/you/we/they* ***have/haven't*** *he/she/it* ***has/ hasn't***	Zur Bildung der Zeitformen, insbesondere des *perfect tenses.*	*He* ***has*** *already* ***asked*** *her. She* ***hasn't seen*** *him for ages.* ***Have*** *you ever* ***tried*** *to juggle?*
past tense: *I/you/he/she/it/ we/they* ***had/hadn't***	Zur Bildung der Zeitformen, insbesondere des *past perfect.*	*After I* ***had watched*** *the film, I called a friend. After he* ***had had*** *many drinks, he took the bus.*
non-finite forms: ***have, had***		
	to have to = „müssen"	*She* ***has to*** *leave very early next morning.*
	have sth. done = „etwas machen lassen"	*They* ***had*** *their kitchen painted. (past participle)*

to do **als Vollverb**		
Formen	**Gebrauch**	**Beispiele**
present tense: *I/you/we/they* ***do/don't do*** *he/she/it* ***does/ doesn't do***	*to do* drückt eine Tätigkeit aus und steht deswegen oft in der *progressive form*	*Look, she* ***is doing*** *the dishes.*
past tense: *I/you/we/they/ he/she/it* ***did/ didn't do***		*He* ***did*** *his very best to pass the exam. What* ***do*** *you* ***do*** *in the evenings?*
non-finite forms: ***do, doing, done***		
	in Verneinungen	*Father* ***doesn't do*** *the housework. We* ***didn't do*** *the journey in three hours.*
	in Fragen	***Did*** *you* ***do*** *your homework yesterday? How* ***do*** *you* ***do*** *it?*

***to do* als Hilfsverb**		
Formen	**Gebrauch**	**Beispiele**
present tense: *I / you / we / they* ***do/don't*** *he / she / it* ***does/ doesn't***	zur Bildung von Fragen, bei nicht zusammengesetzten Zeiten wie dem *present perfect*	***Do*** *you often go and see your friends?*
past tense: *I / you / we / they / he / she / it* ***did/ didn't***		***Did*** *you visit the Houses of Parliament when you were in London?*
non-finite forms: ***do, done***		
	zur Bildung von Verneinungen	*He* ***doesn't*** *like listening to classical music.*
	in Kurzsätzen *(e. g. question tags)*	*You like playing the guitar,* ***don't you****? Yes, I* ***do****.*
	zum Hervorheben einer Aussage	*She* ***does*** *enjoy playing the piano.*

***to be* als Vollverb**		
Formen	**Gebrauch**	**Beispiele**
present tense: *I* ***am****, you / we / they* ***are/are not*** *he / she / it* ***is/is not***	zum Ausdruck einer Beziehung von Personen/Begriffen zueinander in Bezug auf Eigenschaften (Adjektiv); in Kurzsätzen (z. B. *question tags*)	*He is very interested in history.*
past tense: *I / he / she / it* ***was/was not****, you / we / they* ***were***		***Did*** *you visit the Houses of Parliament when you* ***were*** *in London?*
non-finite forms: ***be / being / been***		*You* ***are*** *in the kitchen,* ***aren't*** *you?* *– Yes, I am.*
	als *linking verb* in Bezug auf Ort	*The airport* ***is north of the city.***
	in Bezug auf Zeit	*Opening hours* ***are from 7 to 11.***
	in Bezug auf Nomen	*The teachers* ***are good friends.***

to be **als Hilfsverb**		
Formen	**Gebrauch**	**Beispiele**
present tense: *I am, you / we / they are/are not he / she / it is/is not*	zur Bildung der ***progressive form*** (Zeitform von to be und die *progressive form* eines Vollverbs)	*The children* ***are running*** *across the schoolyard.* *They* ***will be sitting*** *in class soon.*
past tense: *I / he / she / it* ***was/was not****, you / we / they* ***were***		
non-finite forms: ***be / being / been***		
	Zur Bildung des ***Passivs*** (Zeitform von *to be* und des *past participle* = 3. Verbform eines Vollverbs)	*The school is* ***being cleaned*** *right now.* *The pupils* ***have been taken*** *to a concert.*

need **als Hilfsverb**		
Formen	**Gebrauch**	**Beispiele**
need (brauchen, dringend müssen), *need have done*	– nur in Verneinungen und Fragen, die 3. Person Singular wird ohne *-s* gebildet – der Infinitiv wird ohne *to* angeschlossen – keine Umschreibung mit *to do* bei Frage und Verneinung	*You* ***needn't tell*** *me anything about your friendship.* ***Need*** *we really* ***get up*** *so early next morning?*

need **als Vollverb**		
Formen	**Gebrauch**	**Beispiele**
need (brauchen, dringend müssen), *need have done*	– in bejahten Sätzen, aber auch in Fragen und Verneinungen – kann mit Infinitiv, mit Nomen, mit passivem Infinitiv verbunden werden – 3. Person im *simple present* wird mit *-s* gebildet, der Infinitiv wird mit to angeschlossen – Frage und Verneinungen werden mit *to do* umschrieben	*These cars* ***need*** *a lot of petrol.* ***Do*** *you* ***need*** *more help?* *You* ***won't need to have*** *your hair cut today.* *The building* ***needs to be repaired.***

3.3.2 Modale Hilfsverben *(modal auxiliaries)*

Modale Hilfsverben (z.B. *can, may, must*) stehen immer zusammen mit einem Vollverb im Satz. Das Vollverb folgt immer im Infinitv ohne „*to*". Modale Hilfsverben haben nur eine *simple present*-Form *(I can, I may, I must)*; manche haben noch eine *simple past*-Form (z.B. *I could*). Daher müssen in allen anderen Zeiten an ihre Stelle **Ersatzverben *(substitutes)*** treten (z.B *to be able to* für *can*).

Modale Hilfsverben drücken aus, dass etwas passieren **kann, darf, muss, soll** usw.

Modale Hilfsverben und ihre Bedeutung

Bedeutung	modales Hilfsverb	Beispielsätze
Fähigkeit, Erlaubnis, Vorschlag	*can/cannot, could*	*I **can** drive a truck.* (Ich kann LKW fahren.) ***Can** I use your car?* (Darf ich dein Auto fahren?) *We **can** go swimming.* (Wir können doch schwimmen gehen.)
Möglichkeit	*can/could, may*	*We **may** be late.* (Wir kommen vielleicht zu spät.)
geringe Wahrscheinlichkeit	*might*	*I **might** have left the keys in the car.* (Ich könnte meine Schlüssel im Auto gelassen haben.)
höfliche Bitte, Wunsch	*can/could, may*	***Could** you help me, please?* (Könnten Sie mir bitte helfen?) ***May** I have a cup of tea, please?* (Kann ich bitte eine Tasse Tee haben?)
Notwendigkeit	*must*	*You **must** change trains at Victoria.* (Du musst am Victoria-Bahnhof umsteigen.)
Verbot	*must not, may not*	*You **must not** bang the door.* (Du darfst nicht die Tür zuschlagen.)
Vorschlag	*shall*	***Shall** I open the door for you?* (Soll ich die Tür für Sie öffnen?)
Ratschlag, Verpflichtung	*ought to, should*	*We **should** try again.* (Wir sollten es noch einmal versuchen.) *You **ought** to feel sorry.* (Es sollte dir leid tun.)

Modale Hilfsverben im Überblick

Modale Hilfsverben bilden **Fragen** und **Verneinungen** nicht mit *do/did*.
Nach *he/she/it* haben modale Hilfsverben **keine *s*-Endung** im *simple present.*

Vollverben, die mit einem Hilfsverb benutzt werden, haben keine *s*-Endung nach *he/she/it.*

***Can I use** your pencil?*	**ABER:** ***Do you use** my pencil?*
***May I borrow** your comic?*	***Did you like** my comic?*
***He cannot carry** the heavy suitcase.*	***He carries** the small suitcase.*
***She must clean** her bike.*	***She cleans** her shoes.*

Formen von *can* und dem Ersatzverb *be able to*

simple present	*We **can** finish the story.*
negative form	*We **cannot** finish the story.*
simple past	*We **could** finish the story.*
	*We **were able to** finish the story.*
negative form	*We **weren't able to** finish the story.*
present perfect	*We **have not been able to** finish the story.*
past perfect	*We **had been able to** finish the story.*
future I	*We **will be able to** finish the story.*
future II	*We **will have been able to** finish the story.*
conditional I	*We **would be able to** finish the story.*
conditional II	*We **would have been able to** finish the story.*

Formen von *may* und dem Ersatzverb *be allowed to*

simple present	*I **may** feed the fish.*
negative form	*I **must not** feed the fish.*
simple past	*I **was allowed to** feed the fish.*
negative form	*I **wasn't allowed to** feed the fish.*
present perfect	*I **have been allowed to** feed the fish.*
past perfect	*I **had been allowed to** feed the fish.*
future I	*I **will be allowed to** feed the fish.*
future II	*I **will have been allowed to** feed the fish.*
conditional I	*I **would be allowed to** feed the fish.*
conditional II	*I **would have been allowed to** feed the fish.*

3

Formen von *must* und dem Ersatzverb *have to*

simple present	*I **must** feed the cat.*
negative form	*I **don't have to** feed the cat.*
question	***Do I have to** feed the cat?*
simple past	*I **had to** feed the cat.*
negative form	*I **didn't have to** feed the cat.*
question	***Did I have to** feed the cat?*
present perfect	*I have had to feed the cat.*
past perfect	*I **had had to** feed the cat.*
future I	*I **will have to** feed the cat.*
future II	*I **will have had to** feed the cat.*
conditional I	*I **would have to** feed the cat.*
conditional II	*I **would have had to** feed the cat.*

Mit ***Shall I …/ Shall we …*** kannst du jemandem deine Hilfe anbieten oder einen Vorschlag machen:
***Shall** we watch the film?*
***Shall** I carry this box?*
*What **shall** I do for you?*

Höfliche Bitten und Bitten um Erlaubnis beginnst du mit:
Can I/we …?
Could I/we …?
May I/we …?
***May** we have a look, **please**?*

***You must not* = Du darfst nicht.**
You must not feed the fish. = Du darfst die Fische nicht füttern.
***You don't have to* = Du brauchst nicht.**
You don't have to run. = Du brauchst nicht zu laufen.

Behandle ***to have to*** wie ein Vollverb: **Fragen und Verneinungen** werden mit ***do/did* oder *do not/did not*** gebildet.

3.4 Infinitiv, Gerundium und Partizip

Verbformen werden unterschieden in solche, die man **beugen** kann, und in solche, die man **nicht beugen** kann. Ein Verb zu beugen bedeutet, dass es nach **Person und Zeit abgewandelt** wird. Man kann es einer Person und einer Zeit zuordnen. Infinite Verben hingegen sind **unveränderbar.** Folgende Verbformen gelten als infinite Verbformen:

finite Verbform: kann gebeugt werden
infinite Verbform: kann nicht gebeugt werden, bleibt unverändert

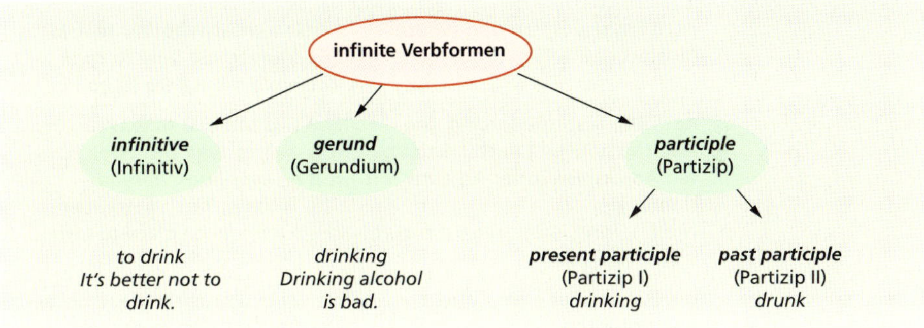

3.4.1 Infinitiv *(infinitive)*

Der Infinitiv ist die **Grundform** des Verbs. Es gibt ihn in folgenden Formen:

Zeit	Aktiv	Passiv
simple present	*(to) drink*	*(to) be drunk*
present progressive	*(to) be drinking*	
simple present perfect	*(to) have drunk*	*(to) have been drunk*
present perfect progressive	*(to) have been drinking*	

Infinitivkonstruktionen können Sätze verkürzen.

*Remember not **to drink** alcohol tonight!*
Denke daran, heute keinen Alkohol zu trinken!

In englischen Satzkonstruktionen gibt es **Infinitive** entweder **mit** oder **ohne *to:***

Infinitiv mit *to*

*She **wants to study** at university.*
Sie möchte an der Universität studieren

Infinitiv ohne *to*

*They **help** her **study** at university.*
Sie helfen ihr an der Universität zu studieren.

Der **Infinitiv mit *to*** steht in folgenden Fällen:

Anwendung	Beispiel
Verb + Objekt + Infinitiv mit *to* nach Verben des Denkens, Wünschens, Aufforderns, Veranlassens und Verursachens: *allow, cause, expect, remind, teach, tell, think, want, warn* usw.	*They allowed **him to leave.*** *This caused **him to laugh.*** *They expected **him to arrive soon.*** *They told **me to hurry up.*** *She wants **him to come.*** *He warned **me to be careful.***
nach Fragewörtern und ***whether*** (anstatt deutschem Fragesatz)	*I didn't know **whether to ask.*** *She showed **me how to cook.*** *They told **me where to go.***
nach *the first, the second, the last, the only* und nach bestimmten **Adjektiven** (oder Adjektiv mit Nomen): *right, wrong, easy, hard, difficult, wonderful* usw.	*She was the first **to leave.*** *It is easy **to read** this book.* *It is an easy book **to read.*** *This is too difficult **to explain.*** *It is a wonderful place **to visit.***
um Zweck, Ziel oder Absicht auszudrücken	*He needs a brush **to clean** his teeth.* *She used a towel **to get** dry.*

*She showed me how **to take** a photo.*

*She showed me where **to go.***

Der **Infinitiv ohne *to*** wird in folgenden Fällen benutzt:

Anwendung	Beispiel
zusammen mit dem direkten Objekt bei **Verben der sinnlichen Wahrnehmung**	*Can you hear **the phone ring?*** *Let's watch **the dogs play.***
bei *to make s.o. do s.th./to have s.o. do s.th.* (etwas veranlassen), *to let s.o. do s.th.* (etwas zulassen)	*Look! She lets **her dogs run** loose.* *She lets **chocolate drip** on the cake.* *She makes **her dogs** come back.* *She has **the gardener clean** the pool **twice a year.*** *She had **the boys switch off** the stereo.*

She lets her dogs run loose.

3.4.2 Gerundium *(gerund)*

Beim **Gerundium** handelt es sich um ein **substantiviertes Verb**, d.h. um ein Verb, das zum Substantiv (Nomen) geworden ist. Im Deutschen gleicht die Form dem Infinitiv, der aber großgeschrieben wird (z.B. das Fliegen). Im Englischen wird das Gerundium gebildet, indem man an den Infinitiv eines Verbs die **Endung *-ing*** anhängt (z.B. *the flying*). Folgende Formen des Gerundiums sind möglich:

Zeit	Aktiv	Passiv
present tense	*flying*	*being flown*
present perfect	*having flown*	*having been flown*

Das Gerundium funktioniert im Satz als Nomen und kann sowohl Subjekt als auch Objekt und prädikative Ergänzung sein.

Subjekt: ***Flying*** *is fun for me.*
Objekt: *I like **flying** more than going by train.*
Prädikative Ergänzung: *The way of travelling I like most is **flying**.*

Manche Verben besitzen unterschiedliche Bedeutungen, je nachdem, ob Gerundium oder Infinitiv folgt.

Verben mit unterschiedlicher Bedeutung	
Gerundium	**Infinitiv**
to go on (mit etwas weitermachen) *She went on **talking**.*	*to go on to* (mit etwas Neuem fortfahren) *He went on **to talk** about motorbikes.*
to stop (aufhören etwas zu tun) *He stopped **playing** when the phone rang.*	*to stop to* (aufhören, um etwas anderes zu tun) *He stopped **to look** at the new house.*
to mean (bedeuten, zur Folge haben) *It's freezing cold! This means **putting** on warmer clothes.*	*to mean* (beabsichtigen/vorhaben) *She means **to walk** all the way back in spite of the rain.* *She means **to do** it.*
to forget, to remember (beziehen sich auf ein vergangenes Ereignis) *She remembered **listening** to this song.*	*to forget to, to remember to* (beziehen sich auf ein zukünftiges Ereignis) *Please, remember **to close** the window.*
to try (ausprobieren) *Try **calling** another time!*	*to try to* (sich bemühen) *He tried **to run** faster.*

Remember to close the window.

Redewendungen mit Gerundium

■ Das **Gerundium *(gerund)*** wird im Deutschen häufig durch einen Nebensatz oder durch einen Infinitiv ausgedrückt.

Beispiele:
*He became rich **by finding** oil.* (Er wurde reich, indem er Öl fand.)
*She was told off **for talking** in class.* (Sie wurde ermahnt, weil sie schwätzte.)
***Instead of watching** TV you could fix your bike.* (Anstatt Fernsehen zu gucken, könntest du dein Fahrrad in Ordnung bringen.)

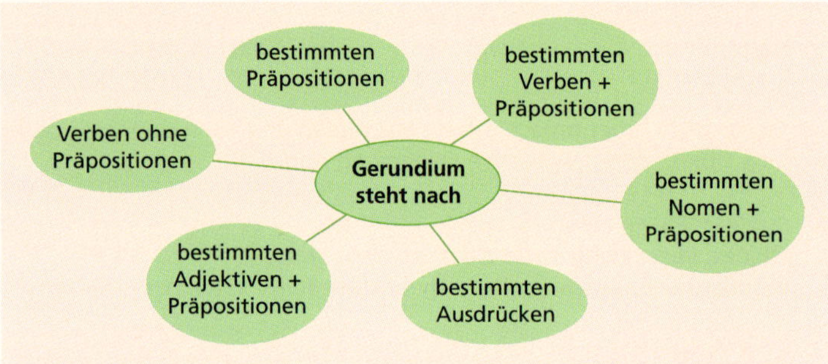

Gerundium nach Präpositionen	
after (nachdem)	*We arrived after **driving** all night.*
before (bevor)	*You switch it on by **pressing** the button.*
by (indem; dadurch, dass)	*Instead of **working** hard he enjoys life.*
instead of (anstatt)	*She entered without **knocking**.*
without (ohne)	*In spite of **being** ill she went to work.*
in spite of (trotz)	

Gerundium als Objekt nach bestimmten Verben	
to admit (zugeben)	*He admitted **being** wrong.*
to avoid (vermeiden)	*Avoid **wasting** energy!*
to deny (leugnen)	*He denied **making** a mistake.*
to enjoy (genießen)	*She enjoyed **lying** in the sun.*
to finish (beenden)	*Have you finished **writing** the essay?*
to give up (aufgeben)	*He gave up **smoking**.*
to imagine (sich vorstellen)	*Imagine **flying** to the moon!*
to keep (immer wieder tun)	*Keep on **trying**!*
to mind (etw. dagegen haben)	*Would you mind **closing** the door?*
to risk (in Kauf nehmen)	*Don't risk **losing** money!*
to suggest (vorschlagen)	*They suggested **building** a raft.*

Wissenstest 3 abrufbar auf **www.lernhelfer.de** oder mit der Lernhelfer-App

Gerundium nach Verb + Präposition

to apologize for (sich entschuldigen für) *to believe in* (glauben an) *to complain about* (sich beklagen über) *to cope with* (fertig werden mit) *to decide against* (sich entscheiden gegen) *to depend on* (abhängen von) *to dream of* (träumen von) *to get used to* (sich an etw. gewöhnen) *to insist on* (bestehen auf) *to look forward to* (sich auf etwas freuen) *to succeed in* (etw. schaffen) *to think of* (etw. in Erwägung ziehen) *to worry about* (sich Sorgen machen über)	*He apologized for* ***being*** *late.* *He dreams of* ***leaving*** *N.Y.* *He'll get used to* ***getting*** *up early.* *She insisted on* ***paying*** *the bill.* *I'm looking forward to* ***seeing*** *you soon.* *She succeeded in* ***winning*** *the prize.* *I'm thinking of* ***buying*** *a new car.*

Gerundium nach Nomen + Präposition

chance of (Möglichkeit) *danger of, risk of* (Gefahr, Risiko) *difficulty (in)* (Schwierigkeit, Problem) *doubt about* (Zweifel) *hope of* (Hoffnung) *opportunity of* (Gelegenheit) *possibility of* (Möglichkeit) *reason for* (Grund) *way of* (Art und Weise)	*Is there a chance of* ***getting*** *tickets?* *There is a danger of* ***losing*** *money.* *I had difficulties* ***putting*** *in the code.* *He was troubled by doubts about* ***moving*** *to Italy.* *His hopes of* ***winning*** *the match grew.* *This is an opportunity of* ***getting*** *a job.* *There is a high possibility of* ***being*** *there in time.* *There is no reason for* ***giving*** *up.* *That's my way of* ***solving*** *the problem.*

Gerundium nach Adjektiv + Präposition

be afraid of (Angst haben vor) *crazy about* (verrückt nach) *excited about* (aufgeregt wegen) *famous for* (berühmt wegen) *fond of* (gerne haben) *good/bad at* (gut/schlecht können) *keen on* (gerne mögen) *sick/tired of* (genug haben von)	*She's afraid of* ***asking*** *you.* *He is crazy about* ***buying*** *CDs.* *I'm excited about* ***meeting*** *him.* *He is famous for* ***writing*** *novels.* *He is fond of* ***going*** *to a concert.* *You are quite good at* ***skiing****.* *You are keen on* ***watching*** *that film.* *I'm tired of* ***waiting*** *for her.*

3.4.3 Partizip *(participle)*

Das **Partizip** kann wie ein Adjektiv vor einem Nomen stehen. Du kannst es auch einsetzen, um Nebensätze zu verkürzen. Außerdem wird es verwendet, um bestimmte Zeitformen zu bilden. Im Englischen gibt es zwei Arten des Partizips.

*A **laughing** clown*

Das **Partizip Präsens *(present participle)*** wird gebildet aus der Grundform des Verbs und *-ing* (z. B. *reading*).
Das **Partizip Perfekt *(past participle)*** wird gebildet aus der Grundform des Verbs und *-ed* (z. B. *watched*); es ist die 3. Form der unregelmäßigen Verben.

*A house **painted** white*

Wann wird das Partizip verwendet?

present participle	***past participle***
Zur Bildung des *present progressive* und des *past progressive:* *Look, it's snowing again!* *He was watching the clown.*	Es ist die 3. Form der unregelmäßigen Verben. Zur Bildung des *present perfect* und des *past perfect:* *They have bought many CDs.*
Anstelle von Relativsätzen (im Aktiv): *Young people **leaving** home will find it easier to get a cheap room.*	Anstelle eines Relativsatzes nach dem Nomen (im Passiv): *The progress **made** in medicine will save lives.*
Als Adjektiv, das ein Nomen näher bestimmt: ***Rising** prices lead to less consumption.*	Zur näheren Bestimmung eines Nomens: *The cars **produced** in Japan are quite cheap.*
Als Verkürzung eines Adverbialsatzes: ***Realising** that he couldn't win, he decided to stop the race.* (statt: *When he realized that he couldn't win, he decided to stop the race.*) ***Following** me everywhere, my dog is my best friend.* (statt: *As it follows me everywhere, my dog is my best friend.*)	Zur Verkürzung eines Adverbialsatzes: ***Having stayed** in Germany for many years, Sue decided to move to New York.*
Nach Verben der Sinneswahrnehmung (z. B. *see, watch, hear, listen to, smell, feel* usw.): *He watched her **sleeping**.* *I heard them **shouting**.*	Nach *have* + Objekt, um auszudrücken, dass eine Handlung veranlasst wird, d. h., jemand macht es nicht selbst, sondern lässt es machen: *My brother will have his car **repaired** tomorrow.* *She will have her tongue **pierced** next week.*
Nach Verben der Ruhe und Bewegung (z. B. *run, go, come, stay, stand, lie, sit* usw.): *The pupils sat **waiting** for the teacher.*	

3.5 Nomen und Artikel

3.5.1 Nomen *(nouns)*

Nomen *(nouns)* bezeichnen Lebewesen, Dinge/Sachen, Orte, Berufe usw. Der Gebrauch der Nomen ist im Englischen unproblematisch, da es im Englischen kein Geschlecht (Genus) der Nomen gibt.

Ein **Nomen** wird auch **Substantiv** oder Hauptwort genannt.

the → *dog* (**der** Hund), *cat* (**die** Katze), *house* (**das** Haus)

a → *dog* (**ein** Hund), *cat* (**eine** Katze), *house* (**ein** Haus)

Im Deutschen werden Nomen großgeschrieben; im Englischen bis auf Ausnahmen bei Eigennamen dagegen nicht. Nomen gibt es im Singular *(singular)* oder im Plural *(plural)*. Im Englischen wird der Plural von Nomen in der Regel mit dem **Anhängen von** *-s* an die Singularform des Wortes gebildet. Enden Wörter auf *-s, -x, -ch, -sh, -z,* die als Zischlaute ausgesprochen werden, wird ***-es*** an die Singularform des Wortes angehängt.

Singular = Einzahl; Plural = Mehrzahl

street → *streets*
house → *houses*
box → *boxes*

Es gibt jedoch auch eine Reihe von Nomen, die **unregelmäßige Pluralformen** aufweisen.

Nomen	Beispiele
Endung auf *-y* mit vorhergehendem Vokal → *-ys*	*toy* → *toys*
Endung auf *-y* mit vorhergehendem Konsonant → *-ies*	*party* → *parties*
Endung auf *-f, -fe* oder *-ff* → *-ves*	*thief* → *thieves,* *knife* → *knives*
Endung auf *-o* → *es* **Endung auf *-o* → *s***	*potato* → *potatoes* *piano* → *pianos*
Singular und Plural gleich	*sheep* → *sheep,* *fish* → *fish*
besondere Pluralform	*foot* → *feet, man* → *men,* *woman* → *women,* *mouse* → *mice,* *tooth* → *teeth,* *child* → *children*
Plural mit lateinischem oder griechischem Ursprung	*focus* → *foci,* *corpus* → *corpora,* *analysis* → *analyses*

Besondere Pluralformen müssen gelernt werden.

Nomen bezeichnen entweder Dinge, die **zählbar *(countable)*** oder **nicht zählbar *(uncountable)*** sind. Zählbare Nomen stehen im Singular oder Plural. Sie können mit dem unbestimmten Artikel *a/an* und Zahlwörtern kombiniert werden:

one apple, two apples, three apples
a song
books

Nicht zählbare Nomen hingegen bilden keine eigene Pluralform und können nicht mit dem unbestimmten Artikel *a/an* stehen.

food: rice, pasta, meat, juice, bread, sugar, flour, salt, milk
sand, money, music, electricity, blood, water, (home)work, air, space, nature, gas, oil, behaviour, furniture, luck, news, weather, sun, traffic, advice, baggage/luggage, information, permission, prohibition, travel usw.

Man kann den Plural von nicht zählbaren Nomen trotzdem ausdrücken, indem man sich bestimmter Wendungen bedient:

a piece of/pieces of	*advice*
	information
	news
a bowl of/bowls of	*rice*
	pasta
a packet of/packets of	*salt*
a cup of/cups of	*tea, coffee*
a glass of/glasses of	*juice*
a bottle of/bottles of	*beer*

Ausnahmen bilden u.a. die folgenden Wörter, da sie sowohl zählbar als auch nicht zählbar sein können.

*How many **rooms** are in your new flat?* ⟶ zählbar
Wie viele **Räume** hat deine neue Wohnung?
*Is there enough **room** for your bags?* ⟶ nicht zählbar
Ist dort genug ***Platz*** für deine Taschen?

Auch beim Gebrauch der folgenden Nomen kommt es zu einem Bedeutungsunterschied, je nachdem, ob sie zählbar oder nicht zählbar sind:
- *oak* (Eichenholz/Eichenbaum)
- *work* (Arbeit/Werk)
- *people* (Leute/Volk)
- *experience* (Ereignisse/Erfahrung)
- *room* (Zimmer/Platz)
- *hair* (Haar/Haare)
- *paper* (Zeitung/Papier)
- *time* (Mal/Zeit)
- *wood* (Wald/Holz)
- *space* (Platz/Weltall)

There is ***an old oak****.*
(zählbar: Eichenbaum)

The bridge is made of ***oak.***
(nicht zählbar: Eichenholz)

Let's read ***the papers****.*
(zählbar: Zeitungen)

It's a piece of ***paper****.*
(nicht zählbar: ein Blatt Papier)

It's got ***three hairs*** *left.*
(zählbar: drei Haare)
She's got dark ***hair.***
(nicht zählbar: dunkelhaarig)

Im Vergleich zu den deutschen vier Fällen gibt es im Englischen nur drei. Dativ und Akkusativ werden zum Objektfall (object case) zusammengefasst.

Fall	Singular	Plural
1. Fall: Nominativ	*the brother*	*the brothers*
2. Fall: Genitiv	*the brother's*	*the brothers'*
3. Fall: Dativ	*the brother*	*the brothers*
4. Fall: Akkusativ	*the brother*	*the brothers*

Wie aus der Übersicht ersichtlich, gibt es lediglich bei der Pluralform und beim Genitiv andere Endungen.

Der Genitiv zeigt einen Besitz an und wird mit dem Anhängen von ***'s*** an den Singular des Wortes geformt.

*mom****'s*** *car*
*Paul****'s*** *computer*
*his brother****'s*** *opinion*
*my sister****'s*** *bag*
*Susie****'s*** *tickets*

Dies gilt auch, wenn das Nomen im Singular bereits auf *-s* endet, z. B. *James's recipe*.

Wenn man anzeigen möchte, dass mehreren Leuten etwas gehört (Besitzfall im Plural), so wird das Plural-s nur noch durch den Apostroph ergänzt.

- *his brother**s'** opinion* (die Meinung seiner Brüder)
  *her parent**s'** house* (Wort im Plural mit *-s*)
  *a women**'s** problem* (unregelmäßige Pluralform, die dann um *'s* ergänzt wird)

Auch bei **Zeitangaben** steht der Genitiv mit *-s*. **Ortsangaben** benutzen ebenso den Genitiv, weil man das nachfolgende Nomen weglassen kann.

- **Zeitangaben:**
  *Next **year's** New Years Eve Party will be great.*
  *Last **month's** weather was better.*

  Ortsangaben:
  *Let's meet them at my **friends'** (flat).*
  *He is at the **hairdresser's** (shop).*

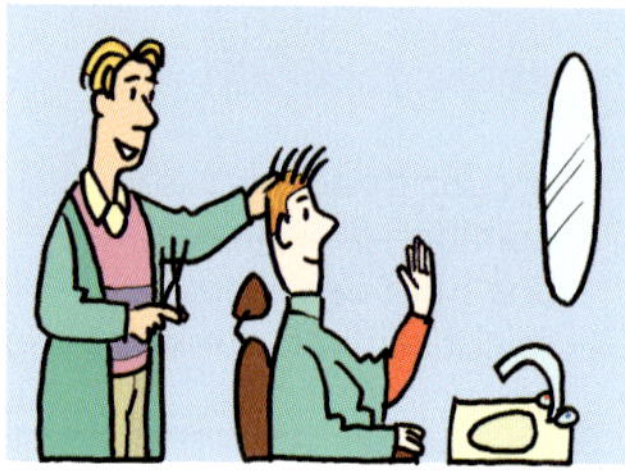

In bestimmten Fällen wird der Genitiv mit einer sogenannten ***of-phrase*** gebildet:

Singular: *of* + Artikel/Pronomen + Nomen im Singular
the sound of the CD player
Plural: *of* + Artikel/Pronomen + Nomen im Plural
the sound of the CD players

Der ***of*-Genitiv** wird bei **Sachbezeichnungen, Orts- und Mengenangaben** angewendet:

- *the colour **of** your eyes* (Sachbezeichnungen)
  *the city **of** Nottingham* (Ortsangabe)
  *a couple **of** drinks* (Mengenangabe)

Beim sogenannten **doppelten Genitiv** handelt es sich um die **Kombination** aus den beiden bekannten Genitivformen. Er wird wie folgt gebildet:

***of-phrase* + -s**

Der doppelte Genitiv wird gebraucht, wenn ein **Teilverhältnis** ausgedrückt werden soll:

- *a classmate **of** Catherine's* (eine von Catherines Klassenkameraden).

Er steht aber auch nach **Mengenangaben** (*some, any, several* oder Zahlwörtern) und *a:*

- *I haven't got any **of** this band**'s** albums.*

3.5.2 Artikel *(articles)*

Im Englischen gibt es nur einen bestimmten Artikel (*the* = der, die, das) und einen unbestimmten Artikel (*a, an* = einer, -e, -es). Der Gebrauch ist ähnlich wie im Deutschen.

I play the guitar.
It is an instrument.

Der bestimmte Artikel *(definite article)*

Den bestimmten Artikel *the* verwendest du, wenn du über eine ganz bestimmte Person oder Sache sprichst.

allgemeine Verwendung des bestimmten Artikels	**Beispiele**
geografische Namen im Plural, Flüsse und Meere sowie nicht englische Berge	*The Ballearic Islands* *The Rhine, the Mediterranean* *The Rocky Mountains*
Familiennamen im Plural	*the Smiths*
Eigen- oder Stoffnamen, abstrakte Nomen, die entweder durch einen Relativsatz bzw. ein Adjektiv näher erklärt werden oder wenn dem Begriff ein *of* folgt	***The technology of** today is very advanced.* *The **love that** I've had was wonderful.* ***the beautiful nature of Wales***
Himmelsrichtungen	*Let's go **to the south** this summer.*
Tageszeiten in Verbindung mit *in, on, during*	*in the evening* *during the holidays*
Nach Mengenangaben wie *all, both, double, half, most of*	*all the time* *double the distance* *half the plate* *most of the things*

Wenn sich ein Nomen allgemein auf Personen oder Sachen bezieht, entfällt *the*. Besonders bei folgenden Begriffen wird kein Artikel benutzt:

ohne *the*	Beispiele
abstrakte Begriffe *(love, happiness, nature, time, history, peace)*, wenn sie allgemein gemeint sind	*Everybody needs love and understanding.*
Stoffbezeichnungen *(milk, water, bread, oil, air, petrol, wood)*	*We had bread and cheese.* *They filled the tank with water.*
geographische Namen (Namen von Seen, Ländern, Bergen)	*Lake Tahoe is in California.* *They climbed Mount Snowdon.*
Namen für Straßen, Plätze, Parks, Brücken, Gebäude, Bahnhöfe	*Turn left into Oxford Street.* *The train ends in Victoria Station.*
Zeitangaben (Jahreszeiten, Wochentage, Monate)	*School starts in summer.* *They had toast for breakfast.*
bei *school, hospital, university, parliament, prison,* wenn die Institution gemeint ist	*He was taken to hospital.* *He is a Member of Parliament.* *The thief was sent to prison.*

Der unbestimmte Artikel *(indefinite article)*

Den unbestimmten Artikel benutzt du, wenn du nicht betonen möchtest, dass es um eine bestimmte Sache, ein bestimmtes Tier oder einen bestimmten Menschen geht. Vor Wörtern, die mit einem Konsonanten beginnen, lautet der unbestimmte Artikel **a** (z. B. *a house*). Er lautet **an** (z. B. *an elephant*), wenn das Wort mit einem Vokal anfängt.

- *__a__ house, __a__ uniform, __a__ big apple, __an__ apple, __an__ old car, __an__ hour*

allgemeine Verwendung	Beispiele
Nationalität	*a Frenchman / Frenchwoman* *an Australian*
Berufsbezeichnungen	*Oh, you are a doctor!*
Religionszugehörigkeit	*I am a Protestant.*
Zeiteinheiten	*I go swimming once a week.*
nach *as* und *without*	*I wouldn't go out without an umbrella today.* *You can use this mug as a glass.*
Gewichts- und Maßeinheiten (in der Bedeutung per/pro)	*Oranges for £ 1,99 a kilo*
als Zahlwort (Zahlen mit der Bedeutung von *one*)	*I own a house in the Caribbean.*
Nach Wendungen wie *such, half, quite, rather, what, so*	*What a cute baby!* *It's quite a problem / surprise.*

3.6 Pronomen und Präpositionen

3.6.1 Pronomen *(pronouns)*

Pronomen *(pronouns)* werden im Deutschen auch Fürwörter genannt, weil sie stellvertretend für ein anderes Wort stehen.

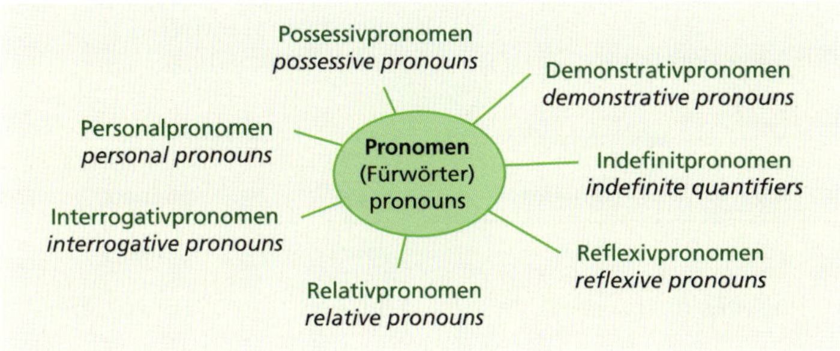

Personalpronomen *(personal pronouns)* sind die **Stellvertreter der Nomen**, weil man sie anstelle von Personen, Tieren, Dingen verwenden kann. Personalpronomen können sowohl **Subjekt** als auch **Objekt** eines Satzes sein und haben eine **Subjektform** und eine **Objektform:**

__Andrew__ is at school. = ***He** is at school.* (**Er** ist in der Schule.)
***Mrs** Hill is a teacher.* = ***She** is a teacher.* (**Sie** ist eine Lehrerin.)
*The teacher talked to **Andrew.*** = *The teacher talked to **him.*** (Der Lehrer sprach mit **ihm**.)
*Dan asks Mrs **Hill.*** = *Dan asks **her.*** (Dan fragt **sie**.)

Da das Englische nicht zwischen Dativ und Akkusativ unterscheidet, gibt es nur eine Form für beide Fälle, die Objektform.

	Person	**Subjektform (auf die Fragen „Wer?" oder „Was?")**		**Objektform (auf die Fragen „Wem?", „Wen?" oder „Was?")**	
Singular	**1. Person**	*I*	ich	*me*	mir/mich
	2. Person	*you*	du	*you*	dir/dich
	3. Person	*he, she, it*	er, sie, es	*him, her, it*	ihm/ihn, ihr/sie, ihm/es
Plural	**1. Person**	*we*	wir	*us*	uns/uns
	2. Person	*you*	ihr	*you*	euch/euch
	3. Person	*they*	sie	*them*	ihnen/sie

Possessivpronomen *(possessive pronouns)* heißen im Deutschen auch **besitzanzeigende Fürwörter**, weil sie einen Besitz oder eine Zugehörigkeit ausdrücken. Sie können entweder vor dem Nomen stehend gebraucht werden oder auch allein stehend, wenn sie sich auf ein vorhergehendes Nomen beziehen. Daher unterscheidet man bezüglich ihres Gebrauchs zwei Formen:

adjektivisch
(vor dem Nomen stehend)

*This is **our** new house.*

substantivisch
(Bezug nehmend auf vorangehendes Nomen, allein stehend)
*This new house is **ours**.*

	Person	adjektivisch		substantivisch	
Singular	**1. Person**	*my*	meine	*mine*	meine(r)
	2. Person	*your*	deine	*yours*	deine(r)
	3. Person	*his, her, its*	sein, ihr, sein	*his, hers*	seine(r), ihre(r)
Plural	**1. Person**	*our*	unser	*ours*	unsere
	2. Person	*your*	euer	*yours*	euere
	3. Person	*their*	ihre	*theirs*	ihre

Es gibt noch einige Regeln in Verbindung mit den Possessivpronomen zu beachten.

- Im Englischen (anders als im Deutschen) müssen Possessivpronomen auch bei **Kleidungsstücken** und **Körperteilen** gebraucht werden.

*He cleaned his **shoes**.* (Er hat seine Schuhe geputzt.)
*She warmed **her feet**.* (Sie wärmte sich die Füße.)

- Bei **abstrakten Begriffen** wie *water, music, life,* wenn sich diese Begriffe bestimmten Einzelwesen zuordnen lassen.

*I like **their** music.* (Ich mag ihre Musik.)

- *own* verstärkt das Possessivpronomen, darf aber nur mit dem **adjektivischen Possessivpronomen** verwendet werden.

*I saw that robbery with **my own** eyes!*
*My friend has got a shop **of her own**.*

- ***of*** **+ Possessivpronomen** steht hinter einem Nomen, das mit *a*, einem Zahlwort oder einem Demonstrativpronomen kombiniert ist.

*She is not **a** friend **of ours.***
*This is **one** dog **of mine.***
*Today is one **of those** days!*

Das **Demonstrativpronomen *(demonstrative pronoun)*** oder auch das **hinweisende Fürwort** deutet auf Personen oder Dinge hin, die bereits bekannt oder noch näher zu bestimmen sind.
Demonstrativpronomen gibt es im Singular und Plural, sie unterscheiden sich in ihrer Anwendung nach **räumlicher** und **zeitlicher Nähe** bzw. **Entfernung:**

	das räumlich/zeitlich Nähere	das räumlich/zeitlich Entferntere
Singular	*this* (dieses hier) *This is our train, because …*	***that*** (das da/dort, jenes) *… **that** train over there goes in the opposite direction.*
Plural	***these*** (diese hier) ***These** suitcases belong to us.*	***those*** (diese da/dort, jene) ***Those** ones are not ours.*

Demonstrativpronomen werden entweder wie Adjektive (adjektivisch) vor dem Nomen gebraucht oder sie können sich – **allein stehend** – als Pluralformen auf das **vorangehende** oder **folgende Nomen beziehen** oder ein **Adverb ersetzen.**

- adjektivisch: *Have you seen **this** film?*
  allein stehend: *Do you like the earrings? No, I prefer **these**.*
  als Adverb: *I am not **that** good at Maths.* (Anstelle von „*so*")

Reflexivpronomen *(reflexive pronouns)* werden im Deutschen oft als **rückbezügliche Fürwörter** bezeichnet und wie folgt gebildet:

I can see myself in the mirror.

	Person	adjektivisch
Singular	1. Person	*my**self***
	2. Person	*your**self***
	3. Person	*him**self**, her**self**, it**self***
Plural	1. Person	*our**selves***
	2. Person	*your**selves***
	3. Person	*them**selves***

Achte darauf, dass sich im Plural die Schreibweise von *self* zu *selves* ändert.

- *I did **myself** a favour and got **myself** a nice bottle of wine.* (Ich habe **mir** einen Gefallen getan und **mir** eine Flasche Wein gekauft.)

Sie können ein Subjekt oder Objekt auch besonders **hervorheben**. Dann kann man *-self* mit dem deutschen „selbst" übersetzen. In Verbindung mit *by* können Reflexivpronomen mit „allein" übersetzt werden.

3

We built our house ***ourselves.***
(Wir bauten unser Haus selbst [allein].)
Do you know who I saw at the party? Jack Michaelson ***himself!***

Es gibt einige Präpositionen und Verben, nach denen (oft im Gegensatz zum Deutschen) keine Reflexivpronomen stehen dürfen:

Keine Reflexivpronomen nach folgenden Präpositionen des Ortes: *above, in front of, behind, with.*

Zum Beispiel nach folgenden Verben: *afford, apologize, argue, be afraid of, be interested in, be pleased, change, complain, concentrate on, decide, develop, feel, get ready, get used to, hide, hurry up, imagine, lie down, look forward to, meet, move, open, quarrel, refer to, relax, rely on, remember, rest, sit down, turn round, watch, wonder, worry.*

Soll eine wechselseitige Beziehung ausgedrückt werden, wird kein Reflexivpronomen verwendet, sondern die Wendung *each other.*

The man and the woman talked ***to each other*** *for a long time.*
Der Mann und die Frau haben sich lange unterhalten.

Der lateinische Ausdruck für Fragepronomen ist Interrogativpronomen.

Fragepronomen *(interrogative pronouns)* bzw. Fragefürwörter leiten Fragesätze ein.

	Subjekt	Objekt	Objekt im Genitiv
Frage nach Personen	***Who*** *saw me?* (wer) ***What*** *woman saw me?* (was für …) ***Which*** *of my sister saw me?* (welche/r/s)	***Who****(m) does this cat belong to?* (wem, wen) ***What*** *boy did you meet there?* (was für …) ***Which*** *of them do you prefer?* (welche/r/s)	***Whose*** *T-shirt is this?* (wessen)
Frage nach Dingen	***What*** *is the topic of the lesson?* (was) ***What*** *countries have you visited?* (was für …) ***Which*** *of the countries do you prefer?* (welche/r/s)	***What*** *will you do now?* (was) ***What*** *languages do you know?* (was für …) ***Which*** *language do you like most?* (welche)	

Welches der Fragewörter man verwendet, hängt von bestimmten Umständen ab:

Wonach soll gefragt werden?

- nach einer Person oder einer Sache
- nach Personen oder Dingen aus bestimmter Anzahl bzw. uneingeschränkter Anzahl
- nach Subjekt oder Objekt (welches Satzglied)

Die Entscheidung *what* oder *which* hängt davon ab, ob man nach Personen/Dingen aus einer **uneingeschränkten Anzahl** (*what* – was für …) oder nach Personen/Dingen aus einer **bestimmten (eingeschränkten) Menge** (*which* – welche/r/s) fragt.

***What** (kind of) films do you like?* (**Was** für Filme magst du?)
***Which** of the films have you seen so far?* (**Welche** [der] Filme hast du schon gesehen?)

of leitet immer eine Einschränkung ein, weswegen es nur in Verbindung mit ***which*** stehen kann.

Relativpronomen *(relative pronouns)* heißen im Deutschen auch bezügliche Fürwörter, weil sie sich auf Wörter oder vorausgehende bzw. nachgestellte Sätze beziehen. Sie leiten Relativsätze ein.
who wird für Personen, ***which*** oder ***that*** für Dinge eingesetzt; ***whose*** zeigt einen Besitzfall an.

*That is the woman **who** bought the old house.*
*Mike has a motorbike **which** runs very fast.*
*That is the cat **whose** owner is on holiday.*

Mike has a motorbike which runs very fast.

Indefinitpronomen *(indefinite quantifiers)* werden häufig auch als **unbestimmte Zahlwörter (Fürwörter)** bezeichnet, weil sie eine unbestimmte Menge oder Anzahl ausdrücken. Diese Grafik soll zunächst einen Überblick über die Anzahl und Bedeutung der *quantifiers* geben:

Indefinitpronomen *(quantifiers)*

- *both* (beide)
  either (der eine/der andere von beiden)
  neither (keiner der beiden)
- etwas/einige:
  some
  any
- *no* (kein)
  not (nicht)
  non (keiner)
  nobody (niemand)
  nothing (nichts)
- jeder:
  each (einzelne)
  every (allgemein)
  any (x-beliebig)
  all (ohne Ausnahme)
  whole (ganz)
- *much* (viel)
  many (viele)
  little (wenig)
  few (wenige)

Die Verwendung der Indefinitpronomen im Englischen unterscheidet sich von deren Gebrauch im Deutschen. Für ein unbestimmtes Zahlwort im Deutschen gibt es im Englischen nicht selten mindestens zwei Ausdrücke, deren unterschiedliche Anwendung man kennen muss:

quantifier	**Deutsch**	**Anwendung**	**Beispiel**
some	etwas/einige	– im bejahten Satz – im Fragesatz, wenn eine bejahte Anwort erwartet wird	*I like **some** songs written by them. Would you like to listen to **some**?*
any	etwas, irgendein, -e	– im verneinten Satz – im (allgemeinen) Fragesatz – in bejahten Sätzen im Sinn von „jeder Beliebige" – in Nebensätzen der *If*-Sätze	*I don't like **any** song by them.* *Do you know **any** of their songs?* *I like **any** music.* *If I had **any** of their songs here, I would play them now.*
much	viel	stehen nur vor nicht zählbaren Begriffen	***much** fantasy* (viel Fantasie)
little	wenig	stehen vor nicht zählbaren Begriffen	***little** fantasy* (wenig Fantasie)
many	viele	stehen vor nicht zählbaren Begriffen	*many people* (viele Leute)
few	wenige		*few people* (wenige Leute)
each	jeder Einzelne	vor Nomen oder allein stehend	*each time* (jedes einzige Mal)
every	jeder (allgemein)	vor Nomen im Singular	***every** time* (jedes Mal)
any	jeder (x-beliebig)	im Sinne von „egal welcher"	*at **any** time* (irgendwann)
all	alle	– hat vor Nomen im Plural allgemeine Bedeutung – vor Nomen im Singular (= ganz) – vor Adjektiv (= ganz, völlig)	***All** my friends were confused.* *My friends were confused **all** night.* *I was **all** confused.*
whole	ganz	bezeichnet ein Ganzes	*Tell me the **whole** story!*
no	kein	wie ein Adjektiv vor dem Nomen	*There was **no** help for me.*
none	keiner	wie ein Nomen in Bezug auf ein vorangegangenes oder nachfolgendes Nomen	***None** of my books could help me.*

quantifier	Deutsch	Anwendung	Beispiel
not	nicht	als Verneinung meist hinter dem Hilfsverb	*I could **not** help her.*
nobody	niemand	wie ein Nomen für Personen	*There was **nobody** who could help me.*
nothing	nichts	wie ein Nomen für Dinge	*There was **nothing** I could do.*
both	beide	bei Zusammengehörigkeit einer Zweiergruppe (auch als Nomen allein stehend)	***Both** ways lead to my house.* (Beide Wege führen zu meinem Haus.)
either	einer von beiden	als Adjektiv vor Nomen im Singular	***Either** way is alright.* (Jeder der beiden Wege ist in Ordnung.)
neither	keiner von beiden	als Adjektiv vor Nomen im Singular oder als Nomen (allein stehend mit Bezug auf Nomen im Plural)	***Neither** way was the right one.* (Keiner der beiden Wege war der richtige.)

Mit *any, some, every* und *no* können auch Zusammensetzungen gebildet werden, z. B.:

some < *one* / *body* / *thing*

any < *one* / *body* / *thing*

every < *body* / *where*

no < *one* / *body*

Der Gebrauch dieser Formen orientiert sich allgemein am Gebrauch von *some/any*.

some und Zusammensetzungen mit *some* benutzt man in **bejahten Aussagen** oder in **höflichen Fragen**
any und seine Zusammensetzungen benutzt man in **verneinten Aussagen** und **Fragen**

*Has **anybody** seen my key?* (Hat jemand meinen Schlüssel gesehen?)
*It must be **somewhere**.* (Er muss irgendwo sein.)
*No, we haven't seen it **anywhere**.* (Nein, wir haben ihn nirgendwo gesehen.)
*It'll turn up **somehow**.* (Er wird irgendwie wieder auftauchen.)
*Can I offer you **something** to drink?* (Kann ich dir etwas zu trinken anbieten?)

3.6.2 Präpositionen *(prepositions)*

Präpositionen *(prepositions)* heißen Verhältniswörter, weil sie das Verhältnis zwischen zwei Gegenständen ausdrücken. Sie geben an, wo sich etwas befindet (z. B. ***next** to the house* = **neben** dem Haus). Präpositionen sind in Sätzen bedeutungstragend. Wenn sie entfielen, ergäben viele Sätze keinen Sinn mehr.

*A man is walking **past** the red house.*
*A yellow car is **in front** of the tree.*
*There is a corner shop **next to** the blue house.*
*All the cars stop **at** the zebra crossing.*

Es gibt folgende Präpositionen:

Präpositionen

- **einfache** (*at, in, on, by* usw.)
- **zusammengesetzte** (*into, instead of, nearby* usw.)

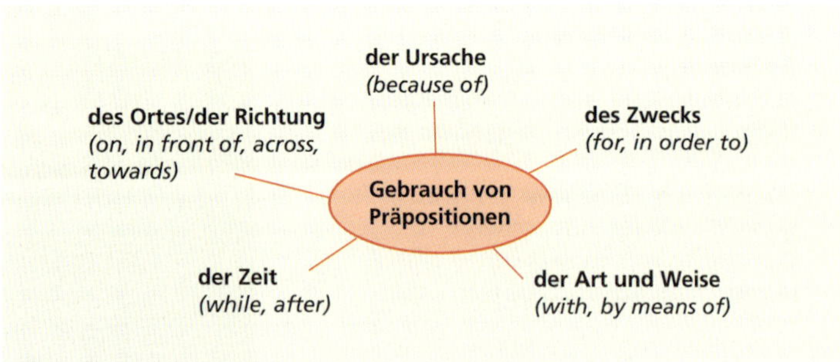

Häufig verwendete Präpositionen der Zeit

Die Präpositionen *at, in, on* können sowohl zeitliche als auch räumliche Bedeutung haben.

Präposition	Deutsch	Verwendung	Beispiel
in	im, in	in einem Zeitraum, z. B. Monat, Jahr, Jahreszeit, Tageszeit	***In*** *July it's very hot.* ***In*** *the winter it is cold.* ***In*** *the morning I am sleepy.*
at	um, im, an/zur	genauer Zeitpunkt, z. B. Tageszeit, Uhrzeit, Festtage, feststehende Wendungen	***At*** *7 o'clock I have my breakfast.* ***At*** *noon I take a nap.*
on	an, am	an bestimmten Tagen, z. B. Wochentage, Datum	***On*** *Saturdays I go shopping.* ***On*** *bank holidays the shops are shut.*
after	nach	steht vor der Zeitangabe	***After*** *11 pm I don't like to be disturbed.*
to	vor	bei Uhrzeiten	*At ten* ***to*** *two the cake is ready.*
ago	vor	steht nach der Zeitangabe	*Two years* ***ago*** *I met the love of my life.*
before		steht vor der Zeitangabe	***Before*** *Christmas I went to London.*
between	zwischen		***Between*** *Tuesdays and Thursdays I look after the dog.*
by	bis	bis (spätestens)	***By*** *Thursday (at latest) I have to finish the paper.*
till/until		bis zu einem bestimmten Zeitpunkt	*I don't have any time* ***until*** *3 pm.*
during	während	während (der Ferien)	***During*** *the holidays I stay with my grandmother.*
for	seit	seit (Zeitraum)	*I have been seeing him* ***for*** *two years.*
since		seit (Zeitpunkt)	*I have known him* ***since*** *2004.*
from … to *from/until*	von … bis		***From*** *Monday* ***to*** *Friday I work in the shop.*
past	nach	bei Uhrzeiten	*At ten* ***past*** *two the bus leaves.*
within	innerhalb	Zeitraum	*I will know if I have the job* ***within*** *a month.*

Präpositionen des Ortes

Präpositionen der Richtung

Weitere Präpositionen des Ortes und der Richtung

Präposition	Deutsch	Verwendung	Beispiel
among	zwischen	zwischen vielen	*He was hiding* ***among*** *the trees.*
at	am, in, bei, auf, im	an einem bestimmten Punkt, Kleinstadt, Dorf, Adresse	*We will meet* ***at*** *the Brandenburg Gate.*
below	unter	unterhalb	*There was ice creame* ***below*** *a thick layer of chocolate.*
beside	neben		*Come and sit* ***beside*** *me.*

Präposition	Deutsch	Verwendung	Beispiel
next to	neben		*Come and sit down **next to** me.*
near	in der Nähe		*He lives **near** the station.*
off	abseits	außer Sichtweite	*The hotel is just **off** the main road.*
opposite	gegenüber		*He stood **opposite** the window.*
over	über, oberhalb, durch	ohne Berührung der Grundfläche	*The crow flew **over** the field.*
round	um … herum		*We danced **round** the tree.*
to	zu(m), nach	Endziel	*He ran **to** the train.*
under	unter	unmittelbar darunter	*She lives upstairs **under** the roof.*
up	hinauf		*We climbed **up** the hill.*

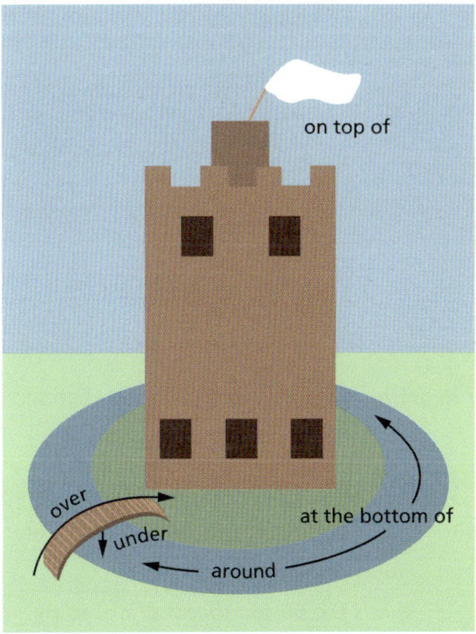

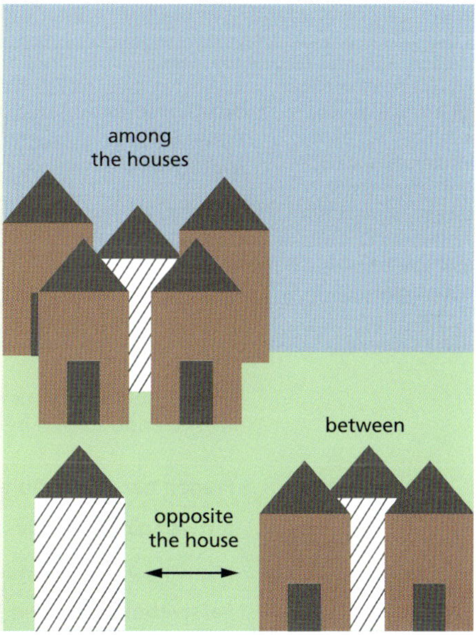

3

Andere Präpositionen sind:

Präposition	deutsche Bedeutung	Art der Präposition	Beispiel
as	da	Präposition der Ursache	*We will take the umbrella* ***as*** *it is raining.*
because of	wegen		***Because of*** *the rain we have to take the umbrella.*
by	mit, durch	Präposition des Mittels	*I managed to pass the exam* ***by*** *studying every weekend.*
except	außer		*Everybody* ***except*** *me had ice cream.*
instead of	anstelle von		*I went to the concert* ***instead of*** *Sally.*
like	wie		***Like*** *George, Martin is a doctor, too.*
of	von/aus		*The cake was* ***of*** *chocolate.*
per	pro		*He drove 30 miles* ***per*** *hour.*
with	mit	Präposition des Mittels	*He walked* ***with*** *difficulty.*
without	ohne		*She danced* ***without*** *de-light.*

to look at = ansehen, auf etwas blicken, *to look for* = nach etwas suchen, *to look into* = hineinsehen, *to look on/upon as …* = betrachten als

Wortkombinationen aus bestimmten **Präpositionen + Verb** werden auch ***phrasal verbs*** genannt. Sie sind typisch für die englische Sprache und sollten wiederholt geübt werden.

to look	*about*	ich umsehen
	after	sich kümmern
	out	aufpassen, vorsichtig sein
	over	durchsehen
	up	nachschlagen

Präpositionen stehen in der Regel vor dem Objekt, sie können aber auch am Satzende stehen bei:

Fragen nach dem Objekt	*What are you looking* ***for****?*
notwendigen Relativsätzen	*This is the boy (who) I was looking* ***for****.*
Infinitivkonstruktionen	*I have nothing to look* ***for****.*
Passivkonstruktionen	*This is the person that was looked* ***for****.*

3.7 Adjektive und Adverbien

3.7.1 Adjektive *(adjectives)*

Adjektive *(adjectives)* beschreiben Eigenschaften von Nomen, also Personen und Dingen, und werden deshalb auch als Eigenschaftswörter bezeichnet. Sie verändern sich weder im Numerus, d.h. Singular oder Plural, noch im Genus (männlich, weiblich, sächlich) oder Kasus (Fall).

Man fragt nach Adjektiven mit
What is it like?
What is he/she like?
What are they like?

Singular: *a high mountain* (ein hoher Berg)
Plural: *high mountains* (hohe Berge)

Adjektive können an **verschiedenen Stellen im Satz** stehen:

attributiver Gebrauch	**prädikativer Gebrauch**
vor dem Nomen:	als Teil des Prädikats (nach *be, get, become, seem, grow, turn*):
*It's a **good** football team.*	*The football team seems to be **good**.*
*She is wearing a **red** dress.*	
*He is a **fast** runner.*	nach Verben der sinnlichen Wahrnehmung (z.B. *feel, look, smell, taste, sound*):
*It's a book for **young** readers.*	
*They went on a **dangerous** trip.*	
*They swam in the **cold** water.*	*The soup smells **good**.*

3.7.2 Steigerung und Vergleich der Adjektive

Die meisten Adjektive können gesteigert werden, d.h., dass aus der **einfachen Form** des Adjektivs **(Positiv)** eine **Steigerungsstufe (Komparativ)** und eine **Höchststufe (Superlativ)** entwickelt werden kann.

Positiv:	*rich*	(reich)
Komparativ:	richer	(reicher)
Superlativ:	*(the) richest*	([am] reichsten)

Man unterscheidet bei der Steigerung *(comparison)* von Adjektiven:

regelmäßige Steigerung
mit dem Anhängen von ***-er*** an den Stamm des Adjektivs im Komparativ; mit dem Anhängen von ***-est*** an den Stamm des Adjektivs im Superlativ bzw. durch das Voranstellen von *more / most*

unregelmäßige Steigerung
Der Komparativ und der Superlativ werden nicht durch Endungen an den Stamm gebildet, sondern mit **neuen Wörtern**.

Die Steigerung von Adjektiven geschieht nach folgendem System:

Bildung	Anwendung	Beispiel
-er **(Komparativ)** ***-est*** **(Superlativ)**	– einsilbige Adjektive – zweisilbige Adjektive, die auf *-er, -le, -ow, -y* enden	*poor – poorer – poorest* *clever – cleverer – cleverest* *simple – simpler – simplest* *narrow – narrower – narrowest* *happy – happier – happiest*
more **(Komparativ)** ***most*** **(Superlativ)**	– zweisilbige Adjektive, die nicht auf *-er, -le, -ow, -y* enden – drei- und mehrsilbige Adjektive	*faithful – more faithful – most faithful* *beautiful – more beautiful – most beautiful*
unregelmäßige Steigerung	müssen auswendig gelernt werden	*good – better – best* *bad – worse – worst* *much / many – more – most*

Einige Adjektive ändern bei der Steigerung ihre Schreibweise:
- Stummes -e am Wortende fällt weg:
  large – larger – largest
- Konsonant nach kurzem Vokal wird verdoppelt:
  big – bigger – biggest
- *-y* wird zu *-ie*, wenn vor dem *y* ein Konsonant steht:
  dirty – dirtier – dirtiest

Lily is a clever cat.
Jeannie is cleverer.
Kitty is the cleverest of them.
Jeannie is a faithful cat.
Wendy is more faithful than Jeannie.
Mickie is the most faithful cat.
Mickie is a good runner.
Lily is a better runner than Mickie.
Jeannie is the best runner.

Um zwei oder mehrere Dinge im Satz miteinander zu vergleichen, werden besondere Wendungen benutzt.

*The mother ist **taller than** the children.* (größer als)

*The father is **the tallest**.* (am größten)

*The mother is quite **as tall as** the father.* (so groß wie)

*The children are **not as tall as** the father.* (nicht so groß wie)

„je … desto" wird durch ***the … the …*** ausgedrückt.
***The** more the children eat, **the** taller they will grow.*

Verwechsle nicht ***then*** (damals, dann) und *taller **than*** (… als …)

„kleiner als" heißt ***smaller than***

„so klein wie" heißt ***as small as***

*My sister is **as old as** me, because she is my twin.*
*My brother is **not as tall as** me and my sister.*
*My sister is **taller than** me.*
*My sister is **the tallest** in our family.*
***The older** children get, **the taller** they are.*

This is a slow car.

3.7.3 Adverbien *(adverbs)*

This tractor drives very slowly.

Adverbien *(adverbs)* sind Wörter, die sich auf das Verb des Satzes beziehen und es näher bestimmen. Sie werden daher auch als **Umstandswörter** bezeichnet.
Viele Adverbien erkennt man an der Endung *-ly*, die an ein Adjektiv angehängt wird.

Adverbien unterscheidet man in:

ursprüngliche Adverbien
z. B. Orts- und Zeitangaben wie *here, there, toay, soon* usw.

von Adjektiven abgeleitete Adverbien
durch Anhängen von -ly:
complete – completely

Ausnahmen bilden: *good – well; hard – hard; fast – fast.*

Manche Adverbien haben die **gleiche Form** und die **gleiche Bedeutung** wie ihre Adjektive.
Zu ihnen gehören: *daily, weekly, monthly, yearly, early, likely, fast, long, straight, low.*

Von einigen Adjektiven kann man keine Adverbien bilden, z. B. *friendly, difficult.*
Letztere bilden das Adverb mit einer Umschreibung, z. B. *in a friendly way.*

Einige Adverbien haben die **gleiche Form** wie die Adjektive, aber eine andere Bedeutung:

ill – krank (Adjektiv) / schlecht (Adverb)

still – still, leise (Adjektiv) / noch (Adverb)

only – einzig (Adjektiv) / nur, erst (Adverb)

well – gesund (Adjektiv) / gut (Adverb)

Andere Adjektive wiederum besitzen zwei Adverbformen, von denen die erste identisch ist mit dem Adjektiv, die zweite auf *-ly* endet und häufig eine andere Bedeutung hat.

Adverbien mit unterschiedlicher Bedeutung

Adjektiv/ Adverb	deutsche Bedeutung	Adverb	deutsche Bedeutung
deep	tief	*deeply*	zutiefst
fair	gerecht	*fairly*	ziemlich
hard	hart	*hardly*	kaum
late	spät	*lately*	kürzlich, neuerdings
most	am meisten	*mostly*	meistens, vor allem
near	nahe	*nearly*	fast, beinahe
ready	fertig, bereit	*readily*	bereitwillig

*He is working very **hard**.* (Er strengt sich sehr an.)
*He **hardly** works.* (Er arbeitet kaum.)
*The train arrived **late**.* (Der Zug kam spät an.)
***Lately** the train has been crowded.* (Neuerdings ist der Zug überfüllt.)

Steigerung der Adverbien

Adverbien werden ähnlich gesteigert wie Adjektive.

Bildung	Anwendung	Beispiel
-er **(Komparativ)** ***-est*** **(Superlativ)**	– ursprüngliche Adverbien – mit Adjektiven formgleiche Adverbien	*soon – soon**er** – soon**est*** *hard – hard**er** – hard**est***
more **(Komparativ)** ***most*** **(Superlativ)**	Adverbien, die auf *-ly* enden	*clearly – **more** clearly – **most** clearly*
unregelmäßige Steigerungen	müssen auswendig gelernt werden	*well – better – best* *badly – worse – worst* *ill – worse – worst* *much – more – most* *near – nearer – nearest (next)* *little – less – least* (wenig) *far – further / farther (further) – furthest / farthest* *late – later – latest (last)*

Die verschiedenen Arten von Adverbien

Es gibt verschiedene Arten von Adverbien.

- **Orts- und Zeitadverbien *(adverbs of time and place)*** geben an, wo und wann etwas geschieht:
  today, tomorrow, now, then, still, soon, not yet, here, there, nowhere, somewhere, anywhere

*We've gone swimming **today**.*
*He was not **there**. He was nowhere to be found.*

- **Adverbien der Art und Weise *(adverbs of manner)*** beschreiben die Art und Weise, wie etwas geschieht. Diese Adverbien enden häufig auf *-ly*.

*Dad drove his car very **slowly** and **carefully**.*
*We **quickly** ran to open the door.*
*I can see **clearly** now.*

- **Adverbien der Häufigkeit *(adverbs of frequency)*** geben an, wie oft etwas geschieht: *often, sometimes, never, always, once, weekly, seldom, rarely, normally, usually.*

*My classmates **sometimes** forget their homework.*
*On Sundays we **usually** get up late.*

- **Gradadverbien *(adverbs of degree)*** verstärken eine Aussage oder schwächen sie ab: *almost, extremely, very, hardly, only, rather, fully, completely.*

I can hardly hear you.

*I was **completely** surprised.* (Ich war vollkommen überrascht.)
*He had **hardly** read the book.* (Er hatte das Buch kaum gelesen.)
*She **almost** forgot to lock the door.* (Sie vergaß fast die Tür zu verriegeln.)

I almost forgot that I'm not human.

Stellung der Adverbien im Satz

Von der Art des Adverbs hängt die Stellung im Satz ab.

Art von Adverbien	Beispiele	Stellung im Satz
Adverbien der Art und Weise *(adverbs of manner)*	*quickly, hard, fast, well, calmly, suddenly, fortunately, obviously, etc.*	In der Regel am Satzende/ nach dem Verb: *Jack learns **easily**.*
Adverbien des Ortes und der Zeit *(adverbs of place and time)*	*now, soon, yet, still, then, today, tomorrow, yesterday, here, there, near, everywhere, etc.*	Satzende oder Satzanfang *She left Paris **yesterday**.* ***Today** she will arrive in Perth.*
Adverbien der Häufigkeit *(adverbs of frequency)*	*often, never, ever, always, sometimes, once, twice, occasionally, every day / week / month / year, etc.*	– vor dem Hauptverb: *She **never** cries.* – nach der Form von *to be*: *He is **always** late.* – bei einigen Adverbien am Satzende: *I saw him only **once**.*
Gradadverbien *(adverbs of degree)*	*a bit, a little, a lot, much, enough* *only, very, too* (zu sehr), *almost, nearly, hardly, just, etc.*	– am Satzende: *She sees him **a lot**.* – nach dem Adverb oder Adjektiv, auf das es sich bezieht: *He didn't react quickly **enough**.* – vor dem Bezugswort: *They **only** met twice.* – *vor dem Hauptverb: They have **just** arrived.*

3.8 Sätze

Man unterscheidet verschiedene Arten von Sätzen:

type of sentence	**Beispiele**
bejahter Aussagesatz *(positive statement)*	***I drink*** *two bottles of water every day.*
verneinter Aussagesatz *(negative statement)*	***I don't drink*** *two bottles of water every day.*
Fragesatz *(question)*	***Do you drink*** *two bottles of water every day?*
Bestätigungsfrage *(question tag)*	*You drink two bottles of water every day,* ***don't you****?*
Aufforderungen *(command)*	***Drink*** *two bottles of water every day!*

Sätze bestehen meist aus mehreren Satzteilen, müssen aber immer ein Verb (Prädikat) haben, um sich Satz nennen zu können. Andere Satzteile sind Subjekt, Objekt oder adverbiale Bestimmungen.

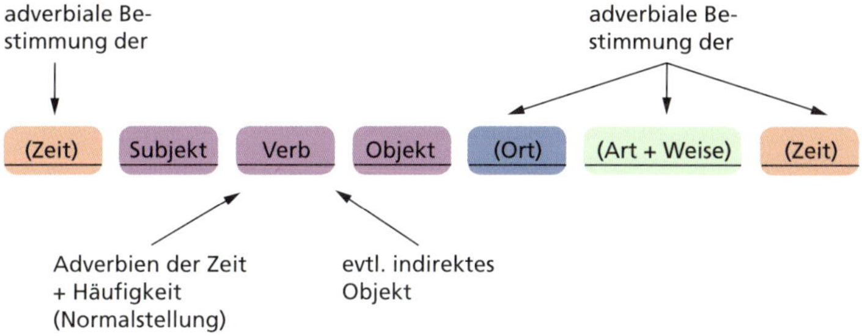

Die **Satzstellung *(word order)*** ist im Englischen im Gegensatz zum Deutschen nicht veränderbar, sondern für jeden Satztyp feststehend.

3.8.1 Aussagesätze

She ***is*** *tall.*	*She* ***is not*** *tall.*
Bob ***likes*** *football.*	*Tom* ***doesn't like*** *football.*
She ***can play*** *the piano.*	*She* ***can't play*** *the piano.*

Aussagesätze können entweder bejaht oder verneint sein. Der verneinte Aussagesatz wird gebildet, indem man dem Verb des Satzes ***do not*** bzw. ***doesn't*** oder ***did not*** voranstellt. *To be* und Hilfsverben (z. B. *can, must, may*) werden mit ***not*** verneint. Die Satzgliedstellung im Aussagesatz ist leicht zu merken: S–P–O (Subjekt–Prädikat–Objekt).

I	*love*	*chocolate.* (Ich liebe Schokolade.)
Subjekt	Prädikat	Objekt

3

Dieser Satz kann nun mit ergänzenden Satzteilen erweitert werden, ohne dass sich die Grundreihenfolge des Satzes ändert:

Normally	*I*	*love*	*chocolate*	*from a very special shop.*
Adverb	Subjekt	Prädikat	Objekt	adverbiale Bestimmung des Ortes

Auch im verneinten Aussagesatz behält die Satzgliedstellung dieses Grundmuster, mit der Ausnahme, dass das Verb mit dem Hilfsverb ***do*** und ***not*** ergänzt wird:

I	*do not love*	*chocolate.*
Subjekt	Prädikat	Objekt

Etwas komplizierter ist die Satzgliedstellung bei **Sätzen mit zwei Objekten**, einem **direkten** und einem **indirekten** Objekt. Das direkte Objekt ist meistens eine Sache (z.B. *He rides **his bike**.*). Das direkte Objekt steht immer im Akkusativ (Wen oder Was?). Das indirekte Objekt ist meistens eine Person (z.B. *She gave **her friend** a present.*). Das indirekte Objekt steht immer im Dativ (Wem oder Was?).

My boyfriend	*gave*	*me*	*a box of chocolates.*
Subjekt	**Prädikat**	**indirektes Objekt**	**direktes Objekt**

Einige dieser Verben können sein: *to bring, to explain, to introduce, to offer, to pay, to promise, to read, to say, to teach, to write.*

Wie im Beispiel oben steht das indirekte Objekt in der Regel vor dem direkten.
Will man das indirekte Objekt aber stark betonen, kann man es hinter das direkte Objekt stellen. Bei einigen Verben muss man dann allerdings vor das direkte Objekt ein *to* stellen.

- *My boyfriend gave a box of chocolates **to** me.*

Adverbiale Bestimmungen sind die Teile eines Satzes, die Adverbien enthalten. Sie können an unterschiedlicher Stelle im Satz stehen.

3.8.2 Fragesätze

Fragesätze können unterschieden werden in:
- Entscheidungsfragen,
- Fragen nach dem Subjekt,
- Fragen nach dem Objekt.

Die Satzgliedstellung, wie man sie auch in Aussagesätzen findet, gibt es nur bei Fragen nach dem Subjekt. In anderen Fragesätzen bedient sich die englische Sprache der Hilfsverben, die vor das Subjekt gestellt werden.

Did	*you*	*go out*	*last night?*
Hilfsverb	Subjekt	Vollverb	adverbiale Bestimmung

Frage	Satzgliedstellung	Beispiel
Entscheidungsfragen	Hilfsverb – Subjekt – Vollverb – Objekt Umschreibung mit *do,* wenn kein anderes Hilfsverb vorhanden ist	*Is it a boy or a girl?* *Have you got a car?* *Do you walk to school?*
Fragen nach dem Subjekt	Fragewort *(who/what)* – Vollverb – Objekt Man kann nach dem Subjekt auch mit *whom* und *whose* fragen.	*Who has eaten my biscuit?* *What kind of animal is this?* *Whose car is this?*
Fragen nach dem Objekt	Fragewort – Hilfsverb – Subjekt –Vollverb – Objekt Wiederum muss man mit *do* umschreiben, wenn kein anderes Hilfsverb vorhanden ist.	*Where do you live?* *What are you doing?* *What did you buy in the shop?*

Question tags

Question tags sind Frageanhängsel, die durch Komma abgetrennt sind. Sie werden mit „stimmt's?" oder „nicht wahr?" übersetzt und stehen am Ende eines Satzes. Die Satzmelodie verändert sich, da die Tonlage der Stimme am Satzende steigt.

You are still at school, aren't you?
Du gehst noch zur Schule, stimmt's?

This man looks very handsome, doesn't he?
Dieser Mann sieht gut aus, nicht wahr?

Die Bildung der *question tags* erfolgt auf drei Wegen:
- Das Subjekt des Satzes erscheint im Kurzanhängsel als Pronomen.

Mike is phoning his parents, isn't he?

- Ist der Satz verneint, ist das Anhängsel positiv. Ist der Satz positiv, wird das Anhängsel verneint.

*You **haven't stolen** that jumper, **have you**?*
*You **have bought** that jumper, **haven't you**?*

- Sie können auch mit dem Hilfsverb des Satzes gebildet werden. Ist kein Hilfsverb vorhanden, wird mit ***do*** umschrieben.

*Your sister **can** drive a car, **can't she**?*
*Your sister **goes** to work by car, **doesn't she**?*

3

3.8.3 Aufforderungssätze *(commands)*

Aufforderungssätze werden mit dem Imperativ gebildet. Dieser entspricht im Englischen der Form des **Infinitivs ohne *to***.

Will man die Aufforderung verneinen, stellt man dem Verb ***do not/don't*** voran. Um einen Vorschlag auszudrücken, leitet man die Aufforderung mit ***let's (not)*** ein.

- *Go now!* Geh jetzt!
  Don't go! Geh nicht!
  Let's go! Wollen wir los?

3.8.4 Zusammengesetzte Sätze *(complex sentences)*

Einfache Sätze bestehen nur aus einem Hauptsatz. Daneben gibt es zusammengesetzte Sätze. Sie sind aus einem Hauptsatz sowie weiteren Haupt- und Nebensätzen zusammengefügt. Sie werden unterschieden in:

Satzreihen
Hauptsatz + Hauptsatz
main clause + main clause
Konjunktionen
and, but …

- *He lit the fire and the smoke started to rise.*
  The ship left the harbour, but many people were left ashore.

Satzgefüge
Hauptsatz + Nebensatz
main clause + subordinate clause
Relativsätze
Bedingungssätze
indirekte Rede
Adverbialsätze

- *The firemen put out the fire which had started in the village.*
  When the ship entered the harbour, the band started to play.

Während ein Hauptsatz auch ohne Nebensatz verständlich ist, kann ein Nebensatz nicht ohne Hauptsatz stehen. Haupt- und Nebensatz werden mit Komma voneinander getrennt.

Nebensätze können sowohl am Anfang eines Satzes als auch am Ende stehen. Sofern der Nebensatz an erster Stelle steht, wird er vom Hauptsatz durch ein Komma getrennt. Folgt der Nebensatz auf den Hauptsatz, wird er ohne Komma angeschlossen. Die Stellung des Nebensatzes hängt davon ab, was man betonen möchte.

- *If you behave, I will buy you the present.*
  I will buy you the present if you behave.

  Although it was raining, the children were playing outside.
  The children were playing outside although it was raining.

3.8.5 Relativsätze *(relative clauses)*

Relativsätze sind Nebensätze, die durch Relativpronomen eingeleitet werden und das Subjekt oder Objekt des Hauptsatzes näher erläutern. Man unterscheidet:

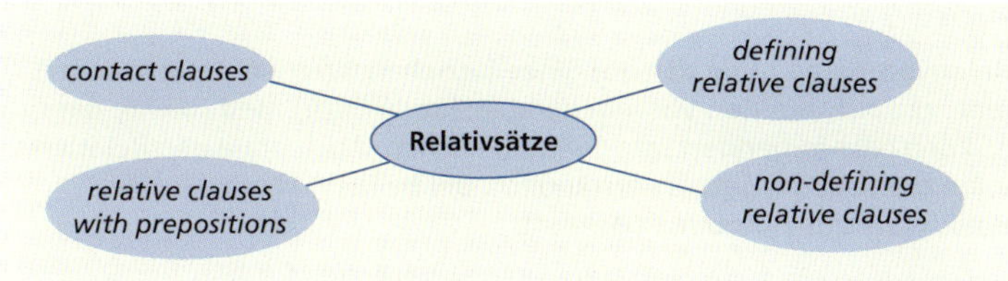

Bestimmende Relativsätze *(defining relative clauses)* sind jene Relativsätze, die für das Verständnis des Hauptsatzes **unbedingt notwendige Informationen** enthalten. Sie werden im Englischen nicht durch ein Komma getrennt. In diesen Relativsätzen können die Relativpronomen wegfallen, sofern sie Objekt sind, also der Relativsatz ein Subjekt enthält und dieses nicht identisch mit dem Subjekt des Hauptsatzes ist. Einen solchen Satztyp nennt man ***contact clause.***

Unterschied zwischen notwendigen *(defining)* und nicht notwendigen Relativsätzen *(non-defining relative clauses).*

Im Gegensatz zum Deutschen macht man im Englischen einen Unterschied zwischen notwendigen und nicht notwendigen Relativsätzen. Von dieser Unterscheidung hängen sowohl **Zeichensetzung** als auch **Sprechpausen** zwischen Haupt- und Relativsatz ab.
Ein **Relativsatz** wird dann als **notwendig** bezeichnet, wenn er für das Verständnis des Hauptsatzes unentbehrlich ist. Er definiert das Nomen, auf das er sich bezieht.

- *The novel **which was written by JOANNE K. ROWLING** became world-famous.*

Präpositionen stehen dann in der Regel hinter dem Verb. In der förmlichen Sprache findet man die Präposition vor dem Relativpronomen.

- *The man who I talked **to** is the seller of the yacht.*

Der **nicht notwendige Relativsatz** hingegen enthält eine Zusatzinformation, die weggelassen werden kann, ohne dass dadurch die Aussage im Hauptsatz leidet.

- *ROWLING, **who studied at Exeter University,** wrote the great Harry Potter novels.*

Ohne den Relativsatz wäre nicht ersichtlich, von welchem Roman in dem Satz die Rede ist. Notwendige Relativsätze werden nicht durch Kommata oder Sprechpausen vom Hauptsatz getrennt.

Auch ohne den Relativsatz ergäbe der Hauptsatz Sinn. Haupt- und Nebensatz werden durch Komma abgetrennt und man macht vor und hinter dem Relativsatz Sprechpausen. Die Präpositionen stehen meist vor dem Relativpronomen.

- *The yacht, **about** which people talked so much, is very luxurious.*

Relativpronomen, die sich auf Sätze beziehen, werden unterschieden in jene, die sich auf den vorangehenden Satz *(which)*, und solche, die sich auf den nachfolgenden Satz *(what)* beziehen. Auch ohne den Relativsatz wäre der Rest des Satzes verständlich. Bei beiden Sätzen wird der Relativsatz durch **Komma** getrennt.

- *I thought I knew him, **which** I obviously didn't.*
  *He is a good father, but **what** is also nice, he is a good cook.*

3.8.6 Bedingungssätze *(conditional sentences)*

Bedingungssätze geben die Bedingung oder Voraussetzung an, unter der eine Handlung geschieht oder ein Zustand eintritt.

> **Bedingungssätze** bestehen aus zwei Teilen:
> – einem **Nebensatz**, dem ***if*-Satz *(if-clause)***, der eine Bedingung nennt,
> – und einem **Hauptsatz**, der die Folge beschreibt.

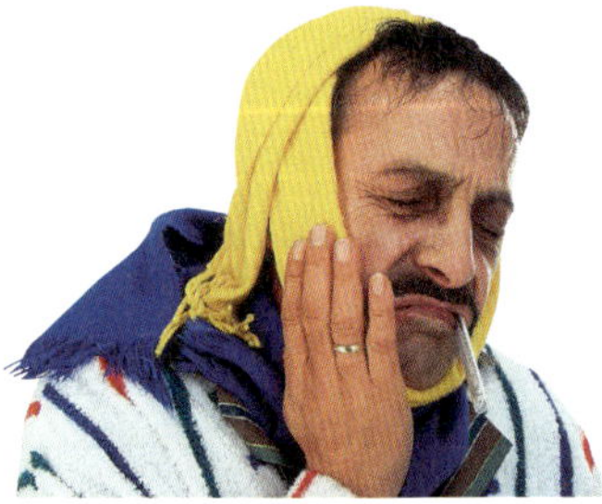

If I were you,
I would go to the doctor's.

Es gibt im Englischen je nach Art der Bedingung drei **Typen von Bedingungssätzen**.

Bedingungssatz Typ 1: Die reale Bedingung *(probable condition)*
Diese Art des Bedingungssatzes bezieht sich auf gegenwärtiges und zukünftiges Geschehen. Es ist durchaus möglich, dass die genannte Bedingung eintritt oder bereits erfüllt ist.

Zeitenfolge:

Nebensatz	Hauptsatz
simple present	*will-future* oder Hilfsverb + Verb

- *If I **win** a million pounds, I **will buy** a sportscar.*
  *If the weather **is** fine, we **can go** swimming.*

Bedingungssatz Typ 2: Die irreale Bedingung *(improbable condition)*
Der Bedingungssatz bezieht sich auf gegenwärtiges und zukünftiges Geschehen. Die Erfüllung der genannten Bedingung ist unwahrscheinlich, aber nicht völlig unmöglich.

Zeitenfolge:

Nebensatz	Hauptsatz
simple past	*conditional 1* oder Hilfsverb + Verb

Mehr über das *conditional 1* und *2* erfährst du in Kapitel 3.2.10.

- *If I **was** rich, I **would live** in a castle.*
  *If the weather **was** better, we **could play** outside.*
  *He **would catch** the train, if he **walked** faster.*
  *We **could make** a cake, if we **had** some eggs.*
  *We **would take** a photo, if there **was** no fog.*

Bedingungssätze können auch mit dem Hauptsatz beginnen. Die Zeitfolge ändert sich nicht.

Bedingungssatz Typ 3: Die irreale Bedingung *(impossible condition)*
Der Bedingungssatz bezieht sich auf vergangenes Geschehen. Die im Nebensatz genannte Bedingung wurde nicht erfüllt.

Zeitenfolge:

Nebensatz	Hauptsatz
past perfect	*conditional 2*

- *If I **had won** a million pounds, I **would have bought** a sports car.*
  *If it **hadn't rained**, we **could have played** outside.*
  *He **would have helped** us, if he **had had** more time.*

3.8.7 Adverbialsätze *(adverbial clauses)*

▶ Konjunktionen sind Wörter, die einen Nebensatz einleiten, wie *before, after, since* usw.

Adverbialsätze sind Teil eines Satzgefüges, dessen Nebensatz mit einer Konjunktion eingeleitet wird. Adverbiale Nebensätze geben nähere Informationen zu der im Hauptsatz beschriebenen Handlung. Es gibt verschiedene Arten von Adverbialsätzen.

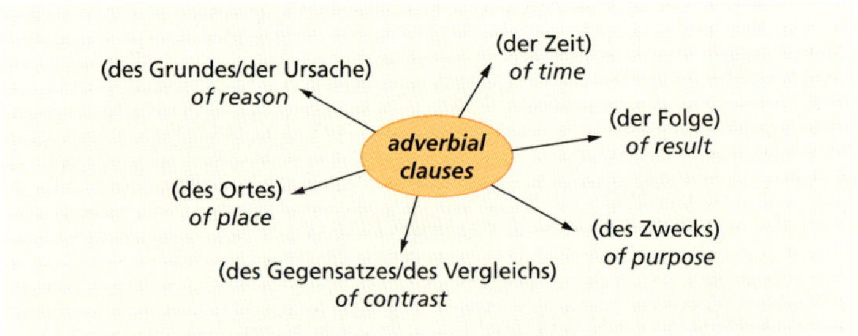

▶ *He sang while washing up.* Hier wurde der Adverbialsatz durch ein Partizip ersetzt. Mehr dazu, wie du Adverbialsätze verkürzen kannst, erfährst du in Kapitel 3.4.3.

Adverbialsatz	Konjunktion	Beispiele
der Zeit *(adverbial clause of time)*	*after, as, as soon as, before, since, until, when, whenever, while*	***After** school was over, the children went home.* *He has become a fast runner, **since** he started running regularly.* *He sang **while** he was washing up.*
des Ortes *(adverbial clause of place)*	*where, wherever*	*I couldn't find my purse **wherever** I looked.* *He put the book back **where** it belonged.*
des Grundes *(adverbial clause of reason)*	*as, since, because*	*I didn't like the shirt **because** it was green.* ***Since** you are new in class, you will have to learn all the kids' names.* ***As** somebody had got the DVD, we could watch it at once.*
der Folge *(adverbial clauses of result)*	*so (that), so … that,*	*He let me go **so** I didn't miss the bus.* *I ran **so** fast **that** I felt like flying.*
des Zwecks *(adverbial clauses of purpose)*	*so (that), so … that, in order to,*	*They hurried **in order to** be there in time.* *They rang me up **so** they could inform me about their plans.* *They rang me up **so that** I knew what they wanted to do.*

Adverbialsatz	**Konjunktion**	**Beispiele**
des Gegensatzes *(adverbial clauses of contrast)*	*whereas, while, although, even if, though, even though, the … the …*	*We worked part time **whereas** the other group had full time jobs.* *She used wonderful bright colours **while** others used hardly any colour at all.* *She put on sunglasses **even if** it rained.* *They couldn't hear us **although** we shouted.* ***Though** they looked shabby, Kim loved her old trainers.* ***The** more he shouted **the** angrier she got.* *He loves going to school **even though** he hates doing homework.*
sonstige Adverbialsätze	*no matter what …/how …*	*He doesn't take a break, **no matter** how tired he is.* *He is a nice boy, **no matter what** others talk about him.*

Stellung der Adverbialsätze

Adverbialsätze können vor oder nach dem Hauptsatz stehen. Je nach ihrer Stellung im Satzgefüge stehen Adverbialsätze mit Komma oder ohne Komma.

Adverbialsätze stehen
– **mit Komma** vor dem Hauptsatz

■ ***Since** I saw her, I haven't called.*

– **ohne Komma** nach dem Hauptsatz

■ *I haven't seen her **since** I last went to Paris.*

Adverbialsätze des **Ortes** stehen meist nach dem Hauptsatz.

■ *She moved back to the place **where** she first lived.*
*I couldn't find my watch **wherever** I looked.*

Adverbialsätze des **Gegensatzes** können vor oder nach einem Hauptsatz stehen.

■ ***Since** I stopped smoking, I feel better.*
*I feel better **since** I stopped smoking.*

3.8.8 Direkte und indirekte Rede *(direct and reported speech)*

Bei der wörtlichen Rede *(direct speech)* handelt es sich um die wörtliche Wiedergabe dessen, was jemand gesagt oder geschrieben hat. Sie steht in Anführungszeichen. Wenn man Dritten gegenüber berichten möchte, was jemand anderes gesagt hat, benutzt man die indirekte Rede *(reported speech)*. Sie steht ohne Anführungszeichen und ohne Komma.

direct speech	reported speech
"Look, a footprint!" Sam moved the candle closely to the footprint in the dust. "We can't be too careful, Joe. We might get into an awful lot of trouble if we are caught." "Let's start digging now." Joe said. "Just think of all the things we can find in that box." "We'd better wait until tomorrow night," Sam suggested. "It'll be safer then."	Sam pointed at the footprint in the dust and moved the candle closely towards it. He warned Joe that they could not be too careful, because they might get into an awful lot of trouble if they were caught. Joe wanted to start digging at once, but Sam suggested that they waited until the following night, because it would be safer then.

Achtung: Wenn der Sprecher etwas wiedergibt, was er vorher selbst gesagt hat, ändern sich Pronomen und Zeit-/Ortsangaben nicht.

*"**I** was tired." – I told them that **I** was tired.*

direkte Rede	**indirekte Rede**
Mary says, "I am tired."	*Mary said (that) she was tired.*
Einleitungssatz	Einleitungssatz

Neben *to say* kann die indirekte Rede u. a. auch mit folgenden Verben eingeleitet werden:

Reporting verbs
to add, to agree, to answer, to ask, to believe, to complain, to cry, to exclaim, to explain, to know, to reply, to repeat, to shout, to suggest, to tell somebody, to think, to want to know, to warn, to wonder

Andrew: *"I **will** stop smoking **when I am 40.**"*

*Andrew told me (that) he would stop smoking **as soon as he is 40.***

Bei der Wiedergabe der direkten Rede durch die indirekte Rede verändern sich auch die Personalpronomen und die Adverbialbestimmungen des Ortes und der Zeit, da sich bei der Wiedergabe in indirekter Rede Sprecher und Zeitpunkt in der Regel ändern.

*"I'll lend you **my** car." – She said **she** would lend him **her** car.*
*"**I** could use **my** mum's car." – He said **he** could use **his** mum's car.*
*"The taxi will take **you** to **your** house." – He promised the taxi would take **them** to **their** house.*
*"**Our** camper is the best thing **we** ever bought." – They said that **their** camper was the best thing **they** had ever bought.*

Änderungen der Orts- und Zeitangaben in der indirekten Rede

Ortsangaben		Zeitangaben	
direkte Rede	**indirekte Rede**	**direkte Rede**	**indirekte Rede**
here	*there*	*today*	*that day*
this	*that*	*yesterday*	*the day before*
these	*those*	*now*	*then*
		last week	*the week before*
		next week	*the following week*
		tomorrow	*the next/following day*

*"Let's meet **tomorrow**." – She wanted to meet him **the following day**.*
*"I can hear it **now**." – She said that she could hear it **at that moment**.*
*"We met him **yesterday**." – They said that they had met him **the day before**.*
*"Let's meet **here**." – She suggested to meet him **there**.*
*"I love **these** shoes." – She said she loved **those** shoes.*
*"Would you like **this** book?" – He wanted to know if she liked **that** book.*

Vor ***that, if*** oder ***whether*** in der indirekten Rede steht **kein Komma.**

*"I'm hungry." – She **said that** she was hungry.*
*"Will you be there?" – He **asked if** they would be there.*
*"Did you like the show?" He wanted to **know if** they had liked the show.*

Bei der indirekten Wiedergabe von Anweisungen, Bitten und Ratschlägen umschreibt man häufig mit einem **Infinitiv mit *to***.

"Would you lend me your car" – She asked him to lend her his car.

Indirekte Rede im Überblick

Verschiebung der Verbzeiten

Wenn das einleitende Verb im *simple past* oder *past perfect* steht, werden die Verbformen der direkten Rede um eine Zeitstufe in die Vergangenheit verschoben. *Would, could, might* und *should* bleiben unverändert.

Beispiel: *She said, "I had two apples a day."*
She said that she had had two apples a day.

direct speech		*reported speech*
present tense	→	***past tense***
"It's a fast car."		*He said it **was** a fast car.*
present perfect	→	***past perfect***
*"The car **has been** fast."*		*He said the car **had been** fast.*
past tense	→	***past perfect***
*"The car **was** fast."*		*He said the car **had been** fast.*
past perfect	→	***past perfect***
*"The car **had been** fast."*		*He said the car **had been** fast.*
going-to-future	→	***was/were going to***
*"The car **is going to be** fast."*		*He said the car **was going to be** fast.*
will-future	→	***would***
*"The car **will be** fast."*		*He said the car **would be** fast.*
may	→	***might***
*"The car **may be** fast."*		*He said the car **might be** fast.*

Eine Verschiebung der Verbzeit ist nicht nötig,
- wenn das einleitende Verb im *simple present, present perfect oder will-future* steht,
- wenn der Sachverhalt noch immer zutrifft, oder wenn es sich um eine allgemein gültige Aussage handelt.

Beispiele:

*"I **have** two apples a day," she says.*
*She says that she **has** two apples a day.*

"I'm your brother," he said.
*He said that he **is** her brother.*

Wissenstest 3 abrufbar auf **www.lernhelfer.de** oder mit der Lernhelfer-App

Fragen in der indirekten Rede

- Fragen in der indirekten Rede werden durch ein Fragewort oder ***if*** bzw. ***whether*** eingeleitet.
- Das Verb wird in der indirekten Frage nicht mit *do* oder *did* umschrieben.
- Die Wortstellung ist **Subjekt + Verb** wie im Aussagesatz.
- Nach indirekten Fragesätzen steht **kein Fragezeichen.**

*He asked: "How many fish **have** you **caught**?"*
*He wanted to know how many fish I **had caught**.*
*He asked: "**Are** you happy?"*
*He wanted to know if she **was** happy.*

Anweisungen, Bitten, und Ratschläge in der indirekten Rede

- Die Redeabsicht des wiederzugebenden Satzes wird im **einleitenden Verb** ausgedrückt.
- Die Tätigkeit, um die es geht, wird im **Infinitiv** ausgedrückt.
- Statt des Infinitivs kann auch ein *that*-Nebensatz mit *should/shouldn't* benutzt werden.

"Please, fill in the form."
*He **asked me to fill in** the form.*
Oder: *He told me **that I should fill in** the form.*

"Don't open the door!"
*The police **told her not to open** the door.*
Oder: *The police **told** her **that she shouldn't open** the door.*

"Simply don't answer the phone!"
*The police **advised** her **not to answer** the phone.*

"I won't touch alcohol any more."
*He **promised not to touch** alcohol any more.*

Vorschläge in der indirekten Rede

- Vorschläge werden in der Regel mit *suggest* oder *make a suggestion* eingeleitet.
- Auf *suggest* folgt das Gerundium (*-ing*-Form) oder ein *that*-Nebensatz mit *should*.

"Let's take part in the campaign!"
*Jim **suggested taking** part in the campaign.*
Oder: *Jim had the idea **that we should take part** in the campaign.*

"What about selling our old toys at a jumble sale?"
*Sam made the suggestion **that we should sell** our old toys at a jumble sale.*
Oder: *Sam suggested **selling** our old toys at a jumble sale.*

3

3.9 Zahlen, Datum, Uhrzeit

Auch bei den Zahlen erkennt man das Prinzip der Wortbildung, z. B. die Nachsilben *-ty* und *-teen*.

Zahlen *(numbers)*		
Grundzahlen/Kardinalzahlen *(cardinal numbers)*	**Ordnungszahlen *(ordinal numbers)***	
1 one	*1st*	***the first***
2 two	*2nd*	***the second***
3 three	*3rd*	***the third***
4 four	*4th*	*the fourth*
5 five	*5th*	*the fifth*
6 six	*6th*	*the sixth*
7 seven	*7th*	*the seventh*
8 eight	*8th*	*the eighth*
9 nine	*9th*	*the ninth*
10 ten	*10th*	*the tenth*
11 eleven	*11th*	*the eleventh*
12 twelve	*12th*	*the twelfth*
13 thirteen	*13th*	*the thirteenth*
14 fourteen	*14th*	*the fourteenth*
15 fifteen	*15th*	*the fifteenth*
16 sixteen	*16th*	*the sixteenth*
…	…	
20 twenty	*20th*	*the twentieth*
21 twenty-one	*21st*	*he twenty-**first***
…	*22nd*	*the twenty-**second***
	23rd	*the twenty-**third***
30 thirty	*30th*	*the thirtieth*
40 forty	*40th*	*the fortieth*
50 fifty	*50th*	*the fiftieth*
60 sixty	*60th*	*the sixtieth*
70 seventy	*70th*	*the seventieth*
80 eighty	*80th*	*the eightieth*
90 ninety	*90th*	*the ninetieth*
100 one/a hundred	*100th*	*the (one) hundredth*
101 one/a hundred and one	*101st*	*the (one) hundred and first*
200 two hundred	*200th*	*the two hundredth*
…	…	
1000 one/a thousand	*1000th*	*the (one) thousandth*
1000000 one/a million	*1000000th*	*the (one) millionth*

Zehner- und Einerzahlen werden mit einem Bindestrich geschrieben.

- *forty-three, sixty-two*

Einer- und Zehnerzahlen werden mit Hunderter- und Tausenderzahlen durch *and* verknüpft.

- *two hundred **and** sixty-two, three thousand five hundred **and** twenty-one*

Dezimalzahlen werden mit einem Punkt, Tausenderstellen mit einem Komma abgegrenzt.

- *3.08* (Deutsch: 3,08)
  5,700 (Deutsch: 5.700)

Die Aussprache von „Null" ändert sich je Kontext:

- In der Mathematik: *zero* (AE), *zero, nought* (BE)
  Bei Zahlenreihen/Telefonnummern: *O*
  Sportergebnisse: *nil, zero* (AE)
  Tennis: *love*

Während im Deutschen nach einer Ordnungszahl (z.B. der erste, der zweite) ein Punkt steht, werden bei englischen Ordnungszahlen (z.B. *the first, the second, the third*) die letzten beiden Buchstaben des Wortes angefügt. Diese werden oft hochgestellt.

- *1st, 2nd, 4th, 25th*

Das Datum *(the date)*

Das Datum wird mit Ordnungszahlen angegeben. Es kann auf verschiedene Arten geschrieben werden:

- *27th May, 2005* … *(the) twenty-seventh of May, two thousand and five*
  May 27th, 2005 … *May the twenty-seventh, two thousand and five*

Im amerikanischen Englisch wird der Monat vor dem Tag genannt:

- *May 27th, 2005* … *May twenty-seventh, 2005*

(AE) Monat vor Tag, (BE) Tag vor Monat

Die Jahreszahl wird mit Komma abgetrennt.

- *We will meet next Saturday, August 13th, 2005, to decide about the music festival.*

Zur Datumsangabe verwendet man die Präposition ***on***. Wenn man sich nur auf das Jahr bezieht, lautet die Präposition ***in***.

- *We'd love to meet you at our garden party on July 3rd, 2005.*
  I was born in 1989.

Die Uhrzeit *(telling the time)*

Im Englischen werden die Stunden von ein bis zwölf Uhr gezählt.

- *What time is it?*
  It's … o'clock.

ante meridiem (lat.) = vormittags; post meridiem (lat.) = nachmittags

Für die Zeit von ein Uhr nachts bis zwölf Uhr mittags wird deshalb *a.m.* angehängt. Von 13 bis 24 Uhr wird *p.m.* angehängt. Im folgenden Beispiel wurde die Schreibweise mit Punkt gewählt, man kann aber auch *am* und *pm* ohne Punkt verwenden.

*1 **a.m.**, 2 **a.m.**, 3 **a.m.**, 12 **a.m.** (= noon)*
*1 **p.m.**, 2 **p.m.**, 3 **p.m.**, 12 **p.m.** (= midnight)*

Die Präposition ***at*** wird zur Angabe der Uhrzeit verwendet.

*Our train leaves **at** 9 a.m., we will arrive in Glasgow **at** 3 p.m.*

Bei vollen Stunden wird *o'clock* angehängt – dann entfällt *a.m./p.m.*

*five **o'clock**, twelve **o'clock***
*Let's meet at six **o'clock**.*

Die halbe Stunde heißt *half past*, die Viertelstunden *a quarter past* (Viertel nach) und *a quarter to* (Viertel vor).

***a quarter past** two = 2:15*
***half past** four = 4:30*
***a quarter to** four = 3:45*

Die Minuten der ersten halben Stunde werden mit ***past*** an die letzte volle Stunde angehängt.

*twelve (minutes) **past** two = 2.12*
auch: *It's 2.12 (two twelve).*

Die Minuten der zweiten halben Stunde werden mit ***to*** an die nächste volle Stunde angehängt.

*seven (minutes) **to** three = 2.53*
auch: *It's 2.53 (two fifty-three).*

Bei Fahrplänen werden die Stunden von 0 bis 24 Uhr gezählt.

The last train leaves Waterloo station at 23:18 (twenty-three eighteen).

What time do you want to travel? nationalXpress

From: Birmingham To: Canterbury

	Departs	Arrives	Duration	Changes	Facilities	Select
3	03:00	08:45	5 hrs 45 min 70 min wait (London)	1	CC, XL, LS, WC	○
3	05:00	10:20	5 hrs 20 min 40 min wait (London)	1	CC, XL, LS, WC	○
3	06:00	11:20	5 hrs 20 min 40 min wait (London)	1	CC, XL, LS, WC	○
3	07:00	12:20	5 hrs 20 min 40 min wait (London)	1	CC, XL, LS, WC	○
3	08:00	13:20	5 hrs 20 min 40 min wait (London)	1	CC, XL, LS, WC	○

Berlin (SXF) to Bristol (BRS): all flights

Mon 08 August	Tue 09 August	Wed 10 August
€ 43.99	€ 18.99	€ 12.99
dep. 13:50	dep. 13:50	dep. 13:50
arr. 14:50	arr. 14:50	arr. 14:50

Bristol (BRS) to Berlin (SXF): all flights

Sun 14 August	Mon 15 August	Tue 16 August
€ 33.29	€ 33.29	€ 27.29
dep. 15:15	dep. 15:15	dep. 15:15
arr. 18:10	arr. 18:10	arr. 18:10

FLY EASY

© 1997–2005 FLY EASY Airline Company Ltd. All rights reserved.

Rechtschreibung und Zeichensetzung

4

4

4.1 Rechtschreibung und Aussprache

Deutschen Schülern, die Englisch als Fremdsprache erlernen, aber auch englischen Schülern als Muttersprachlern *(native speakers)* bereitet die englische Rechtschreibung häufig Schwierigkeiten. Bei der Erweiterung eines Wortes werden z.B. wider Erwarten Buchstaben verändert oder weggelassen.

to pronounce (Infinitiv)	*pronouncing* (Partizip Präsens)	*pronunciation* (Nomen)

Außerdem ist nicht immer eine Beziehung zwischen dem Klang eines Wortes *(pronunciation)* und seiner Schreibung *(spelling)* erkennbar.

ripe [raɪp] (reif)	*recipe* ['resɪpɪ] (Rezept)
breath [breθ] (Atem)	*wreath* [ri:θ] (Kranz)

Die Ursachen für diese Phänomene liegen in der Entwicklung der englischen Sprache. Die ursprünglichste Form jeder Sprache ist die gesprochene Sprache. In der gesprochenen Sprache vollziehen sich auch zunächst die Veränderungen einer Sprache. Die Schriftsprache bildet sich später heraus als ein Versuch, gesprochene Sprache aufzuzeichnen. Sowohl als Schrift- wie auch als gesprochene Sprache war das Englische seit seiner Entstehung großen Wandlungen unterworfen. Die letzte bedeutende Veränderung in der Aussprache vollzog sich mit dem sogenannten *Great Vowel Shift* (Frühneuenglische Vokalverschiebung) vom 15. Jahrhundert bis zum 17. Jahrhundert. Dabei wurden die Vokale angehoben, d.h. ihre Aussprache wurde heller. Zur Zeit SHAKESPEARES etwa klang das Wort *clean* noch wie das heutige *lane* und nicht wie das heutige *lean*. Nachdem sich die Rechtschreibung seit ca. 1650 in der Fassung vereinheitlicht hatte, wie sie gegenwärtig verwendet wird, trat also noch der Wandel der langen Vokallaute auf, der für die Abweichung zwischen Schreibung und Klang der Vokale verantwortlich ist.

Diakritische Zeichen, wie z. B. Umlaute, die Akzente und im Französischen das ç, zeigen die besondere Aussprache eines Buchstabens an.

Flexion = Deklination eines Nomens oder Konjugation eines Verbs

Dennoch gibt es viele Aspekte, die das Erlernen der englischen Rechtschreibung erleichtern:

- In der Regel werden die englischen **Konsonanten** so geschrieben, wie sie ausgesprochen werden.
- Die englische Sprache hat keine **diakritischen Zeichen**, wie sie das Französische oder das Deutsche haben.
- Das Englische zeigt eine nur schwach ausgeprägte **Flexion**:
  - Der Plural der meisten Nomen wird auf *-s* gebildet.
  - Die Vergangenheitsform der meisten Verben endet auf *-ed*.
  - Das Partizip Präsens endet auf *-ing*.
  - Nomen, Artikel und Adjektive zeigen weder Kasus noch Numerus an.
  - Verben zeigen weder Numerus noch die Person an.
- Eine Reihe von **Lehnwörtern *(borrowings)*** sind unangepasst ins Englische übernommen worden, sodass Nichtmuttersprachler ihre Bedeutung leicht erkennen können (aus dem Deutschen z.B. *kindergarten, leitmotif*)

4.2 Regeln für die Rechtschreibung

4.2.1 Bildung der Pluralformen

Art der Nomen	Veränderung	Beispiele
allgemeine Regel	Anhängen von ***s*** an den Singular	*girl/girls, tree/trees*
bei Endung des Nomens auf ***s, ss, x, sh, ch*** (Reibelaute)	Hinzufügen von ***es*** an den Singular	*bus/buses, loss/losses, box/boxes, bush/bushes, match/matches*
bei Endung des Nomens auf ***y*** mit vorangehendem Konsonanten	***y*** → ***ies***	*country/countries, lady/ladies*
bei Endung des Nomens auf ***y*** mit vorangehendem Vokal	***y*** → ***ys***	*boy/boys*
Abgeleitete Wörter aus anderen Sprachen übernehmen auch deren Pluralendungen.		*formula/formulae, crisis/ crises, basis/ bases, phenomenon/ phenomena*
bei Endung des Nomens auf ***o*** mit vorangehendem Vokal	***o*** → ***os***	*radio/radios*
bei Endung des Nomens auf ***o*** mit vorangehendem Konsonant	Hinzufügen von ***es*** an den Singular	*potato/potatoes, tomato/tomatoes, hero/heroes*
bei Endung des Nomens auf ***f*** oder ***fe***	***f/fe*** → ***ves***	*wife/wives, life/lives* Ausnahmen: *chief/chiefs, roof/ roofs, dwarf/dwarfs*
unregelmäßige Pluralformen		*man/men, woman/women, tooth/teeth, foot/feet, goose/geese, mouse/mice, ox/oxen, child/children*
Einige Nomen haben gleiche Singular- und Pluralform.		*deer, fish, sheep, Japanese, Chinese, Swiss, aircraft*
Bei zusammengesetzten Nomen bekommt das Hauptwort das ***s***.		*son-in-law/sons-in-law, passers-by, grown-ups, mothers-to-be*

4

Suffix = Nachsilbe: ein Buchstabe oder eine Gruppe von Buchstaben, die an ein Wort oder einen Wortstamm angehängt werden, sodass ein neues Wort entsteht.

4.2.2 Veränderung von Konsonanten

Verdoppelung des Endkonsonanten vor einem Suffix	
in einsilbigen Wörtern, wenn der Vokal vor dem Konsonanten kurz ist Aber: bei vorangehendem langen Vokal keine Verdoppelung *(eat/eating)*	*bet/betting* *wed/wedding* *drop/dropping* *run/running* *swim/swimming* *hit/hitting* *fit/fitter/the fittest* *hot/hotter/the hottest* *wet/wetter/the wettest*
in zwei- oder mehrsilbigen Wörtern, wenn die Betonung auf der letzten Silbe liegt und diese einen kurzen Vokal enthält Aber: bei der Betonung auf der ersten Silbe findet keine Verdoppelung statt *(enter/entering)*	*begin/beginning* *refer/referring* *occur/occurring* *forget/forgettable*
bei Wörtern, die mit ***l*** enden, wenn der vorangehende Vokal kurz ist Aber: wenn der Vokal lang ist, dann findet keine Verdoppelung statt *(sail/sailing)*	*travel/travelling* *wool/wollen* *dispel/dispelling* *fulfil/fulfilling/fulfilled* *signal/signalling/signalled* *control/controlling/controlled* *equal/equalling/equaled* *label/labelled*

Einfaches und Doppel-*l*	
Einsilbige Wörter, die auf ***ll*** enden und mit einem anderen Wort zusammengesetzt sind, verlieren ein *l*.	*all: already, always, altogether* *full: beautiful, wonderful, plentiful, fulfil* *skill: skilful* *well: welcome*
Beim Hinzufügen von ***-ness*** wird das **Doppel-*l*** beibehalten.	*dullness* *stillness* *illness*

c* wird zu *ck	
Bei Wörtern, die mit einem (harten) ***c*** enden, wird ein ***k*** angefügt, wenn danach ein Suffix mit den Endungen *-ing*, *-er* und *-ed* folgt.	*traffic/trafficker* *picnic/picnicking* *panic/panicking*

4.2.3 Veränderung von Vokalen

Schreibung von *e* vor Suffixen

Bei Wörtern, die mit einem Suffix verbunden werden, das mit einem **Vokal** beginnt (z. B. *-able*), entfällt das ***e***.

- *come / coming, like / likable, name / naming, change / changing*

Das ***e*** bleibt nach ***c*** und ***g*** vor Suffixen, die mit ***a*** und ***o*** beginnen.

- *notice / noticeable, change / changeable, advantage / advantageous*

Bei Suffixen, die mit **Konsonant** beginnen, wird das ***e*** beibehalten.

love / lovely, hope / hopeful, exite / exitement
Ausnahmen: *whole / wholly, argue / argument, due / duly, true / truly*

Schreibung von *-ie* und *-ei*	
i vor ***e*** außer nach ***c***	*chief,* *believe*
e vor ***i*** nach ***c***	*ceiling,* *perceive,* *receipt*

Endungen mit *-ie* und *-y*	
Wenn einem **End-*y*** ein Vokal vorangeht, bleibt das ***y*** bei Hinzufügung des Suffixes unverändert.	*survey / surveying / surveyor,* *dismay / dismayed* Ausnahmen: *pay / paid, lay / laid*
Wenn ***-ing*** an ein Wort angehängt wird, das mit ***-ie*** endet, wird ***-ie*** zu ***-y***.	*die / dying,* *lie / lying,* *tie / tying*
Wenn ein Suffix an ein Wort angehängt wird, das in **„Konsonant + *y*"** endet, wird das ***y*** zu ***i***.	*happy / happily / happier / happiness,* *lonely / lonelier / loneliness,* *deny / denies / denied / denial,* *pity / pitiful / pitiless* Ausnahmen: *shy / shyness,* *dry / dryness* (aber: *drier*)
Wörter, bei denen ein Vokal wegfällt oder sich ändert, wenn ein Suffix folgt	*maintain / maintenance,* *sustain / sustenance,* *abstain / abstinence,* *explain / explanation,* *pronounce / pronunciation,* *repeat / repetition*

Endungen mit *-ise* und *-ize*	
Folgende Wörter enden auf ***-ise***:	*advertise* *advise* *despise* *disguise* *enterprise* *surprise* *exercise* *supervise*
Folgende Wörter können sowohl auf ***-ise*** als auch auf ***-ize*** enden: keine Alternative bei: *apolog**ize**, real**ize**, jeopard**ize***, da diese drei Verben vom **griechischen** Suffix ***-izein*** (lat. ***-izare***) abgeleitet sind.	*baptise/-ize* *civilise/-ize* *criticise/-ize* *emphasise/-ize* *memorise/-ize* *organise/-ize* *modernise/-ize*

4.2.4 Groß- und Kleinschreibung

Im Englischen gilt grundsätzlich die Kleinschreibung. Ausnahmen sind das Personalpronomen *I* (ich) oder Eigennamen *(proper nouns)*, d.h. Namen von Straßen und Gebäuden, geografische Bezeichnungen, Bezeichnungen für Nationalitäten, Rassen, Religionen, historische Ereignisse oder Titel, wenn sich diese auf eine bestimmte Person beziehen. Im Folgenden wird nur auf Fälle hingewiesen, die häufig fehlerhaft geschrieben werden.

	Großschreibung	Kleinschreibung
Himmelsrichtungen *(compass points)*	bei Himmelsrichtungen, wenn diese eine **geografische Region** bezeichnen: *the **Mid-West**, the Far **East***	bei Himmelsrichtungen, wenn diese die **geografische Lage** näher bezeichnen: *Brighton is **south** of London.*
Präfixe *vice-, ex-, former, late, -elect*	***vice*** wird großgeschrieben, wenn es in Verbindung mit einem konkreten Namen gebraucht wird: ***Vice**-President Brown*	Alle anderen Präfixe werden kleingeschrieben: ***Senator-elect** Sanders, the **former** President Carter etc.*
der bestimmte Artikel	wird nur großgeschrieben, wenn er Teil eines Namens ist: ***The** Sunday Times, **The** Guardian*	In allen anderen Fällen wird er kleingeschrieben: ***the** moon, **the** newspaper etc.*

	Großschreibung	Kleinschreibung
Wörter von Institutionen wie *government, administration, union, federal, commonwealth*	werden großgeschrieben, wenn sie sich auf ein bestimmtes Land bzw. eine politische Gruppierung beziehen: *the **US Government, the Federal Republic of Germany***	werden kleingeschrieben, wenn sie allgemein gebraucht werden: *Every school needs a good **administration**.*
Wörter wie *high school, church, university, college, hospital etc.*	Großschreibung nur, wenn diese Wörter Teil eines konkreten Namens sind: *He graduated from **Wheatland High School**.* *He was accepted by the **University of Stanford**.*	werden kleingeschrieben, wenn die Institution und nicht ein bestimmter Ort gemeint ist: *He graduated from **high school**.* *After high school he went to **college**.*

4.2.5 Silbentrennung *(division of words)*

Anders als im Deutschen werden im Englischen Wörter nicht nur nach Sprechsilben, sondern besonders häufig auch nach Wortbestandteilen (Präfixe, Suffixe, Wortstamm usw.) getrennt.

Die wichtigsten Regeln zur Silbentrennung	
Zusammengesetzte Wörter werden nach ihren Bestandteilen (Wortstamm + Endung) getrennt.	*won-der-ful* *some-body* *Scot-land* *York-shire*
Bei zwei- oder mehrsilbigen Wörtern, mit Silben aus zwei oder mehr Konsonanten, wird nach dem ersten Konsonanten getrennt.	*win-dow* *hap-pi-ly* *nar-rate* *swin-dle*
Buchstabenkombinationen wie ***th, ph, ch, sh, ng, dg*** werden nicht getrennt.	*mo-ther* *no-thing* *tro-phy* *re-fresh-ing* *be-long-ing* *lodg-ing*
Zur zweiten Trennungssilbe treten **Konsonant + *l*, Konsonant + *r*** und ***-qu***.	*ta-**ble*** *cathe-**dral*** *li-**quid***

4.3 Regeln für die Zeichensetzung

Die Zeichensetzung ist im Englischen weniger strikt geregelt als im Deutschen. Der Vorrat an Interpunktionszeichen ist jedoch in beiden Sprachen sehr ähnlich

4.3.1 Die Interpunktionszeichen *(punctuation marks)*

Zeichen	englische Bezeichnung	deutsche Bezeichnung
:	*colon*	Doppelpunkt
;	*semi-colon*	Semikolon
'	*apostrophe*	Apostroph
?	*question mark*	Fragezeichen
!	*exclamation mark*	Ausrufezeichen
,	*comma*	Komma
.	*full stop; period (US)*	Punkt
-	*hyphen*	Bindestrich
–	*dash*	Gedankenstrich
"…"	*quotation marks*	Anführungszeichen
(…) […]	*round brackets* *square brackets*	runde Klammern eckige Klammern
…	*ellipsis*	Auslassungszeichen
/	*slash*	Schrägstrich

▶ Gedankenstriche stehen zwischen Wörtern, z. B. *Would you like to come and stay – we have plenty of rooms.* Bindestriche stehen innerhalb eines Wortes, z. B. *a well-prepared meal.*

Bis zu einem gewissen Grad geht die Zeichensetzung mit der strukturellen Trennung von Sätzen, Nebensätzen, Phrasen und anderen Wortgruppen einher. Die Zeichensetzung der Sprache orientiert sich an Lautmustern, die wiederum bestimmten Strukturmustern folgen. Aus den Interpunktionszeichen lässt sich damit entnehmen, wie eine Äußerung in mündlicher Rede artikuliert wird:

Stimmlage erhöht → Pause nach Wörtern innerhalb einer Äußerung (oft Fragezeichen)

Stimmlage gesenkt → Ende einer Äußerung (oft Punkt oder Komma)

Stimmlage gleich, Unterbrechung → (Komma, Gedankenstrich)

4.3.2 Der Gebrauch des Kommas

Das Komma ist das im Englischen am häufigsten verwendete Satzzeichen. Als Faustregeln für die Kommasetzung können gelten:
- Ein Komma steht vor einer Konjunktion, die zwei unabhängige Teilsätze *(clauses)* verbindet.

We washed the dog, and then we took it for a walk.

Das Beispiel beinhaltet zwei unabhängige Sätze mit eigenem Subjekt und Verb, nämlich *we washed* und *we took*. Im Unterschied dazu hat der Satz *We washed the dog and then took it out for a walk* nur ein Subjekt (= *we*) mit zwei Verben.

- Das Komma steht nach einleitenden Wörtern, Phrasen oder Teilsätzen.

However, it was wet and chilly outside.
Surprisingly, our dog enjoyed being outdoors in the rain.

- Das Komma wird verwendet, um Elemente abzutrennen, die Informationen hinzufügen oder unterbrechen.

Our dog enjoyed being outdoors, which was quite a surprise.
The city centre is always crowded, especially on weekdays.

Bei Aufzählungen ist grundsätzlich zwischen koordinierenden und häufenden (kumulativen) Adjektiven zu unterscheiden.

koordinierende Adjektive	**kumulative Adjektive**
Sofern zwei Adjektive ein Nomen in gleicher Weise charakterisieren, werden sie durch Komma getrennt.	Zwischen zwei kumulativen Adjektiven steht kein Komma.
Did you read about her short, happy life?	*The former overweight woman told us how she lost fifty-five pounds.*
Hier kann die Reihenfolge der Adjektive getauscht werden, ohne dass es zu einer Bedeutungsänderung kommt.	Hier kann die Reihenfolge der Adjektive nicht verändert werden. (Ein einprägsames Beispiel ist *green Christmas tree.*)

Testfrage: Kann man das Komma durch „und" ersetzen? Kann man die Reihenfolge der Adjektive ohne Bedeutungsunterschied verändern? Wenn ja, liegt ein koordinierendes Adjektiv vor.

Ein Komma in Adressen wird verwendet, um jeden Teil der Adresse abzutrennen, der mehr als zwei Bestandteile hat. Wenn eine verbindende Präposition vorhanden ist, entfällt das Komma.

Steve is from Houston, Texas.
Aber: *Steve is from Houston in Texas.*

Das Komma steht zum Abtrennen von	
Appositionen (allerdings nicht bei eng zusammengehörenden Phrasen wie *William the Conqueror/the composer Bach*)	*Mrs Sharman, our new teacher, has a red car.*
Partizipial- und Infinitivphrasen	*The weather being fine, we went swimming.* *The stores having closed, we drove home.* *To raise enough money in time, Mary had to issue stock in her business.*
Adverbien und adverbialen Phrasen, wenn sich diese auf den ganzen Satz beziehen wie *nevertheless, however, finally, moreover, on the other hand, in conclusion, in short etc.*	*My friend, however, was not able to play due to illness.* *In conclusion, I think that people themselves should take on more responsibility.*
Adverbialsätzen	*Unless you help me, I won't clean our car.*
längeren **Präpositionalphrasen** (von mehr als vier Wörtern) am Satzanfang	*Under the pile of clothes, he found his wallet.*
Aufzählungen von drei oder mehr Wörtern, Phrasen oder Teilsätzen in einer Serie	*We were told to bring our gym shoes, swim suits, and tennis rackets.* *He entered the building, looked around, knocked on one of the doors, and opened it.*
nicht notwendigen Relativsätzen *(non-defining relative clauses)*	*My bike, which I only bought a week ago, has been stolen.* *I received your letter, which was very interesting to read.*
zwei Hauptsätzen *(main clauses)*	*I shall go by bike, and you will drive your car.*
kontrastierenden Ausdrücken, die mit ***not*** beginnen	*I wanted this one, not that one.*
direkter Rede	*"These boys", said the teacher, "brought reputation to our school."*
geografischen Namen mit mehr als zwei Bestandteilen	*I meant Pittsburg, Kansas, instead of Pittsburgh, Pennsylvania.*

▶ Wenn ein Satz allerdings mit einem *adverbial clause* endet, steht kein Komma.

Das Komma steht zum Abtrennen von	
***which*-Sätzen,** wenn sich diese auf den ganzen vorangehenden Satz beziehen	*He runs for two hours every day, which means that he can't study much.*
Datumsangaben, die aus mehr als zwei Teilen bestehen. Sofern beide Teile Worte oder beide Teile Zahlen sind, steht ein zweites Komma nach dem letzten Teil, falls dieser nicht das Satzende ist.	*We will meet Friday, July 15.* *October 31, 1517, is one of the most significant dates in history.* *October 1517 was a major month in history.*
Zahlenangaben mit mehr als drei Kommastellen. Nach jeder dritten Stelle von rechts nach links wird ein Komma gesetzt.	*9,435,000 square miles*
Grußformeln in schriftlicher Korrespondenz	*Dear Mary, …* *Sincerely, …*

Wenn die Teile des Datums mit einer Präposition verbunden sind, entfällt das Komma:
On a Sunday, in December 1942, the U.S. found itself in World War II.

Kein Komma steht im Englischen	
wenn **Gegenstände in einer Aufzählung** durch ***and*** oder ***or*** verbunden sind	*She bought a new dress and a blouse and a pair of shoes.*
bei **notwendigen Relativsätzen** *(defining relative clauses).*	*Everyone who watched the film enjoyed it.* *The passengers who took the plane for Los Angeles were diverted to San Francisco.*
bei **Objektsätzen**, eingeleitet durch ***that, when, where*** usw.	*She told me that she would work as an au pair in the USA.* *He couldn't say where to look for the key.*
vor **Infinitiven oder erweiterten Infinitivsätzen**	*He asked him to open the window.*
bei **zusammengesetzten Verben**	*They would argue over money and scream about his late nights.*
vor der **indirekten Rede**	*He said that he could not remember the accident.*
vor **indirekten Fragen**	*We wanted to know if there was a concert. She asked whether she could borrow a pen.*

Bei notwendigen Relativsätzen und bei Objektsätzen steht im Deutschen ein Komma. Anders als im Deutschen steht kein Komma vor *that* = dass.

4

4

4.3.3 Bindestrich, Apostroph und Anführungszeichen

Der Bindestrich *(hyphen)* wird benutzt	
um **Adverb** und **Partizip** miteinander zu verbinden, wenn diese **vor einem Nomen** stehen.	*a well-known person;* aber: *This person is well known.*
um **zusammengesetzte Nomen *(compound nouns)*** miteinander zu verbinden	*mother-in-law, prisoner-of-war, tennis-player*
bei **zusammengesetzten Ziffern** zwischen der Zehner- und der Einerstelle	*thirty-one*
bei **Brüchen,** sofern sie adjektivisch benutzt werden	*A two-thirds majority overrode the veto.*

Der Apostroph *(apostrophe)* + *s* wird benutzt	
um die Besitzanzeige beim **Nomen** zu bezeichnen.	*Michael's car, James's Park, a week's holiday, a month's notice, the men's suits, the children's toys*

Der Apostroph ohne *s* wird benutzt	
um den Besitzfall bei **Pluralnomen** zu bezeichnen	*the ladies' dresses, the Smith' new car, the boys' chairs*
bei Kurzformen von Verben – Verneinung – Pronomen + *will* – Pronomen + Nomen + *to be* – Pronomen + *have* – Pronomen + Kurzform von *would* oder *have*	 *aren't, don't, isn't, weren't* *I'll, you'll, he'll, she'll, they'll* *I'm, your're, he's, we're* *I've, he's, you've, we've* *I'd, he'd, we'd, they'd*
für verkürzte **Datumsangaben**	*the '96 Olympics*

Anführungszeichen *(quotation marks)* werden benutzt	
um die **direkte Rede** vom Rest eines Satzes abzutrennen. Komma oder Punkt stehen immer vor Anfang oder Ende von Anführungszeichen.	*All he could say was, "I didn't do it."* *"I hope," she said, "to be back by 6 o'clock."*
zur Bezeichnung von **Buchtiteln, bekannten Gebäuden, Zeitungen** usw.	*Have you read "Death of a Salesman"? I have subscribed to "The Sunday Times".*

Umgang mit Texten und Medien

5

5.1 Texte und Medien

Eine **Kommunikation** bezeichnet den Vorgang des Informations- und Meinungsaustausches zwischen zwei oder mehr Personen.

Wenn du dich mit Texten und Medien befasst, so wirst du automatisch zum Teil einer **Kommunikation** – der Kommunikation zwischen Autor (eines Textes, eines Liedes usw.) und Leser (oder Zuhörer, Zuschauer usw.). Um jemandem eine bestimmte Nachricht oder Botschaft, mitzuteilen, benötigt ein Autor sogenannte sprachliche Zeichen, also z. B. Buchstaben und Wörter (wie in einem „normalen" Text) oder Symbole (z. B. in einem Cartoon). Er kann zwischen verschiedenen Übertragungswegen wählen, um seine Botschaft an den Leser oder Zuhörer weiterzuleiten, z. B. eine Zeitschrift, das Radio oder ein Buch. Auch beim Telefonieren oder beim Schreiben eines Briefes werden Informationen weitergegeben.

SMS = *Short Message Service*

E-Mail = *Electronic Mail*

All diese (und noch viele andere) Wege, um Informationen weiterzugeben, bezeichnen wir als **Medien**. Bei der Verwendung mancher Medien kann eine Übermittlung von Informationen stattfinden, ohne dass Sprecher und Zuhörer sich an demselben Ort befinden (z. B. bei E-Mails, SMS oder beim Telefon).

5.1.1 Was sind Texte und Medien?

Ein **Text** besteht aus Wörtern und Satzzeichen, die zu vollständigen Sätzen zusammengefügt sind. Es können auch andere, sogenannte nicht sprachliche Zeichen, wie Symbole, Grafiken oder Zeichnungen, verwendet werden.

Ein Text wird von einem oder mehreren Autoren verfasst und enthält **Mitteilungen**, die an einen oder mehrere **Empfänger** gerichtet sind. Der Verfasser will mit dem Text eine bestimmte **Absicht** verwirklichen. Er kann den Adressaten informieren, beeinflussen, überreden, anleiten oder ihm etwas beschreiben. Entsprechend seiner Absicht nutzt der Verfasser verschiedene **Textsorten und Textformen** – z. B. Kurzgeschichte, Roman, Dialog, Monolog, aber auch SMS-Nachricht oder E-Mail. Damit der Text vom Autor zum Adressaten gelangt, wird er auf einem Übertragungsweg verbreitet, den man als Medium bezeichnet. Man unterscheidet zwischen **traditionellen Medien** (Bücher und Zeitungen oder Zeitschriften) sowie **neuartigen Medien** wie E-Mail oder E-Book.

Der Verfasser eines Textes wird als **Autor** *(writer, author)* bezeichnet; den Leser *(reader)* oder Hörer *(listener)* nennt man **Rezipient, Adressat** oder **Empfänger**. Die Absicht, die der Verfasser mit seinem Text verfolgt, ist die **Autorintention** *(author's intention)*.
Ein **Medium** ist ein Mittel, mit dessen Hilfe Informationen verbreitet werden. Kann die Nachricht von vielen Adressaten empfangen werden, spricht man von einem **Massenmedium**.

▶ Die bekanntesten Massenmedien sind neben Büchern, Zeitungen und Zeitschriften der Fernseh- und Rundfunk, Ton- bzw. Filmträger sowie das Internet.

Einige Menschen bevorzugen die traditionellen Medien, da sie das Lesen von Texten auf Papier als angenehmer empfinden als das Lesen auf einem Bildschirm. Die zeitaufwendige Herstellung und langsame Verbreitung von Büchern ist jedoch ein Nachteil. Die neuen Medien haben diesen Nachteil beseitigt. Texte können heute schnell und audiovisuell per Internet, E-Mail oder SMS übermittelt werden.
Junge Menschen, die mit dem Internet aufwachsen, sind an das Versenden von Informationen per Tastendruck oder das Lesen von Texten am Bildschirm (E-Books) gewöhnt. Die neuen Medien nehmen heute einen wichtigen Platz in der Kommunikation ein.

▶ Bei der audiovisuellen Übertragung werden die Daten gleichzeitig hörbar und sichtbar bereitgestellt.

5.1.2 Die Unterscheidung von Texten

Texte haben vielfältige Merkmale, die man zur Unterscheidung und zur Einordnung in verschiedene Gruppen heranziehen kann. Für den praktischen Umgang mit Texten ist das Merkmal des Wirklichkeitsbezuges (Ist ein Text real? Fiktional? Teilweise real?) von Bedeutung.

Nicht fiktionaler Text, Sachtext ***(non-fictional/factual text)***	**Fiktionaler Text, literarischer Text** ***(fictional text)***
Der Inhalt bezieht sich auf die erlebbare Wirklichkeit, die im Text durch Angaben zu Ort, Zeit, handelnden Personen, Handlungsabläufen usw. genau beschrieben und somit überprüfbar ist.	Der Inhalt bezieht sich auf die vom Verfasser erdachte fiktive oder virtuelle Wirklichkeit, d. h. eine erfundene Welt, die durch Angaben zu Ort, Zeit, Personen, Handlungen usw. eingegrenzt ist.
Examples: *news report, feature story, reader's letter, interview, advertisement, questionnaire, handbook, flyer, political speech*	*Examples:* *drama (comedy, tragedy), poetry (ballad, sonnet), epic text (short story, fairy tale, fable, novel), film*

Spezielle Formen nicht fiktionaler Texte sind: Autobiografie (*autobiography*), privater/offizieller Brief *(private/official letter)*, Tagebucheintrag *(diary entry)*, dokumentarischer Beitrag *(documentary)*.

5

Eine Zusammenfassung schreiben

■ Die **Zusammenfassung** (Inhaltsangabe) informiert kurz und sachlich über den Inhalt eines Textes. Sie enthält keine persönlichen Wertungen oder Stellungnahmen, sondern beschränkt sich auf die Wiedergabe der wichtigsten Informationen. Eine Inhaltsangabe wird im Präsens verfasst und sollte nicht länger als etwa ein Drittel des Originaltextes sein.

9-year-old hands in lost cash

by KEN PARKER

A SCHOOLGIRL was praised for her honest act of handing a bag with hundreds of pounds she had found in the street to the police in Canterbury, Kent last week.

Harriet Walker, a nineyear old girl, was on her way to a local supermarket on Saturday, April 30 when she spotted the bag with the cash. She said, "It was so strange. I almost fell over the bag. When my foot touched it, there was the noise of coins which were clinking inside." "When I opened the bag there was lots of cash. I've never seen so much money ever before." Harriet rushed back to her family's home in Canterbury, Kent, where she and her dad counted the cash before they took it to the local police station. Harriet, a primary pupil at St Martin's Primary School, said, "I'm sure it must have been someone's pension or a whole week's wage. The poor person who lost the bag must be feeling so bad now."

Parents' pride

Mr Walker, 38, who is a freelance finance consultant, said: "It was Harriet's idea to hand it in to the police. She didn't want us to tell anybody about the bag with the cash. She's such a good girl. She's our pride." Harriet's mother, 37, a housewife, said: "She's always been absolutelyhonest. I'm so proud of her." Sergeant William Smith from the police station said: "Anybody who detects a purse or bag with money shows honesty when he hands it in to the police. Unfortunately, not many people do so nowadays. Harriet is a good role model for other kids." "Such an act of great honesty should be praised in public for it demonstrates how to be an upright citizen."

Details about the bag or where the money was found have not been disclosed. So the owner can prove that it is theirs.

KENTISH STAR
Monday, May 9, 2005

▶ Die Zusammenfassung muss mit einer geringen Wortzahl auskommen, deshalb gehört nur das Wesentliche in eine Inhaltsangabe.

Tipps für die Inhaltsangabe eines Sachtextes:

1. Lies den Text gründlich und unterstreiche **Schlüsselbegriffe *(keywords)*** oder **Kernaussagen *(key phrases)***. Achte dabei besonders auf die Einleitung, da hier in der Regel die „W"-Fragen (Wer? Was? Warum? Wann? Wo?) beantwortet werden.
2. Lege eine **Übersicht** mit den Kernaussagen an und formuliere dann Stichpunkte mit eigenen Worten. Vermeide Zitate.
3. Formuliere jetzt **vollständige Sätze**, verwende dabei Bindewörter *(linking words)*, Konjunktionen *(conjunctions)* sowie andere Mittel, um den Textzusammenhang kurz und bündig wiederzugeben. Ist der zusammenzufassende Text lang, so sollte die Inhaltsangabe mit einem einleitenden Satz beginnen, der Angaben enthält zu
- der Textsorte *(text form)*,
- dem Titel und dem Autor *(title/heading, author)*,
- Zeitpunkt und Ort der Veröffentlichung oder Entstehung *(date and place of publication)*,
- dem Textgegenstand bzw. der Problematik.

list of key phrases	word material for the summary
- nine-year-old Harriet Walker from Canterbury, Kent - on the way to local super-market on Saturday, April 30, 2005 - spots a bag with lots of cash - rushes home, counts the cash, takes it to the local police station - Mr Walker: "It was Harriet's idea to hand it in to the police ... She's our pride."/Mrs Walker: "I'm so proud of her." - Sergeant Smith:" Such an act of great honesty should be praised in public." - details about the bag or where the money was found have not been disclosed - owner can prove it is theirs	- H. W., 9, from Canterbury, Kent - goes to a supermarket on Saturday, April 30, 2005 - finds a bag with money in the street - returns home to count the money, then she hands it in to the police - H.'s father says that his daughter wanted to take the money to the police; he and his wife are proud of her - Sergeant Smith says that honesty like that should be praised - no information about amount of money or place of disco-very has been published - the person who lost the cash has the chance to show that he is the real owner

Die folgende Zusammenfassung ist ein mögliches Beispiel – allerdings hast du grundsätzlich bei Inhaltsangaben weniger Freiraum als bei anderen Texten. Achte darauf, wie die eigentliche Geschichte im **Präsens** eingeleitet wird und wie alle relevanten Informationen zwar gekürzt dargestellt, aber dennoch vorhanden sind.
Auch der Inhalt der direkten Rede im Ausgangstext wurde deutlich gerafft. Zitate werden bei Zusammenfassungen in der Regel – wenn sie überhaupt benötigt werden – durch **indirekte Rede *(reported speech)*** ersetzt. Im Text wird etwa aus *"She is our pride"* der folgende Satz: *"Harriet's parents are proud of her."*

> The newspaper article "9-year-old hands in lost cash" published in the Kentish Star of May 9, 2005 tells the story of the schoolgirl Harriet, who discovers a big sum of money and hands it to the police. Harriet Walker from Canterbury, Kent is going to a supermarket on Saturday April 30, 2005 when she finds a lot of money in the street. Having taken the money home to count it she hands it to the police later. Harriet's parents are proud of her. Sergeant Smith admits that honesty like that should be praised. No further information has been published, so the person who lost the cash has the chance to prove that he or she is the real owner.

5.2 Sachtexte

5.2.1 Die Unterscheidung von Sachtexten

Als Sachtexte bezeichnet man alle Texte, die sich mit Fakten, wirklichen Ereignissen oder Vorgängen bzw. mit tatsächlich existierenden Personen oder anderen Lebewesen befassen.

Sachtexte *(non-fictional text, factual text)* werden überall dort eingesetzt, wo Fakten erfasst und weitergegeben werden. Man bezeichnet sie auch als nicht fiktionale Texte. Sachtexte enthalten Informationen über wirklich abgelaufene Geschehnisse, reale Personen bzw. Gegenstände oder tatsächlich vorhandene Probleme. Sie beinhalten Daten, die sich auf die Vergangenheit, die Gegenwart oder die Zukunft beziehen können und an der Wirklichkeit überprüfbar sind. Da wir sie im privaten und beruflichen Bereich im wahrsten Sinne des Wortes „gebrauchen", werden sie auch als **Gebrauchstexte** bezeichnet.

Sachtexte können in unterschiedlichen **Textsorten** *(text forms)* erscheinen. Texte, die zu ein und derselben Sorte gehören, weisen zahlreiche gleiche Eigenschaften auf, z. B. hinsichtlich des Themas, der Wortwahl, des typischen Satzbaus, der Textstruktur. Außerdem verfügen sie über gleiche Merkmale, z. B. hinsichtlich der Textfunktion, des Mediums und der kommunikativen Situation, in welcher der Text eingesetzt wird. In der Regel solltest du Textsorten problemlos unterscheiden können, da sie meist einen ähnlichen Aufbau haben. Jeder erwartet z. B. bei einem Kochrezept – gleichgültig, wo es veröffentlicht wird – den Namen des Gerichts, eine Zutatenliste und die Vorgangsbeschreibung.

Sachtexte haben verschiedene **Funktionen**, die sie beim Leser erfüllen sollen. Es gibt z. B. Texte, die dem Leser Wissen vermitteln sollen (Nachricht, Bericht, Beschreibung), oder Texte, mit denen der Leser beeinflusst und für eine bestimmte Meinung gewonnen werden soll (Werbeanzeige, Kommentar). Andere Texte dienen dazu, persönliche Beziehungen aufrechtzuerhalten (Brief, SMS), oder sie halten eine Vereinbarung fest, die zwei oder mehrere Personen getroffen haben (Vertrag).

Je nach Funktion kann man Texte in verschiedene **Texttypen** einteilen.

Texttyp *(text type)*	**Absicht**	***intention***	***example***
narrativer Text *narrative text*	informieren, unterhalten	*to inform, to entertain*	*news report, report about a concert*
argumentativer Text *argumentative text*	argumentieren, überzeugen, überreden	*to argue, to convince, to persuade*	*comment, advertisement, speech*
expositorischer Text *expository text*	aufklären	*to explain*	*essay, paper, presentation*
instruierender Text *instructive text*	anleiten	*to instruct*	*manual, user's guide*
deskriptiver Text *descriptive text*	beschreiben	*to describe*	*description of painting or sculpture*

Jeder **Texttyp** hat bestimmte Merkmale und Bestandteile. Um einen Texttyp erfolgreich anzufertigen, muss der Autor dessen charakteristische Bestandteile genau kennen und handhaben können. Diese Bestandteile sind:

- die Struktur *(structure)*
  oder der Aufbau des Textes, d.h. die Anordnung der Informationen, Fakten, Gedanken usw., die der Verfasser dem Leser mitteilen möchte,
- die Sprachebene *(register)*,
  d.h. die Wahl der Sprache, die der Situation angemessen und vom Thema abhängig ist,
- die Stilmittel *(stylistic means)*,
  die der Autor einsetzt, um seine Absicht erfolgreich umsetzen zu können.

In der Praxis kombinieren Autoren oft die Merkmale unterschiedlicher Texttypen. So verwendet ein Verfasser, der z.B. eine erfolgreiche Argumentation führen möchte, meist neben den typischen Bestandteilen eines argumentativen Textes auch Elemente, die für einen erzählerischen Text charakteristisch sind. Das kann z.B. die Darstellung von Fakten in ihrer zeitlichen Abfolge sein, welche die Argumentation des Verfassers unterstützen.

Tipps für die Unterscheidung von Sachtexten:

- Unterscheide zwischen mündlichen und schriftlichen Sachtexten.
  Ein mündlicher Sachtext kann etwa ein Vortrag (oder Referat) sein. Ein schriftlicher Sachtext ist z.B. ein wissenschaftlicher Aufsatz in einer Fachzeitschrift.
- Achte darauf, wie Informationen verbreitet werden. **Medien** *(the media)* verbreiten Informationen auf unterschiedliche Weise – mündlich, wie im Radio; schriftlich, wie in Zeitungen oder Büchern; oder in gemischter Form, wie etwa beim Fernsehen oder im Internet.
- Die **Art und Weise der Präsentation** *(presentation)* und **Illustration** *(illustration)* eines Sachtextes spielt eine wichtige Rolle bei seiner Wahrnehmung durch den Empfänger, unabhängig davon, ob der Text in mündlicher oder schriftlicher Form vorliegt. Achte vor allem bei Werbung auf die Gestaltung und das Zusammenspiel zwischen Text und Bildern. Aber auch die Gestaltung *(layout)* und Platzierung eines herkömmlichen Sachtextes entscheidet mit über dessen Erfolg beim Publikum.
- Achte auf Informationen, die durch **gestalterische Mittel**, z.B. Fotos, Grafiken oder akustische Signale, vermittelt werden. So können Fotos oder Filmausschnitte helfen, im Text auftretende Verständnisschwierigkeiten aufzufangen.
- Ziehe zur Beschreibung von Texten Informationen über die **Erscheinungszeit** *(time of publication)* oder den **Erscheinungsort** *(place of publication)* heran. So weisen Sachtexte, die zwar zur selben Zeit und in gleichartigen Zeitschriften, aber in verschiedenen englischsprachigen Ländern veröffentlicht wurden, Unterschiede im Wortschatz oder in den stilistischen Mitteln auf. Daraus lassen sich Rückschlüsse auf den Sprachgebrauch in den jeweiligen Ländern ziehen.

5.2.2 Das Erschließen von Sachtexten

Bei der **Analyse** *(text analysis)* untersucht man einen Text auf seinen **Aufbau** *(structure)* sowie seine Bestandteile **Wortschatz, Satzbau** und verwendete **Stilmittel** hin. So lernt man die Struktur und die verwendeten sprachlichen bzw. stilistischen Mittel *(linguistic means, stylistic devices)* für die eigene Textproduktion genau kennen.

Wozu ist eine Analyse notwendig?

- Um zu erkennen, wie die Informationen im Text angeordnet sind. Von der Anordnung der Mitteilungen hängt ab, ob der Leser sie beachtet, versteht und in Zusammenhänge einordnen kann.
- Um herauszufinden, wie das Zusammenspiel von Wortschatz *(choice of words)* und Satzbau *(syntax)*, das durch den Einsatz verschiedener Stilmittel *(stylistic devices)* gekennzeichnet ist, auf den Leser wirkt. Ist die Kombination gelungen, wird der Leser den Text so verstehen, wie es der Verfasser beabsichtigt. Hier entscheidet sich, ob die **Absicht des Autors** *(author's intention)* umgesetzt wird und so ihre **Wirkung auf den Leser** *(effect on the reader)* bzw. die Zielgruppe *(target group)* entfalten kann.
- Um zu erkennen, wie mithilfe der **Textuntersuchung** angemessene sprachliche Ausdrucksmöglichkeiten oder eine sinnvolle Anordnung der mitzuteilenden Fakten, Ideen und Beispiele herausgefunden werden. Daraus lassen sich nützliche Schlussfolgerungen für deine eigene Textproduktion ableiten.

▸ Wer versteht, wie man einen Text sinnvoll aufbaut und wie man sprachliche, syntaktische sowie stilistische Mittel geschickt handhabt, kann auch selbst ein guter Autor werden.

Soll ein Sachtext im Englischunterricht untersucht werden, enthalten die begleitenden Aufgabenstellungen zumeist Hinweise zu den einzelnen Arbeitsschritten, die das Textverständnis erleichtern.

Tipps für das Erschließen von Sachtexten:

- Lies zunächst genau die **Überschrift** bzw. Zwischenüberschriften. Hieraus erhältst du erste Informationen über das Thema und darüber, was der Autor mit seinem Text bewirken möchte.
- Finde heraus, wo der Text **veröffentlicht** wurde, z. B. in der Tagespresse, in einem Jugendmagazin oder auf einer speziellen Internetseite.
- Überlege, was bereits über das Thema und den Autor bekannt ist.
- Welche Informationen können dem **Layout** und eventuell vorhandenen **Fotos** oder anderen Abbildungen entnommen werden?
- Lies den **ersten** und den **letzten Abschnitt** des Textes, um das Thema besser eingrenzen zu können.
  Überfliege dann den gesamten Text und markiere **Schlüsselwörter** *(keywords)* – ca. ein bis zwei Wörter pro Abschnitt. Jetzt entscheide, welche Inhalte wichtig sind, d. h., ob du den Text genau lesen solltest, um die Details zu verstehen, oder ob sich eine weitere Bearbeitung nicht lohnt.
- Für das Verständnis der **Struktur** und auch, um das Vorgehen des Autors zu verstehen, kannst du jedem Abschnitt eine „Funktion" zuordnen. Der erste Abschnitt z. B. informiert den Leser über die Durchführung einer Veranstaltung, der zweite stellt die Hauptakteure vor, der dritte liefert Hintergrundwissen über die Organisation des Ereignisses usw.

5.2.3 Die Struktur

> Unter der **Textstruktur** versteht man die Anordnung der Informationen, Meinungen, Kommentare, Zitate usw., die zur Entfaltung eines bestimmten Themas eingesetzt werden.

Der **strukturelle Aufbau** wird vom Autor ganz bewusst gestaltet. Er lässt sich dabei sowohl von seiner **Absicht,** d. h. der beabsichtigten Wirkung des Textes auf den Leser, als auch von seinem **Textgegenstand** *(subject matter)* bzw. Thema leiten. Hinzu kommt, dass jeder Autor aufgrund seiner Persönlichkeit eine eigene, individuelle Art zu schreiben hat. Außerdem gibt es für bestimmte Textsorten *(text forms)* Regeln für den Aufbau, wie z. B. für offizielle Briefe, Bewerbungsschreiben oder Berichte.

Auch wenn es bestimmte Regeln zum Schreiben von Lebensläufen usw. gibt, so sind diese doch je nach Land sehr unterschiedlich. Falls du also einmal einen offiziellen Brief ins Ausland schreibst, erkundige dich vorher, wie dieser Brief auszusehen hat.

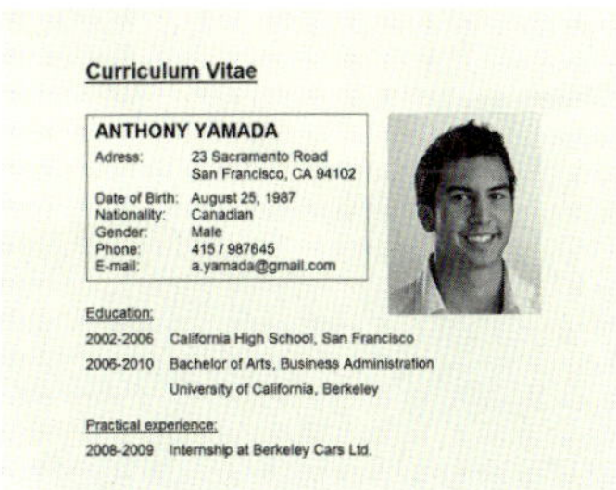

Curriculum Vitae

ANTHONY YAMADA
Adress: 23 Sacramento Road
San Francisco, CA 94102
Date of Birth: August 25, 1987
Nationality: Canadian
Gender: Male
Phone: 415 / 987645
E-mail: a.yamada@gmail.com

Education:
2002-2006 California High School, San Francisco
2006-2010 Bachelor of Arts, Business Administration
University of California, Berkeley

Practical experience:
2008-2009 Internship at Berkeley Cars Ltd.

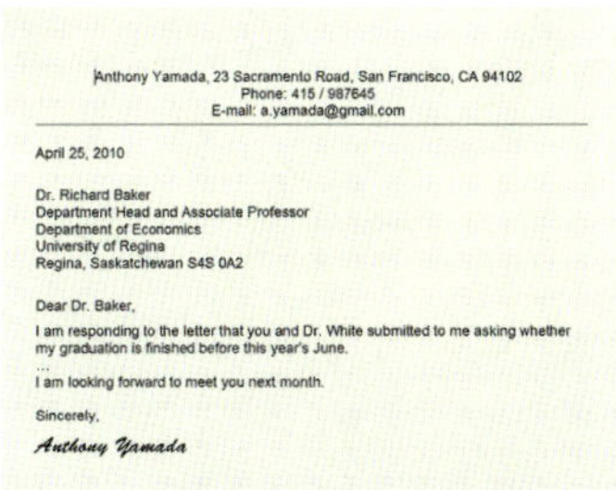

Anthony Yamada, 23 Sacramento Road, San Francisco, CA 94102
Phone: 415 / 987645
E-mail: a.yamada@gmail.com

April 25, 2010

Dr. Richard Baker
Department Head and Associate Professor
Department of Economics
University of Regina
Regina, Saskatchewan S4S 0A2

Dear Dr. Baker,

I am responding to the letter that you and Dr. White submitted to me asking whether my graduation is finished before this year's June.
...
I am looking forward to meet you next month.

Sincerely,

Anthony Yamada

5

Wesentliche Fragen werden auch als *w-questions* bezeichnet: *Who? What? When? Where? Why? How?* Die Beantwortung von *w-questions* hilft in der Regel, die Struktur eines Textes zügig zu überblicken.

Tipps zur Analyse der Textstruktur:

- Betrachte die **äußere Gliederung** des Textes, insbesondere Überschriften und Absätze. In längeren Texten bilden oft mehrere Absätze je einen Abschnitt *(part)*, der durch eine Zwischenüberschrift *(subheading)* oder eine Leerzeile vom vorangegangenen Teil abgegrenzt wird.
- Gliedere den Text in Einleitung – Hauptteil – Schlussteil. Ein Teil kann aus mehreren Abschnitten bestehen. Die **Einleitung** enthält in der Regel notwendige Informationen zum Verständnis des Textgegenstandes. Hier können bereits einige wesentliche Fragen beantwortet werden, die später im **Hauptteil** vertieft werden. Der **Schlussteil** enthält meist eine Wertung der vorab gegebenen Informationen oder weist auf mögliche Entwicklungen hin.
- Innerhalb eines Textteils erfüllt jeder Abschnitt eine bestimmte Aufgabe, dessen **Kernaussage** *(key message)* du ermitteln musst.
- Überlege, welche Funktion diese Kernaussage beim Leser erfüllen soll: informieren, aufklären, überzeugen, werten usw.

Die folgenden zwei Beispiele sollen deutlich machen, wie die Aufteilung in Einleitung – Hauptteil – Schlussteil im konkreten Fall zweier englischer Texte aussehen kann.

Teenagers in the United States

introduction and main argument

As a teenager in the United States, you don't have such a different life from teenagers in Europe – but some things are different.

main part, giving evidence for the argument

For instance, you are not allowed to drink any alcohol until you're 21 years old. On the one hand you are allowed to drive a car when you're 16 – on the other hand, driving in the United States is usually not as dangerous because you are not allowed to drive as fast as in most European countries. Schools are also quite different. There are public and private schools, and many students are even schooled at home by their parents! This is because some parents don't trust schools and teachers anymore. […]

Introduction: paragraph 1 (introductory passage/part)

- Einführung in das Thema: Der Textgegenstand wird vorgestellt und eine Behauptung wird aufgestellt: Es gibt einige Unterschiede zwischen dem Leben von Teenagern in den USA und in Europa.
- *Introducing the subject matter: naming the subject, expressing an argument: There are a number of differences in the life of teenagers in the US and in Europe.*

Main part: paragraph 2

- Der Textgegenstand wird dargestellt, W-Fragen „Wer? Was? Wie?
- Warum?" werden beantwortet; informieren, erläutern, Beispiele gegeben: In den USA dürfen Teenager mit 16 bereits Auto fahren.
- *Presentation of the subject matter incl. background information; to inform and comment on the topic; examples given; w-questions answered: Who? What? How? Why?: In the US, teenagers are allowed to drive once they're 16.*

Der zweite Text ist vollständig abgedruckt. Da es sich um einen Zeitungstext handelt, gilt für den Autor ganz besonders, dass eine klare Struktur vorhanden sein muss.

9-year-old hands in lost cash

by KEN PARKER

A SCHOOLGIRL was praised for her honest act of handing a bag with hundreds of pounds she had found in the street to the police in Canterbury, Kent last week.

Harriet Walker, a nineyear old girl, was on her way to a local supermarket on Saturday, April 30 when she spotted the bag with the cash.

She said, "It was so strange. I almost fell over the bag. When my foot touched it, there was the noise of coins which were clinking inside."

"When I opened the bag there was lots of cash. I've never seen so much money ever before." Harriet rushed back to her family's home in Canterbury, Kent, where she and her dad counted the cash before they took it to the local police station.

Harriet, a primary pupil at St Martin's Primary School, said, "I'm sure it must have been someone's pension or a whole week's wage. The poor person who lost the bag must be feeling so bad now."

Parents' pride

Mr Walker, 38, who is a freelance finance consultant, said: "It was Harriet's idea to hand it in to the police. She didn't want us to tell anybody about the bag with the cash. She's such a good girl. She's our pride."

Harriet's mother, 37, a housewife, said: "She's always been absolutelyhonest. I'm so proud of her."

Sergeant William Smith from the police station said: "Anybody who detects a purse or bag with money shows honesty when he hands it in to the police. Unfortunately, not many people do so nowadays. Harriet is a good role model for other kids."

"Such an act of great honesty should be praised in public for it demonstrates how to be an upright citizen."

Details about the bag or where the money was found have not been disclosed. So the owner can prove that it is theirs.

KENTISH STAR
Monday, May 9, 2005

Introduction: paragraph 1 (introductory passage/part)

Der Textgegenstand beinhaltet in diesem Fall bereits eine Art Zusammenfassung der gesamten Ereignisse. Das kommt bei Zeitungsartikeln oft vor. Der Leser wird für ein Thema interessiert, dann erst folgen die Details.

Main part: paragraphs 2–7

Bei einem Zeitungsartikel lässt sich das Vorgehen im Hauptteil besonders einfach verfolgen, da es hier stets auf wesentliche Informationen (W-Fragen) ankommt.
Der Leser möchte bei einem spannenden Thema möglichst alles erfahren – anders als bei einer fiktionalen Geschichte (z. B. einer Kriminalgeschichte), deren Spannung erst im Verlauf des Textes aufgebaut und dann aufgelöst werden kann.

- Wer: Von wem handelt der Zeitungsartikel? Es geht um Harriet Walker, ein Schulmädchen aus Canterbury.
- *Who: Who is the article about? It's about the life of Harriet Walker, a schoolgirl from Canterbury.*

- Was: Was ist das Thema des Artikels? Das hauptsächliche Thema des Artikels ist Ehrlichkeit.
- *What: What is the main topic of the article? The main topic of the article is honesty.*

- Warum: Warum hat Harriet Walker das Geld zurückgegeben? Weil Harriet offensichtlich ein sehr anständiges Mädchen ist, für das Ehrlichkeit eine Selbstverständlichkeit ist.
- *Why: Why did Harriet Walker return the money? Because she is obviously a very decent girl who regards honesty as something completely natural.*

- Wie: Was genau hat Harriet Walker getan? Sie hat Geld gefunden, dass nicht ihr gehört, und hat es zunächst ihrem Vater gezeigt; danach hat sie es der Polizei übergeben.
- *How: What exactly did Harriet Walker do? She found some money that didn't belong to her and showed it first to her dad; then, she handed it over to the police all by herself.*

- Wo: Wo hat sie das Geld gefunden? In Canterbury, auf der Straße.
- *Where: Where did she find the money? On a street in Canterbury.*

Final part: paragraph 8

- Zusammenfassung der Ergebnisse, Bewertung und Schlussfolgerung
- *findings noted down, evaluation and conclusion*

Der Schluss dieses Zeitungsartikels ist in der Regel deutlich kürzer als der Hauptteil. Dies liegt daran, dass eine Zeitungsmeldung meist bewusst neutral gehalten wird. Daher fehlt hier auch die Bewertung. Stattdessen liegt eine Art Schlussfolgerung bzw. Empfehlung vor: Der Besitzer des Geldes kann dieses wieder abholen.

5.2.4 Die Sprache und die Sprachebene

Bei der Analyse eines Textes sollte die Sprache genauso viel Aufmerksamkeit erhalten wie der Inhalt. Denn die Sprache spielt eine wichtige Rolle: Egal, um was für einen Inhalt oder was für Argumente es geht, nur durch Sprache lassen sich diese ausdrücken und interessant vermitteln. Im folgenden Kapitel steht daher die Sprache von Texten im Mittelpunkt. Bei der Analyse der Sprache werden die Bereiche Wortwahl *(choice of words)* bzw. Wortfelder *(word fields)*, Satzbau *(syntax)* und Ausdrucksweise *(tone)* untersucht.

Schüler benutzen untereinander das *informal English.*

Unter **Sprachebene** *(register)* versteht man die charakteristische Wortwahl, Satzstruktur und Ausdrucksweise eines Textes.
Die Sprachebene wird von den an der Kommunikation beteiligten Personen, dem Zweck der Kommunikation sowie deren Inhalt bestimmt.

Handlungsrahmen ***relationship between the persons who communicate***	**Kommunikationszweck** ***purpose of communication***	**Kommunikationsinhalt** ***subject matter***
eng, vertraut, freundlich, distanziert, formell, feindlich …	Unterhaltung, Weitergabe von Informationen, Instruktion, Argumentation, Überzeugung …	Werbung, Handel, Wirtschaft, Rechtsprechung, Literatur, Religion, Wissenschaft
close, familiar, friendly, distant, official, hostile …	*entertainment, presentation of information, instruction, argumentation, persuasion*	*advertisement, economy, jurisdiction, literature, religion, science*

Die formelle Sprachebene *(formal register/ style)* findest du in Gesetzestexten, Urkunden, Nachschlagewerken oder im Schriftwechsel mit Behörden und Institutionen. Sie wird auch bei offiziellen Anlässen, wie Ansprachen von Regierungschefs, eingesetzt.
Oft liegen diese Texte in geschriebener Form vor und zeichnen sich durch ihre spezielle Wortwahl aus, die mit komplizierten, in der Alltagssprache nicht geläufigen Begriffen oder speziellen Ausdrücken einer Fachsprache angereichert ist. Manchmal werden Redewendungen gebraucht, die nur einem begrenzten Kreis von Empfängern verständlich sind. Zudem beherrschen komplexe Strukturen den Satzbau der Mitteilungen, sodass ihre Leser oder Hörer die Sprache auf einem sehr hohen Niveau beherrschen müssen. Auf den Gebrauch von verkürzten Verbformen *(short forms)* wird ebenso verzichtet wie auf gefühlsmäßige Ausdrücke. Das verleiht den Texten zwar eine korrekte, jedoch gleichzeitig sehr distanzierte und kühle Ausdrucksweise.

Bestimmte Berufsgruppen verwenden **Fachsprachen,** um mit den Fachausdrücken *(technical terms)* typische Vorgänge oder Materialien bezeichnen zu können.

5

Im alltäglichen Sprachgebrauch treffen wir kaum auf formelle Texte. Aber es gibt Situationen, in denen ein recht förmlicher Grad der Sprachverwendung notwendig ist, beispielsweise in offiziellen Briefen bzw. Mitteilungen an staatliche Behörden oder öffentliche Institutionen. Dann wird die **neutrale Sprachebene** *(neutral register/style)* verwendet. Die Wortwahl orientiert sich am gebräuchlichen Wortschatz der modernen Alltagssprache und wird grammatikalisch sowie syntaktisch korrekt gebraucht *(Standard English)*. Dadurch wird gewährleistet, dass der Textgegenstand bzw. die Fakten verständlich, präzise und eindeutig mitgeteilt werden.
Anwendungsbeispiele sind Bewerbungsschreiben, Leser- und Beschwerdebriefe. Beim Verfassen dieser Schriftstücke sind neben sprachlichen auch äußere Gestaltungsmerkmale zu beachten (↗ S. 54–62).

Ein weiteres Anwendungsgebiet stellen Beiträge in Sachbüchern und Artikel in Zeitungen oder Zeitschriften dar. Der Vorteil der neutralen Sprachebene, die ohne Dialektausdrücke, emotionalen Wortschatz oder Spezialbegriffe auskommt, liegt darin, dass sie von der Mehrheit der Leser oder Empfänger verstanden wird.

In Alltagssituationen trifft man häufig auf Sachtexte, die der **informellen Sprachebene** *(informal register/style)* zuzuordnen sind. Diese Sprachäußerungen werden in der Umgangssprache unter Beachtung der Grundregeln der englischen Sprache verfasst. Sie können Dialekte oder Sprachmerkmale kleinerer Gruppen, z. B. Jugendlicher oder Angehöriger bestimmter Berufsgruppen, enthalten.
Häufig wird der Wortschatz in besonderer Weise gebraucht oder Regeln der Hochsprache werden teilweise missachtet. Man verwendet diese Sprachebene, um die Zugehörigkeit zu einer bestimmten sozialen oder regionalen Gruppe zu zeigen oder sich individuell und gefühlsbetont mitzuteilen.

Die informelle Sprachebene umfasst folgende Stufen:
- vertraute Sprachebene *(familiar style)*, die im persönlichen Gespräch mit Familienangehörigen, Freunden und Kollegen verwendet wird;
- alltägliche Sprachebene *(colloquial style)*, die im täglichen Gespräch sowie in umgangssprachlich verfassten schriftlichen Texten, z. B. Beiträgen in Jugendzeitschriften, gebraucht wird;
- Slang *(slangy style)*, eine Art der Alltagssprache, die über lexikalische, grammatikalische oder andere Besonderheiten verfügt, die für den Sprachgebrauch einer Gruppe, z. B. Jugendlicher, typisch ist;
- vulgäre Sprachebene *(vulgar style)*, eine vorwiegend mündlich gebrauchte Sprache, die durch die Verwendung sehr drastischer, abwertender und negativ besetzter Begriffe charakterisiert wird.

Vorgehen bei der Analyse der Sprachebene:

- **Wortwahl** *(choice of words)* und **Wortfelder** *(word fields)*: In einem Sachtext, z. B. aus einer englischsprachigen Tageszeitung oder Zeitschrift, wird in der Regel die Hochsprache *(Standard English)* verwendet. Fremdsprachenlerner z. B. können – auch wenn nicht jedes einzelne Wort verstanden wird – das Vokabular bestimmten Wortfeldern zuordnen und international verwendete Wörter erkennen.
- **Satzbau** *(syntax)*: Die Verwendung bestimmter Satzstrukturen hängt vom Gegenstand eines Textes und der Kommunikationssituation bzw. der Textsorte sowie dem Stil des Verfassers ab. Sollen komplizierte Gedanken mitgeteilt werden, verwendet der Autor dazu in der Regel komplexe Sätze. Diese bestehen aus mindestens einem Hauptsatz und einem Nebensatz. Partizipial- und Gerundialkonstruktionen sind eher typisch für offizielle Briefe oder Zeitungskommentare. Sehr leserfreundlich sind dagegen Satzreihen, die aus Hauptsätzen bestehen. Daher sind sie die bevorzugte Satzform für Anleitungen und Benutzerhinweise.
- Die **Ausdrucksweise** *(tone)* zeigt die Haltung des Verfassers zum Textgegenstand und zum Leser oder Hörer. Sie wird durch das Zusammenspiel der oben untersuchten sprachlichen Elemente in jedem Text aufs Neue geschaffen.

Ein **Satzgefüge** besteht aus einem Hauptsatz und mehreren Nebensätzen; eine **Satzreihe** hingegen aus mehreren, aneinandergereihten Hauptsätzen.

Ausdrucksweise *(tone)*	
die Haltung des Autors zum Sachgegenstand oder der Problemstellung des Textes *the author's attitude towards the theme or problem of the text*	die Einstellung des Autors zum Leser oder Zuhörer *the author's attitude towards the reader or listener*
kritisch, voreingenommen, humorvoll, ironisch, spielerisch, sarkastisch, satirisch, ernsthaft *critical, biased, humorous, ironical, playful, sarcastic, satirical, serious*	ungezwungen, gefühlsbetont, freundlich, zurückhaltend, distanziert, locker *casual, emotional, friendly, reserved, detached*

tone	register
author's attitude towards the reader: serious author's attitude towards the subject matter: sober, matter-of-fact	neutral register/style: - common core English, rather formal choice of words - correct usage of the language/Standard English - passive voice - direct and reported speech - no emotive words - no short forms

5.2.5 Der Stil

> Der **Stil** *(style)* entsteht durch das Zusammenwirken der Sprachebene mit ihren Bestandteilen Wortwahl, Satzbau und Ton sowie den eingesetzten Stilmitteln.

Jeder Verfasser verfügt über seine ganz individuelle Ausdrucksweise, die durch die Einstellung zum Textgegenstand sowie durch seine Haltung zum Leser geprägt ist.
Jeder Autor unterliegt jedoch auch Einschränkungen bei seiner stilistischen Freiheit. So muss er sich an die für verschiedene Textsorten oder Gesprächssituationen geltenden Regeln halten oder die Beschränkungen, die sich aus der Wahl eines Mediums ergeben, beachten.
Neben den Bestandteilen der sprachlichen Gestaltung Wortschatz, Satzbau und Ausdrucksweise steht dem Autor eine Vielzahl von Stilmitteln zur Verfügung (siehe Übersicht S. 197–99)

> **Stilmittel** *(stylistic means)* sind Abweichungen vom allgemeinen sprachlichen Ausdruck. Sie rufen eine bestimmte Wirkung beim Empfänger *(effect on the reader)* hervor. Stilmittel können in allen Teilen des Textes auftreten, auch in der Überschrift.

Beispielhafte Stilanalyse eines Textes

stylistic devices:
alliteration
comparison
ellipsis
metaphor
simile
repetition
irony

Teenagers and love:
a complicated affair

Teenagers experience love differently. They don't even have a choice – going through heaven and hell is as natural for them as brushing their teeth in the morning.
Dr Samson Steel of Leicester College says about this phenomenon: "Being a teenager is cruel. Once you turn 13 or 14 years old, once love gets all serious and more important than icecream or football, love becomes a battlefield. And no one can do anything about it – it's all in your head, it is hormones and adrenaline and the rush of first time."
When we turn older, we forgot how it used to be in our teenage years all too soon: the difficult time when beauty was a weapon and falling in love like falling down 25 flights of stairs. The difficult time when our parents all of a sudden spoke a language different from ours.

Stilmittel

***stylistic devices* (Stilmittel)**	***example* (Bedeutung)**	***author's intention/ effects on the reader***
accumulation (Akkumulation)	Reihung von Begriffen, die inhaltlich verwandt sind *"Enter the* ***amazing, thrilling, breathtaking*** *world of fantasy!"*	*to emphasize/illustrate an idea or a topic*
alliteration (Alliteration)	Wiederkehr gleicher Anfangslaute, in der Regel Konsonanten, in betonten Silben benachbarter Wörter *"Girls' power* ***l****eaves* ***l****azy* ***l****ads* ***l****agging behind."*	*to stress/support the main idea of the text, to focus the reader's interest on an important aspect, to make it easy to remember a particular idea*
anaphora (Anapher)	Ein Wort oder mehrere Wörter werden zu Beginn aufeinander folgender oder benachbarter Sätze wiederholt. *"****We will*** *not be lazy.* ***We will*** *continue to work and* ***we will*** *do all we can."*	*to emphasize an idea/topic/ statement*
contrast (Gegenüberstellung)	Fomulierung gegensätzlicher Ideen in einem Satz oder in benachbarten Sätzen. *"She found that* ***the fastest and most accurate*** *strategy was retrieval. Counting was* ***the slowest and least accurate."***	*to stress/emphasize differences in an obvious way, to make the reader more likely to accept or reject an idea*
ellipsis (Ellipse)	Auslassen eines Wortes, das jedoch aus dem Kontext erschlossen werden kann. *"The teenager showed the policeman all the weapons. And there were many." (anstatt: "And there were many* ***weapons."****)*	*to emphasize the dropped word*
enumeration (Aufzählung)	Auflistung von mehreren Dingen oder Handlungen *"Not only teachers but* ***also the pupils, their friends and parents*** *were fascinated by the great facilities the new building offers."*	*to emphasize/illustrate an idea or a topic, to convince by referring to examples, to prove the validity/truth of a statement*
facts and figures (Fakten und Zahlen)	die Angabe konkreter Zahlen und Fakten (aus wissenschaftlichen Untersuchungen) *"Dr Steel designed a test for 241 seven- to 12-year-olds ..."*	*to prove a statement or result, to emphasize the reliability of a conclusion*

5

***stylistic devices* (Stilmittel)**	***example* (Bedeutung)**	***author's intention/ effects on the reader***
hyperbole (Übertreibung)	starke Übertreibung in vergrößerndem oder verkleinerndem Sinn, die nicht wörtlich gemeint ist *"There are **a thousand** reasons why more research is needed on solar energy."*	*to emphasize an opinion, to convince*
inversion (Inversion)	Vertauschung von Subjekt und (Adverb +) Prädikat in der Satzstellung *"**Never had a policeman** seen such a quantity of firearms in the local area."* (anstatt: *"A policeman had never seen …"*)	*(here:) to emphasize the adverb and the verb*
irony (Ironie)	Aussage, die das Gegenteil der vom Verfasser vertretenen Meinung ausdrückt *"Brutus is an honorable man." (Brutus was one of the conspirators who murdered Caesar.)*	*to entertain/inform the reader in a lively/humorous way, to point/hint at a critical aspect/idea, to reveal, to mock*
metaphor (Metapher)	bildlicher Ausdruck, bei dem die Wörter nicht in ihrer eigentlichen, sondern in übertragener Bedeutung verwendet werden *"All the world's a **stage** / And all the men and women merely **players** …"* (WILLIAM SHAKESPEARE)	*to compare two things and stress similar features*
parallelism (Parallelismus)	Wiederholung derselben Wortreihenfolge oder desselben Satzbaus in benachbarten Sätzen *"Women represent the triumph of matter over mind, just as men represent the triumph of mind over morals."* (OSCAR WILDE)	*to attract the reader's interest, to entertain the reader by using an unusual / a striking structure*
personification (Personifikation)	Ausstattung einer Idee, einer Sache oder eines Tieres mit menschlichen Eigenschaften *"The ship began to creak and protest as it struggled against the rising sea."*	*to illustrate an idea or an action*

***stylistic devices* (Stilmittel)**	***example* (Bedeutung)**	***author's intention/ effects on the reader***
pun (Wortspiel)	Humorvoller Einsatz von phonetisch ähnlich oder gleich klingenden Wörtern oder von Wörtern, die mehr als seine Bedeutung besitzen *"Some folks are wise, and some are otherwise."* (TOBIAS SMOLLET)	*to entertain the reader, to arouse the reader's interest*
quotation (Zitat)	Übernahme von Wörtern, Wortgruppen oder Sätzen aus anderen Texten *"'The morst effective way of mastering number facts is to learn by rote', Dr Steel said."*	*to prove or stress a fact or piece of information with the help of another person's (expert's) statement*
repetition (Wiederholung)	Wörter, Wortgruppen oder Teilsätze werden wiederholt *"And that government* ***of the people, by the people, for the people,*** *shall not perish from earth."* (ABRAHAM LINCOLN)	*to structure thoughts, to emphasize a statement, an idea, a structure*
rhetorical question (rhetorische Frage)	Frage, auf die keine Antwort erwartet wird oder deren Antwort klar ist *"Don't we all love peace and hate war?" "Shouldn't we try to be friendlier with each other?"*	*to emphasize a statement*
simile, comparison (Vergleich)	Verbindung von zwei Dingen oder Ideen *"Your eyes are like the sun."*	*to emphasize what two things have in common*
symbol (Symbol)	ein Gegenstand, ein Zeichen, ein Sinnbild, eine Handlung stehen stellvertretend für eine Idee, eine Haltung oder einen anderen Gegenstand *The* ***cross*** *is the symbol of Christianity.* *The* ***dove*** *is symbolic of peace.* *A* ***rose*** *is a symbol of love.*	*to illustrate, to give the object, action a higher meaning*
understatement (Untertreibung)	die bewusste Vorstellung eines Sachverhalts als weniger wichtig oder bedeutend, als er tatsächlich ist *"He was quite upset."* (anstatt: *"He flew into a terrible rage."*)	*to emphasize a fact or feeling*

5.2.6 Die Wirkungsabsicht des Textes

Der Autor möchte den Leser oder Hörer informieren, aufklären, von etwas überzeugen, ihn anleiten oder ihm etwas beschreiben. Um sein Ziel zu erreichen, setzt der Verfasser eine Kombination spezieller Gestaltungsmittel ein, die beim Empfänger die angestrebte Wirkung erreichen soll, d. h., der Autor wählt einen Texttyp aus, der seine Absicht wirkungsvoll unterstützt.

Bei der Untersuchung dessen, was ein Autor mit seinem Text erreichen will, stellt man den Texttyp fest. Man beurteilt anhand der Textstruktur sowie der sprachlichen und formellen Gestaltungsmittel, wie der Autor seine Absicht mitteilt. Danach kann man einschätzen, ob sein Bemühen erfolgreich ist. Diese Analyse hat somit einen hohen praktischen Wert für die eigene Textproduktion, denn man lernt die Wirkungsweise von Gestaltungsmitteln an einem ganz bestimmten Beispiel. Im Folgenden sollen die grundlegenden Texttypen kurz vorgestellt und Hilfen für das Analysieren gegeben werden.

Deskriptive Sachtexte *(descriptive texts)* sind Texte, in denen neutral beschrieben wird. In solchen Texten kommt in der Regel kaum einmal informelle Sprache vor. Der Autor bemüht sich, unvoreingenommen und nur durch die Kraft von Beschreibungen den Leser zu informieren. Ein Beispiel für deskriptive Sachtexte sind Bedienungsanleitungen für elektrische Geräte.

Instruktive Sachtexte *(instructive texts)* sind Texte, in denen der Autor versucht, dem Leser etwas Bestimmtes beizubringen. Der Stil ist wiederum neutral; generell kommen hier viele Beispiele und Empfehlungen vor, häufig ist dadurch die Imperativ-Form. Ein Beispiel für instruktive Sachtexte sind Kochrezepte.

Narrative Sachtexte *(narrative texts)* sind Texte, in denen über ein bestimmtes Ereignis berichtet wird. Dabei geht der Autor meist zeitlich logisch durch die Darstellung von Ursache und Wirkung vor. Gerade W-Fragen werden bei diesem Texttyp meist ausführlich beantwortet. Ein Beispiel für narrative Sachtexte wären etwa Zeitungsberichte.

Argumentative Sachtexte *(argumentative texts)* sind Texte, in denen der Leser oder Hörer beeinflusst werden soll. Das bedeutet, dass bei der Gegenüberstellung von Vor- und Nachteilen zu einem Thema eine Seite bevorzugt behandelt wird. Dazu benutzen Autoren oft Expertenmeinungen, konkrete Beispiele und vor allem viele Argumente. Ein Kommentar in einer Zeitung kann so einen Texttyp darstellen.

Appellative Sachtexte *(appellative/persuasive texts)* sind Texte, bei denen der Leser aufgefordert wird, sich einer Sache besonders anzunehmen. Dieser Texttyp erfordert eine weniger neutrale Herangehensweise – die Argumentation ist meist subjektiv und häufig emotional geprägt.
Beispiele für appellative Texte sind Werbetexte sowie Werbebroschüren politischer Parteien, von Umweltschutz- und von Hilfsorganisationen.

Vokabular für die Analyse von Sachtexten

Analysing non fictional/factual texts	Sachtexte analysieren
heading	Überschrift
subheading	Zwischenüberschrift
paragraph	Abschnitt
caption	Bildunterschrift
structure	Aufbau
choice of words	Wortschatz
syntax	Satzbau
stylistic devices	Stilmittel
The writer uses/employs elements of the … text type	Der Verfasser verwendet Bestandteile des … Texttyps
The writer comments on … *discusses …* *argues that …* *persuades …* *focuses on …* *stresses/emphasizes …* *presents facts about …*	Der Verfasser erörtert … diskutiert … vertritt die Meinung, dass … überzeugt … lenkt die Aufmerksamkeit auf … betont … liefert Fakten über …
The …text type dominates. Features of other text types can be found as well.	Der … Texttyp herrscht vor. Merkmale anderer Texttypen können ebenfalls gefunden werden.
The author's intention is *to inform about …* *to report about …* *to describe …* *to explain …* *to expose in detail …* *to reveal …* *to show the relationship between A and B* *to instruct the reader to do s.th.* *to make the reader think about about s.th./doing s.th.*	Die Absicht des Autors ist es, zu informieren über … zu berichten über … zu beschreiben … zu erläutern … im Detail vorzustellen … zu enthüllen … die Beziehung zwischen A und B zu zeigen … den Leser anzuleiten … den Leser zum Nachdenken anzuregen …
Features of the … text type are predominantly used to influence the reader.	Mermale des … Texttyps werden vorherrschend verwendet, um den Leser zu beeinflussen.

5.2.7 Der Umgang mit Zeitungstexten

▶ Zur *popular press* zählen Zeitungen, die auf ein möglichst breites Publikum abzielen.

In der Schule sowie im Alltag lesen wir Beiträge aus englischsprachigen Zeitungen *(newpapers)*, um uns unmittelbar und lebensnah über die nationalen Ereignisse in dem entsprechenden Land sowie über die landesspezifische Sicht auf das internationale Geschehen zu informieren. Dadurch gelingt es uns, die Fakten und die Sichtweise des englischsprachigen Landes auf historische und aktuelle Vorgänge zu verstehen.

Boulevardpresse in Großbritannien *(popular newspapers, tabloids)*

Zu den bekanntesten nationalen Tageszeitungen der **Boulevardpresse** *(boulevard press)* gehören *Daily Mail* und *Daily Express*. Die auflagenstarken Titel *The Sun, Daily Mirror* und *Daily Star* werden abwertend auch als **Sensationspresse** *(sensational paper/gutter press)* bezeichnet.

Die Beiträge der **populären Zeitungen** weisen in der Regel folgende sprachliche Merkmale auf:
- informelle Sprachebene *(informal register)*, in der umgangssprachliche *(colloquial words/phrases)* oder sogar Slangausdrücke *(slangy words/ phrases)* enthalten sein können,
- begrenzter Wortschatz, der weitgehend ohne Fremdwörter auskommt, sondern für die Benennung komplizierter Dinge Umschreibungen oder Wortschöpfungen verwendet,
- häufiger Einsatz von mehrgliedrigen Verbformen *(phrasal verbs)*,
- Verwendung von Superlativen und ausdrucksstarken Begriffen,
- einfacher Satzbau,
- Meinungen von Betroffenen oder Experten werden oft in direkter Rede *(direct speech)* wiedergegeben,
- Überschriften beinhalten Sensationsmeldungen; oft sind Stilmittel wie Alliteration, Assonanz oder Wortspiel zu finden;
- Spitznamen werden verwendet, um die Distanz zu Politikern oder Stars zu verringern. So werden z. B. der beliebte Fußballspieler David Beckham "Becks" und seine Frau Victoria "Posh" genannt.

Bei den **Schlagzeilen** *(headline)* fällt die Verwendung kurzer, griffiger Ausdrücke auf. Sie werden einerseits benutzt, um mit minimalem Aufwand möglichst viele Informationen an den Leser zu bringen. Andererseits klingen viele dieser Begriffe in den Schlagzeilen weitaus dramatischer als neutrale bedeutungsverwandte Wörter, wie in dieser Schlagzeile:

Prince Held In Bomb Alert
statt: *"Prince O. was kept from leaving because of a bomb warning at Heathrow Airport"*.

Die für die Boulevardpresse typische Sprache wird abwertend als *„journalese"* bezeichnet. Kennzeichnend ist vor allem die Übertreibung.

to aid:	*to help*
to alert:	*to warn*
to ban:	*to stop*
blast:	*explosion*
cash:	*money*
to cut:	*to reduce*
disaster:	*accident or bad event*
fiasco:	*failure*
horror:	*unpleasant, terrible*
to free:	*to release*
to quit:	*to stop/give up sth.*
to rap:	*to criticise*
war:	*conflict*
to dash:	*to break*
showbiz:	*showbusiness*
to sack:	*to discard so., to fire so.*
chaos:	*confusion, disorder*
nightmare:	*shocking event, bad incident*

Seriöse Tageszeitungen *(quality newspapers)*

Unter *quality press* versteht man Zeitungen mit hohem Standard, die sich durch seriöse Berichterstattung auszeichnen.

Zu den Zeitungen mit seriöser Berichterstattung zählen *The Financial Times, The Times, The Guardian, The Daily Telegraph* und *The Independent*. Wegen ihrer unhandlichen Bögen erhielten sie den Beinamen *broadsheets*. Inzwischen werden verlässliche Informationen und gut recherchierte Beiträge leserfreundlicher auf kleineren Papierbögen angeboten. Das aktuelle Format der Zeitung *The Times* wird als *compact form* bezeichnet.

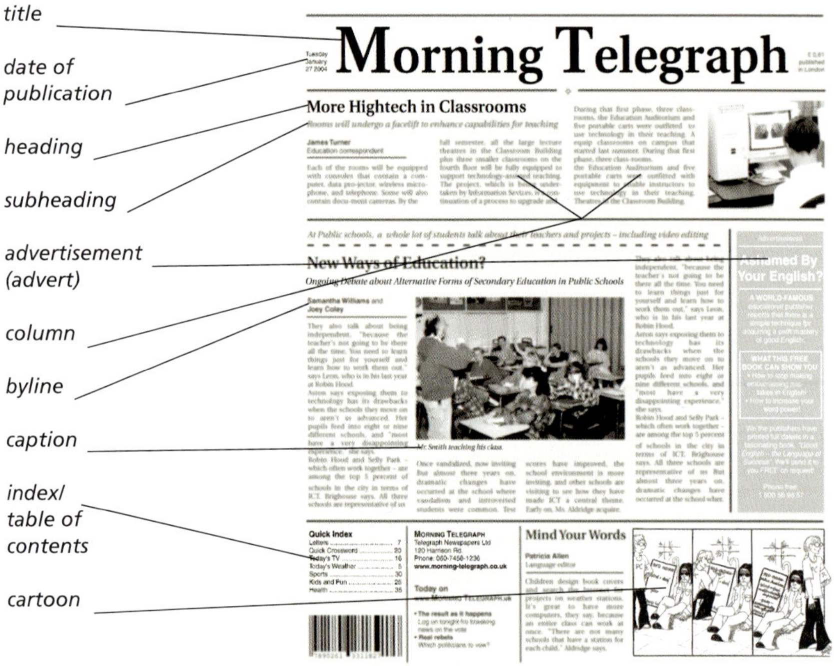

Die Beiträge der **seriösen Zeitungen** weisen in der Regel folgende sprachliche Merkmale auf:

- neutrale Sprachebene *(neutral register)*,
  Erweiterung des Standardwortschatzes durch Wörter lateinischen Ursprungs *(words derived from Latin)* sowie Fachausdrücke (technic-terms),
- Verwendung langer, kompliziert gebauter Sätze *(complex sentences)*, die satzverkürzende Elemente wie Partizipien enthalten,
- Äußerungen von Augenzeugen oder Experten häufig in indirekter Rede *(reported speech)* wiedergegeben,
- Angabe von Zahlen, statistischem Material oder Zitaten verlässlich unter Angabe der Quellen,
- Überschriften überwiegend sachlich und informativ; Einsatz von Stilmitteln wie Alliteration *(alliteration)*, Anspielung *(allusion)*, Wortspiel *(pun)* und unvollständige Sätze *(ellipsis)*.

Überschriften *(headings)*

Die Überschrift eines Zeitungsartikels soll das Interesse des Lesers wecken. Deswegen enthält sie in der Regel in wenigen Worten einen klaren Hinweis auf das Thema des Beitrags. Neben sprachlichen Mitteln, wie verkürzte Sätze *(compressed sentences)* oder Ellipsen *(ellipsis)*, stehen folgende verkürzende Konstruktionen zur Verfügung:

- Verzicht auf das Verb to be oder die Verwendung des Artikels (*"US Senate looking better to opponents of abortion"*),
- Verwendung des *present simple* für bereits abgeschlossene Handlungen (*"The queen of commas turns her attentions to a book of manners"*),
- Verwendung von *to + infinitive* für Handlungen, die in der Zukunft stattfinden werden (*"English to be spoken by half of the world's population within 10 years"*),
- Verwendung des *past participle* anstatt der kompletten Konstruktion *be + past participle* zur Wiedergabe von Passivkonstruktionen (*"Written by HEMINGWAY; closed to public"*).

Arten von Sachtexten in Zeitungen *(types of newspaper articles)*

In Zeitungen und Zeitschriften findet man eine Vielzahl von fiktionalen und nicht fiktionalen Texten. Am häufigsten vertreten sind die Textsorten Nachricht, Zeitungsbericht und Kommentar. Entsprechend der Auswahl und Anordnung der Informationen im Text wird hier eine wichtige Auswahl von Sachtexten in Zeitungen und Zeitschriften vorgestellt:

- **Zeitungsbericht *(news report)***
  Beitrag über ein aktuelles Ereignis, in dem die Fragen Wer?, Wann?, Wo?, Warum? und Wie? beantwortet werden. Die Anordnung der Fakten erfolgt chronologisch oder kausal unter Verzicht auf eine Wertung durch den Autor, wodurch eine objektive Information des Lesers erreicht wird. Der Name des Autors wird in der *byline* genannt (*any article which covers current affairs or topical events [so-called hot news] concentrating on answering the five w's)*.

kausal = das Verhältnis von Ursache und Wirkung betreffend

- **Klatschspalte *(gossip column)***
  Sammlung meist kurzer Beiträge, die Affären und Klatsch über Prominente enthüllen *(an article revealing the affairs and gossip of celebrities)*.

- **Kolumne/Kommentar *(column)***
  Regelmäßig veröffentlichte Meinungsäußerung zu einer bestimmten Thematik, z.B. Außenpolitik, oder wiederkehrende Kolumne eines bestimmten Autors. Der Sachgegenstand wird aus der Sicht des Verfassers subjektiv dargestellt und erörtert *(an article which comments on a current subject matter and expresses the individual view of its author)*.

- **Kurznachricht *(news item)***
  Form des Berichts; äußerst reduzierte Wiedergabe der wesentlichen Fakten in einem Abschnitt wie in einer Nachrichtenmeldung *(a very short report answering the five w's of a current event in often only one paragraph)*.

- **Leserbrief *(letter to the editor, reader's letter)***
  Eine Lesermeinung zu einem Beitrag einer Zeitung oder zu einer Thematik von allgemeinem Interesse *(the reader's opinion is expressed about an article published in this newspaper or about another topic of interest)*.

- **Nachricht *(news story)***
  Beitrag, in dem die fünf W-Fragen beantwortet werden sowie Hintergrundinformationen, Erläuterungen und die Aussagen von Betroffenen enthalten sind *(an article which deals with topical events in a subjective manner; it answers the five w's who, what, when, where, why, but may contain background information or the view of people involved; the chronological order of events may be changed for effect)*.

Neben der inhaltlichen und sprachlichen Gestaltung der Zeitungsbeiträge wird das Interesse des Lesers auch durch die Platzierung des Textes auf dem Zeitungsbogen, durch das Layout oder illustrierende Fotos bzw. Zeichnungen angeregt.

Vokabular in Zeitungen und Zeitschriften

Kinds of papers as defined by interval or time of publication	**Arten von Zeitungen nach Häufigkeit/Tageszeit ihres Erscheinens**
daily/weekly newspaper	Tages-/Wochenzeitung
daily/weekly/monthly	täglich/wöchentlich/monatlich
sunday/evening newspaper	Sonntags-/Abendzeitung

People who work for a news-paper or magazine	**Berufe bei Zeitungen und Zeitschriften**
(chief) editor	Herausgeber, (Chef-)Redakteur
journalist	Journalist
reporter	Reporter
photographer	Fotograf
(graphic) designer	Gestalter
cartoonist, caricaturist	Zeichner, Karikaturist

Topics of a paper	**Themen in Zeitungen**
current affairs/hot news	aktuelle Ereignisse
international coverage	internationale Berichterstattung
national/home/domestic news	nationale Themen
regional/local topics	regionale/lokale Themen
politics	Politik
social issues	soziale Themen
financial/economic survey	Finanz-/Wirtschaftsübersicht
education	Bildung
society	Gesellschaft
sports	Sport
weather	Wetter
travel report	Reisebericht
advice	Ratgeber
consumer tips	Verbrauchertipps
cooking/health/fitness	Kochen/Gesundheit/Fitness
crossword puzzle	Kreuzworträtsel
serialised novel	Fortsetzungsroman

Topics of a paper	Themen in Zeitungen
gossip	Klatsch
television listings/guide	Fernsehprogramm
cartoon/jokes	Cartoon/Witze
review	(Film-/Buch-)Besprechung
editorial/leader	Leitartikel
column	Kolumne
letter to the editor *reader's letter*	Brief an den Herausgeber Leserbrief
An event is covered in a … way. *balanced – unbalanced* *factual, objective* *in-depth – superficial* *provocative* *controversial* *reliable* *concise – comprehensive* *critical* *prejudiced/biased* *subjective* *moralising* *offensive, unsuitable* *trivial*	Ein Ereignis wird … dargestellt ausgewogen – unausgewogen sachlich, objektiv tief gehend – oberflächlich provokativ gegensätzlich verlässlich kurz und knapp – umfassend kritisch voreingenommen subjektiv moralisierend beleidigend, unangebracht niveaulos

Reader / target group	Leser / Zielgruppe
(un)demanding	(weniger) anspruchsvoll
educated *semiliterate, ordinary*	gebildet weniger gebildet, durchschnitt-lich
quality paper	seriöse Zeitung
popular/mass paper	Boulevard-/Massenblatt
religious/sports/business paper	religiöse/Sport-/Wirtschaftszei-tung
to buy a newspaper	eine Zeitung erwerben/kaufen
to subscribe to a paper	eine Zeitung abonnieren
newsagent, newsdealer	Zeitungskiosk,-händler
the headline is printed: *in bold letters* *in italics* *in block capitals*	die Schlagzeile ist gedruckt: in fetten Buchstaben in kursiven Buchstaben in Großbuchstaben

5.2.8 Der Umgang mit Werbung

Fernsehen, Radio, Zeitschriften und das Internet sind ohne Werbeanzeigen oder -filme nicht denkbar. Überall begegnen uns schrille Aufrufe, schräge Vergleiche und lustige Slogans. Werbung liegt in mündlicher und schriftlicher Form vor. Sie wird oft mit Fotos bzw. Filmausschnitten oder anderen Darstellungen einprägsam illustriert, um das Interesse der zukünftigen Kunden zu wecken. Die Qualitäten eines Produkts oder auch die Daten einer Veranstaltung werden dem Leser oder Betrachter durch sprachliche Mittel mitgeteilt. Die Texte sollen informieren (informativer Zweck), aber auch den Kunden auffordern, die Produkte zu kaufen (appellativer Zweck). Die äußere Erscheinungsweise gedruckter Werbung ist sehr unterschiedlich – wir finden sie auf einer Plakatwand *(billboard)*, als Poster an der Kinotür oder aber in Zeitschriften.

Werbung in Zeitschriften = *advertisement, advert, ad;* Werbung im Fernsehen oder Film = *commercial*

5

Werbetexte bestehen in der Regel aus kurzen und eindeutig formulierten Aussagen. Ihre Sprache zeichnet sich durch eine klare Wortwahl aus und enthält oft Übertreibungen, Superlative oder Wörter, die positive Gefühle auslösen.

Die Begriffe, die für das Verständnis des beworbenen Produkts oder die Beschreibung seiner Vorzüge von besonderer Bedeutung sind, können durch verschiedene Stilmittel (↗ S. 197–199) hervorgehoben werden. Häufig weicht die Satzgliedfolge von der gewohnten Reihenfolge ab, Schlüsselbegriffe oder bestimmte Satzbaumuster werden wiederholt. In den Überschriften oder Werbeslogans findet man oft Reime, die den Erinnerungseffekt beim Leser unterstützen sollen.

Tipps zur Bearbeitung und Auswertung *(how to read an advert)*

Bei der Betrachtung einer Werbeanzeige sollte man erst die Anzeige als Ganzes auf sich wirken lassen, ehe man sich den einzelnen Bestandteilen und ihrer Wirkung zuwendet. Folgende Fragen helfen bei der Analyse:

- Wie wird die Aufmerksamkeit des Betrachters geweckt?
  How does the advert catch your eye?
  Benenne zunächst die besonders **auffälligen Elemente.** Was kannst du über die dargestellten Personen oder Gegenstände aussagen? Wie sehen sie aus? Wo sind sie angeordnet? Wie wird das beworbene Produkt dargestellt? Was erfährst du über das Produkt?

5

- Wie ist die Werbung gestaltet?
  How is the advertisement designed?
  Beschreibe den Aufbau der Werbung, ihre **Bestandteile**, z. B. Foto, Text oder Grafik. Beginne mit dem Vordergrund. Wie und warum wurden welche Elemente eingesetzt? Achte dabei auf Licht- oder Farbeffekte, Kameraposition, die Bildschärfe oder andere auffällige Elemente.

- An wen ist die Werbung gerichtet?
  Who is the advertisement aimed at?
  Jede Werbebotschaft richtet sich an eine **Zielgruppe** *(target group)*, z. B. Jugendliche mit Spaß an Mannschaftssportarten. Oft lässt sich die Zielgruppe schon an dem Medium, das die Werbebotschaft überträgt, erkennen, z. B. Werbung für Jugendliche in Jugendzeitschriften. Du kannst vom Ort der Veröffentlichung auch auf die Zielgruppe schließen, etwa wenn in Fitnessstudios für Sportbekleidung geworben wird.

▶ Viele Wissenschaftler, die sich mit Medien und Werbung auseinandersetzen, haben dargelegt, wie ungemein erfolgreich Unternehmen durch gezielte Werbung werden können. Teste dich einmal selbst und achte darauf, was für Produkte du dir warum kaufst. Liegt es an der Qualität? Oder vielleicht doch an der Werbung – die schon bei einem gut gewählten Namen beginnen kann?

- Welches Vorbild bzw. welche Idee wird in der Werbung präsentiert?
  Which image is used in the advert?
  Jede Werbung nutzt eine **Botschaft**, mit der sich der Betrachter identifiziert oder von der er sich abgrenzen möchte. Insbesondere Jugendlichen werden Modelle präsentiert, welche die angeblichen Ideale der modernen Generation verkörpern: schlank, sportlich, schön, beliebt, erfolgreich. Beim Kauf und der Anwendung eines bestimmten Produkts werden alle diese Vorstellungen angeblich als „Begleiterscheinungen" nebenbei realisiert.

- Welcher Werbeeffekt wird eingesetzt?
  Which effect is used in the advertisement?
  Häufig in der Werbung eingesetzte **Effekte** sind:
  · Vorher-nachher-Effekt *(before-and-after-effect)*: beispielsweise bei Kosmetik
  · Humor *(humor)*: Es werden mögliche witzig wirkende (Neben-)Effekte dargestellt.
  · Wiedererkennungseffekt *(jingle effect)*: Es erscheint eine wiederkehrende Wortmeldung, ein einprägsamer Reim oder eine Melodie bei der Werbung für das Produkt.
  · Überraschungseffekt *(surprise)*: Hier wird z. B. ein ewig erfolgloser Mensch durch die Anwendung eines Produktes zum Superhelden.
  · „Ist das aber niedlich!"-Effekt *("It's cute!"-effect)*: Babys, Kleinkinder oder Haustiere präsentieren das Produkt.
  · „Perfekt!"-Effekt *("perfect"-effect)*: Nur durch das Produkt wird der Anwender rundherum perfekt.

- Welche Rolle spielt der **Werbetext?**
  What role does the text play in the advertisement?
  · Wo befindet sich der Text und wie wird er präsentiert?
  · Welche Informationen enthält der Text?
  · Wie wirkt der Werbespruch *(slogan)*? Welche Stilmittel enthält er?
  · Wird ein Markenname *(brand name of the product)* genannt?
  · Welche Ausdrucksweise *(register)* oder sprachlichen Besonderheiten *(rhetorical devices)* werden eingesetzt?

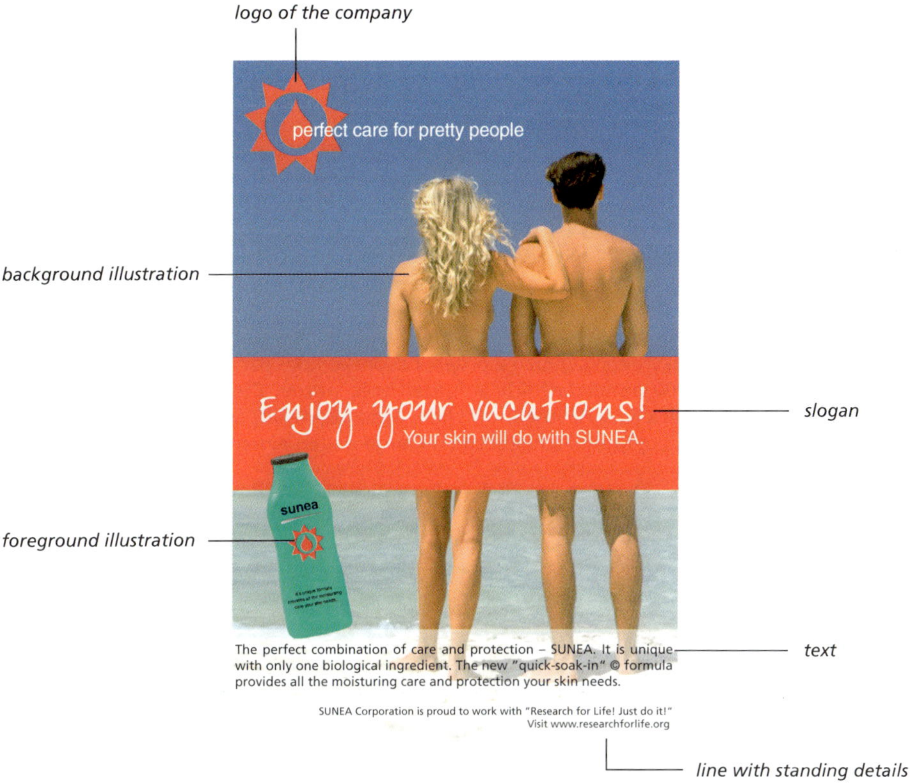

The bright colours of the advert catch the reader's interest. Both the blue sky of the photo in the background and a red ribbon attract the viewer's attention. The slogan "Enjoy your vacations! Your skin will do with SUNEA!" is printed in white. It also 'dresses' a young woman and her partner, who are standing on a beach. The photo is in bold colours filling the background. The logo of the cosmetic company SUNEA is in the upper left hand corner. In the lower left hand corner there is a greenish-blue sample bottle of the suntan product. The short advertising text is next to it.
The advert is published in a magazine for girls. So it is aimed at young girls and women who are interested in body care and suntan products. Seeing the young people in the advert makes you want to enjoy a holiday in the sun, too. The advert's message is expressed by the words "Enjoy your vacations!". The slogan convinces you that all you need is the cosmetic product to have a great time. The three-line text in small print reassures you of the unique quality of the care product. Vocabulary designed to give you a positive feeling (perfect, care, protection) underline the quality of the product.
Moreover, the brand name SUNEA reminds you of the sun and the use of alliteration makes its jingle 'perfect care for pretty people' easy to remember. You can contact a service hotline www.researchforlife.org operated by the cosmetic company. There you can get more information about the company's research activities.

5

5.3 Literarische Texte

5.3.1 Erzähltexte

Die mündliche Erzählung bildet den Ursprung der Literatur. Lange bevor die Menschen begannen, Berichte über Vergangenes und Erzählungen aufzuschreiben, gaben sie diese mündlich an die nächste Generation weiter.

Als Anfänge der europäischen Literatur gelten die Epen *"Ilias" und "Odyssee"*, die HOMER (8. Jh. v. Chr.) zugeschrieben werden.

"Beowulf" gilt als das erste bekannte Epos in englischer Sprache. Man geht davon aus, dass es für den mündlichen Vortrag während feierlicher Zusammenkünfte der Adligen und ihrem kriegerischen Gefolge geschaffen wurde. Seit dem 7. oder 8. Jahrhundert war es durch Barden mündlich weitergegeben worden, bevor das Epos dann in der Zeit um das Jahr 1000 handschriftlich aufgezeichnet wurde. Die Verserzählung handelt von König Hrothgar und dem Goten Beowulf, der zum König der Goten aufsteigt und schließlich im Kampf gegen einen Drachen als Held stirbt.

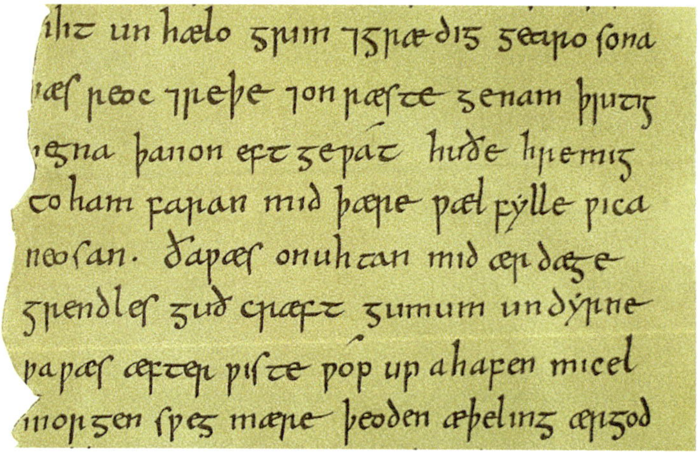
iht un hælo grim ⁊ grædig gearo sona
æs reoc ⁊ reþe ⁊ on ræste genam þritig
egna þanon eft gewat huðe hremig
to ham faran mid þære wæl fylle wica
neosan. ða wæs on uhtan mid ær dæge
grendles guð cræft gumum undyrne
þa wæs æfter wiste wop up ahafen micel
morgen sweg mære þeoden æþeling ærgod

Ausschnitt einer erhaltenen *"Beowulf"*-Handschrift aus dem 10. Jahrhundert

Die wichtigste Rolle in der **mündlichen Überlieferung** spielte der Erzähler. Er besaß die genaueste Kenntnis der Handlung. Von seinem Vortrag hing ab, ob sich die Zuhörer später noch an den Bericht oder die Erzählung erinnern konnten. Um die Zuhörer zu fesseln, musste sein Vortrag voller Spannung sein und Höhepunkte aufweisen. Der ist auch wesentliches Merkmal der Erzähltexte in der Literatur. Der Erzähler ist eine vom Autor geschaffene vermittelnde Instanz für die Handlung.

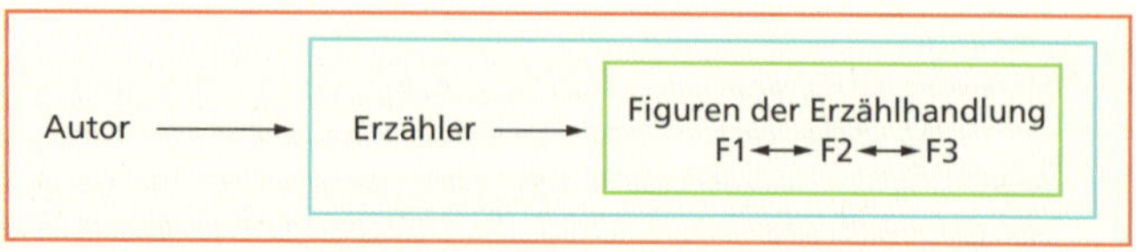

Merkmale erzählender Texte

Der **Erzähler**. Der Autor schafft einen Erzähler, aus dessen Perspektive die Handlung geschildert wird. Die Gestaltung einer Geschichte hängt entscheidend von der Wahl des Erzählers (z. B. Ich-Erzähler) ab. Er spielt eine wichtige Rolle bei der Identifikation des Lesers mit der Handlung. Der Erzähler ist der direkte Vermittler zwischen dem Leser und der Erzählhandlung. Er gibt der Erzählhandlung eine zeitliche und logische Ordnung. Die Figur des Erzählers prägt den Erzähltext, indem sie
- die Erzählhandlung aus einer bestimmten Perspektive darstellt,
- in die Reihenfolge der Ereignisse eingreift,
- das Erzähltempo bestimmt,
- die Handlung und die darin auftretenden Personen kommentiert.

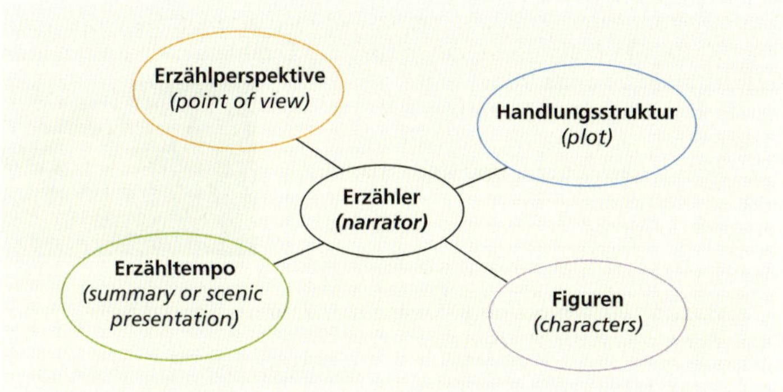

Den Standpunkt, von dem aus der Erzähler die Handlung betrachtet und darstellt, bezeichnet man als **Erzählperspektive** *(point of view)*. Die beiden wichtigsten Typen des Erzählers sind:

Je nach gewünschter Wirkung auf den Leser entscheidet sich der Autor für eine **Erzählperspektive.**

Third-person narrator
Erzähler, der das erzählte Geschehen als Unbeteiligter von außen betrachtet.
- Der **allwissende Erzähler** kennt die Wahrnehmungen, Gedanken und Gefühle aller handelnden Figuren und berichtet über sie *(unlimited point of view)*:

"The burglar quickly hid behind the frontdoor, trying to escape discovery. However, the policeman knew that he was hiding there."

- Der **personale Erzähler** berichtet aus der Sicht einer der handelnden Figuren. Im Beispiel ist seine Darstellung beschränkt auf die Wahrnehmung der Figur des Polizisten *(limited point of view)*:

"The policeman went past the house. He knew all the tricks of thieves. So he presumed the burglar hiding behind this frontdoor."

Sollen bei einer Erzählung die Sichtweisen vieler Charaktere vermittelt werden, wird häufig ein Erzähler in der 3. Person gewählt.

First-person narrator
Hierbei handelt es sich um einen Ich-Erzähler, der an der Handlung beteiligt ist. Er gehört zur Welt der Erzählung.

"While I was hiding behind the frontdoor I heard footsteps passing outside. It might be the police officer. I kept my breath and tried to stay calm."

Die Sichtweise des Icherzählers ist eingeschränkt *(limited point of view)*, ermöglicht aber die detaillierte Beschreibung der Gedanken, Gefühle und Beobachtungen eines einzelnen Charakters.

Die Handlungsstruktur

Die Handlung einer Erzählung bezeichnet man als ***plot.*** Sie besteht aus einer Kette von Ereignissen, die mittels des Erzählers nach bestimmten Gesichtspunkten angeordnet sind:
- in ihrer zeitlichen Reihenfolge,
- verknüpft nach Ursache und Wirkung,
- verzweigt nach Haupt- und Nebenhandlung,
- vorausdeutend,
- rückblickend.

Bild: Der Film "Fargo" mit FRANCES McDORMAND hat einen differenzierten Plot.

"It was certainly most unfortunate that Johnnie should have been invited to tea on that Thursday ..."
ANGUS WILSON, *Raspberry Jam.*
From: ANGUS WILSON, *The Wrong Set,* 1949

In diesem Beispiel wird zur Spannungserzeugung die chronologische Ereignisfolge umgestellt. Der zitierte Satz leitet die Vorgeschichte der Handlung in der zweiten Hälfte der Geschichte ein. In einer Rückblende erfährt der Leser, welches einschneidende Ereignis dazu geführt hat, dass Johnnie die beiden älteren Damen aus der Nachbarschaft nicht mehr besuchen wird.

Das Erzähltempo

Unter dem Erzähltempo versteht man das Verhältnis zwischen dem Zeitraum, in dem eine Handlung stattfindet *(acting time)*, und der Zeit, die benötigt wird, um von einer Handlung zu berichten *(reading time)*. Das Erzähltempo hat Einfluss auf den Raum, der einem Ereignis in einer Erzählung gegeben wird. Ist das Erzähltempo langsam, nimmt das Ereignis viel Raum ein. Für den Leser ist das ein Signal für die Bedeutung, die dem Ereignis zukommt. Das Erzähltempo kann im Laufe des Erzählvorgangs wechseln, denn es dient als Mittel, um wichtige Ereignisse in den Vordergrund zu stellen, weniger wichtige nur kurz zu erwähnen. Der **raffende Bericht** fasst ausgewählte Ereignisse zusammen und vermittelt einen **Überblick** über ein Geschehen, das sich über einen längeren Zeitraum erstreckt.

*"But **most of the time** he sat in his room. **In the afternoons** he listened to the ball game."*

BERNARD MALAMUD, *A Summer's Reading. From: The Magic Barrel,* 1969

Häufig lässt der Erzähler einen bestimmten Zeitraum aus. Zeitsprünge werden durch Zeitadverbien signalisiert wie *Ten years later, After a while, Many a year went round before ..., In 1922 ...*

Die **szenische Darstellung** *(scenic presentation)* breitet ein Ereignis ausführlich und in allen Einzelheiten vor dem Leser aus, sodass der Leser alle Vorgänge mitzuerleben scheint. Der Figurendialog sowie der Einblick in die Wahrnehmungen, Gedanken und Gefühle der Figuren sind Bestandteile der szenischen Darstellung. Abschnitte in szenischer Darstellung beginnen häufig mit Zeitadverbien wie *One morning, One night, On that particular day ...*

Die Spannungserzeugung

Einen Roman mit wechselnden Schauplätzen und einer Vielzahl unterschiedlicher Figuren mag der Leser als interessant und anregend, jedoch nicht unbedingt als spannend einstufen. Spannung tritt immer in Zusammenhang mit Erwartungen auf. Hinter jeder Spannung verbirgt sich die Frage: Treten meine Erwartungen mit Hinblick auf ein bestimmtes Ereignis ein? Um also in einem Erzähltext Spannung zu erzeugen, muss der Erzähler im Leser vorweg eine **Erwartung** wecken.

"[...] Do it now? – and company there? No – we'll wait till the lights are out – there's no hurry."
Huck felt that a silence was going to follow – a thing still more awful than the murderous talk he had heard. So he stepped back, very careful not to make any noise. He took another step back with the same care; then another and another, and a twig broke under his foot! But there was no sound – nothing happened. (...)
When he felt safe, he ran as he had never run before. [...]"

MARK TWAIN, *The Adventures of Tom Sawyer*, 1876

▸ *"The Adventures of Tom Sawyer"* (1876) gilt als einer der erfolgreichsten Titel von MARK TWAIN (1835–1910). Als Vertreter des amerikanischen Realismus übte er Kritik an der amerikanischen Gesellschaft.

In diesem Beispiel erfährt Huckleberry Finn, der im Verborgenen mithört, dass die Witwe Douglas Opfer eines Raubmordes werden soll. Huck hat nun **ein Handlungsziel**: Er will das Verbrechen verhindern. Für den Leser liegt die Spannung in den Fragen: Wird sein Vorhaben gelingen? Dies kann man mit **Was-Spannung** bezeichnen. Andererseits stellt sich der Leser auch folgende Frage: „Wie schafft er es, sein Ziel zu verwirklichen?" **Wie-Spannung**: *"... a twig broke under his foot!"* Huck könnte sich durch dieses Geräusch verraten und von den Verbrechern entdeckt werden. Wird es ihm gelingen, unbemerkt zu entkommen? Je mehr sich die Ausführung des Planes durch plötzlich auftretende Schwierigkeiten verzögert, desto mehr steigt die Spannung für den Leser und für die Hauptfigur.

Andere Möglichkeiten, Spannung zu erzeugen, sind:

- **Andeutungen und Hinweise:** Aufgrund von Andeutungen, Prophezeiungen und Vorausdeutungen erwartet der Leser den Eintritt eines bestimmten Ereignisses, z.B. deutet die Beschreibung eines unheimlichen Schauplatzes auf die Möglichkeit eines Verbrechens hin. Der Leser fragt sich: Was wird geschehen? Oder: Kann der Held das Ereignis abwenden?
- **Unterbrechungen:** Wird die Erzählung im entscheidenden Moment unterbrochen (z.B. durch Schauplatzwechsel am Ende eines Kapitels), steigert sich die Ungewissheit des Lesers.
- **Die Vorgeschichte:** Wenn dem Leser wichtige Ausschnitte der Vorgeschichte unbekannt sind, richtet sich die Spannung auf die vollständige Aufdeckung der Hintergründe. Diese Form der Spannung findet vor allem in Kriminalromanen und in manchen Familienerzählungen Anwendung, wo es um die Aufdeckung eines Familiengeheimnisses geht (z.B. in WILKIE COLLINS, *"The Woman in White"*; AGATHA CHRISTIE, *"Murder on the Orient Express"*). Die Spannung drückt sich aus in der Frage: Wie ist es zu der jetzigen Situation bzw. zu dem Verbrechen gekommen?

WILKIE COLLINS (1824–1889)

Die Figuren *(the characters)*

Die Figuren stellen den Motor der Erzählhandlung dar. Ihre Entscheidungen und Gespräche lösen neue Handlungen aus; sie bestimmen den Handlungsverlauf. Damit das Handeln der Figuren dem Leser plausibel und vorstellbar erscheint, muss er eine Auswahl von Informationen über die Figuren erhalten. Der Text kann Angaben und Bezüge zu folgenden Aspekten liefern:

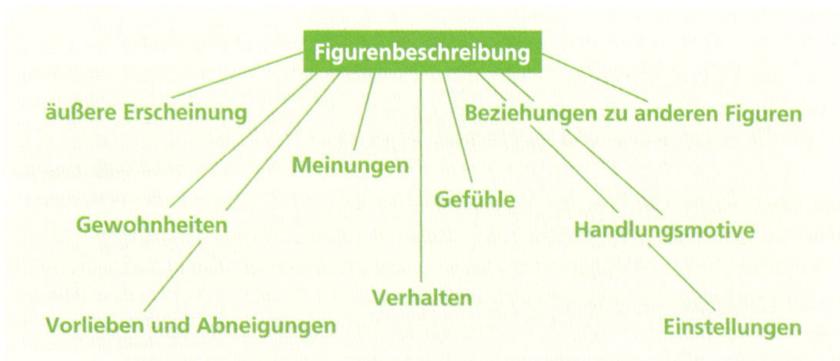

Diese Informationen kann der Leser auf zwei Wegen erhalten:

– Charakterisierung durch den Erzähler
  - Der Erzähler selbst **nennt und beschreibt** Merkmale und Verhaltensweisen einer Figur.
  - Der Erzähler **erklärt und bewertet** das Verhalten einer Person.
  - Der Erzähler gibt den Figuren **„sprechende Namen"** ***(telling names)***.

> The narrator describes what his mother looks like and comments on the way she sees herself: "She is tanned. She is the best-looking woman on the beach, only she will never recognize it."
>
> PAUL LISICKY, Snapshot, Harvey Cedars: 1948. From: The Madison Review, Vol. 11, No. 1, 1989

SUE TOWNSEND *calls the main character of her book "Adrian Mole". "Mole" is a telling name the reader will associate the qualities of a mole with, e. g. being small, trying to find its way in the dark.*

Die britische Autorin SUE TOWNSEND schuf mit dem jugendlichen Protagonisten Adrian Mole (dt. Maulwurf) den beliebtesten Tagebuchschreiber der 1980er-Jahre.

– Charakterisierung durch die Figuren
  - Das Verhalten einer Person wird so dargestellt und bewertet, wie eine andere Figur sie sieht. Da diese Beschreibung persönlich gefärbt ist, muss der Leser sie einer Prüfung unterziehen.
  - Eine Figur kommentiert ihr Handeln aus eigener Sicht.
  - Eine Figur beschreibt ihre eigenen Eindrücke und Gefühle. Der Leser kann sich ein eigenes Urteil über die Person bilden.

> In this sentence, the girl talking does not only characterize her sister's behaviour; she also reveals something about her attitude towards her sister: "I mean (...) there were times when my sister Susie seemed more like a stranger than a stranger would have been."
>
> COLBY RODOWSKY, Mildred. Connections: Short Stories, ed. by D. R. Gallo, 1989
>
> Here the reader will be amused by the character's wild exaggerations: "None of the teachers at school have noticed that I am an intellectual. They will be sorry when I am famous."
>
> SUE TOWNSEND, The Secret Diary of Adrian Mole aged 13 three quarters, 1983

Formen erzählender Texte

Mögliche **Unterscheidungsmerkmale** erzählender Texte sind:

Länge
z. B. Roman *(novel)*
Kurzgeschichte *(short story)*

Stoffauswahl
Science-Fiction
Kriminalliteratur
(crime and detection story)
historischer Roman *(historical novel)*

Kurzformen erzählender Texte	
Parabel ***(parable)***	Eine kurze belehrende Erzählung, deren Handlung und Figuren beispielhaft menschliche Werte vorführen.
Ballade ***(ballad)***	Seit dem 18. Jahrhundert Begriff für ein Erzähllied in Versform, das von einem besonderen Ereignis oder dem gesamten Leben einer Figur berichtet.
Fabel ***(fable)***	Eine kurze Erzählung mit belehrender Absicht, in der Tiere menschliches Verhalten angenommen haben. Jedes Tier verkörpert eine bestimmte menschliche Eigenschaft. Die Fabel endet oft mit einer Moral, die auf eine ähnliche Konfliktsituation übertragbar ist.
Märchen ***(fairy tale)***	Eine kurze Erzählung, die unglaubwürdige Ereignisse und mit übernatürlichen Kräften ausgestattete Lebewesen, z. B. Riesen *(giants)*, Hexen *(witches)*, Feen *(fairies)*, Zwerge *(gnomes)*, darstellt. Ein häufig zu findendes Handlungsmuster besteht darin, dass der Held eine Prüfung bestehen oder ein Rätsel lösen muss, um eine unschuldige Person zu erlösen.
Anekdote ***(anecdote)***	Eine knappe Beschreibung einer einzelnen Begebenheit, die in einer Pointe gipfelt. Das für eine bekannte Persönlichkeit oder Personengruppe Typische soll hervorgehoben werden.

EDGAR ALLAN POE
(1809–1849)

ERNEST HEMINGWAY
(1899–1961)

▶ Bedeutende Autoren amerikanischer Kurzgeschichten sind u. a. EDGAR ALLEN POE, ERNEST HEMINGWAY und TRUMAN CAPOTE.

Die Kurzgeschichte *(short story)*

Die Kurzgeschichte entwickelte sich im 19. Jahrhundert in den USA als eigenständige Form des Erzähltextes, die später auch von anderen Sprachen übernommen wurde. Die amerikanische und die englische Kurzgeschichte bildet eine besondere Form der literarischen Erzählung. Äußeres Merkmal ist die **Kürze**. Der Umfang einer Kurzgeschichte kann sich auf 1000 Wörter beschränken oder auch 20 000 Wörter umfassen. Inneres Merkmal ist die **inhaltliche Dichte**: Mithilfe sparsamer sprachlicher Mittel soll eine möglichst große Aussagekraft erzielt werden. Das erfordert eine planvolle und treffende Gestaltung der Sprache und des Aufbaus der Geschichte.
Von Anfang an muss die Short Story den Leser fesseln und Hinweise zur Bedeutungsentschlüsselung anbieten. Der Einleitungssatz übernimmt die Aufgabe der Exposition. In diesem Anfangssatz konzentrieren sich die Angaben über Ort und Zeit der Handlung, Figuren und den Hauptgedanken der Geschichte.

Als **Exposition** *(exposition)* bezeichnet man den Teil einer Erzählung oder eines Dramas, der dem Leser alle Informationen über die Situation und den Handlungshintergrund liefert; sie sind unverzichtbar für das Verständnis des Textes.

"All her life, Mrs Foster had had a terrible fear of missing a train, a plane, or a boat."

ROALD DAHL, *The Way up to Heaven.*
From: *The Way up to Heaven and other stories,* 1980

Um Spannung zu erzeugen, verwendet der Autor dieser Short Story den direkten Einstieg in die Handlung. Er macht eine Feststellung, die auf den ersten Blick belanglos zu sein scheint. Du möchtest aber wissen, wer diese Mrs Foster ist. Der Autor schafft es also durch Andeutungen und Aufsparen von Informationen, dich am Lesen zu halten. Wenn du weiterliest, erfährst du, wie wichtig der Anfangssatz für die Geschichte ist: Mrs Foster nutzt ihre Furcht, um ihrem Leben und somit der Geschichte die entscheidende Wende zu geben.

▶ Die Entstehung der Short Story ist Bestandteil der amerikanischen Literaturgeschichte.

Das **offene Ende** mancher Kurzgeschichten dient nicht nur der Knappheit, sondern stellt auch einen Denkanstoß an den Leser dar. Der Leser ist aufgefordert, selbst die Auswirkungen der Handlung aufzuspüren, wie die Ratlosigkeit und Enttäuschung Berthas in folgendem Beispiel:

"[…] 'Oh, what is going to happen now?' she cried.
But the pear tree was as lovely as ever and as full of flower and as still. […] "

KATHERINE MANSFIELD, *Bliss.*
From: *Bliss and Other Stories,* 1974

Häufig nimmt die Geschichte am Ende der Handlung eine überraschende Wendung. Auch diese Erzähltechnik verlangt vom Leser, sich mit dem Anliegen der Geschichte auseinanderzusetzen. Wie z. B. mit dem Thema *equality/racial discrimination* in *"Désirée's Baby"* von KATE CHOPIN:

The plot of Desiree's Baby, by Kate Chopin
Désirée gives birth to a child which, after three months have passed, shows a similarity to the little children of her black servants. Her husband Armand suspects his wife to be a coloured woman and forces her to leave him with the baby, because he cannot bear the shame. When he is burning all his wife's belongings, by a twist of fate Armand comes upon a letter addressed to his father. From this letter he finally learns that his mother was a black slave. The story ends with the text of the letter, adding neither comment nor Armand's reaction.

Die Sprache der Short Story

Auch in ihrer Sprache zeichnet sich die Short Story durch Konzentration und Knappheit aus. Diese Wirkung wird erzielt durch:
- treffende und bündige Ausdrucksweise,
- Andeutung von Sachverhalten.

"[...] Home! She looked round the room, reviewing all its familiar objects which she had dusted once a week for so many years, wondering where on earth all the dust came from. Perhaps she would never see again those familiar objects [...]."

JAMES JOYCE, *Eveline.*
From: JAMES JOYCE, *Dubliners. Wordsworth Editions Ltd.*, 1993

Am Anfang der Short Story *"Eveline"* wird das Wort *dust* durch Wiederholung hervorgehoben. Es symbolisiert hier Lebensfeindlichkeit und Enge. Zusammen mit weiteren Symbolen erzeugt es die bedrückende Atmosphäre der Erzählung. Darüber hinaus deutet es den Ausgang der Handlung an. Eveline fürchtet sich, aus ihrem unbefriedigenden bisherigen Leben auszubrechen, um mit Frank in Argentinien zu leben. Noch im Moment der Abreise entscheidet sie sich, in Irland zu bleiben.

> **Schlüsselbegriffe** und **Symbole** liefern wichtige Hinweise zur Deutung einer Short Story.

Die Schaffung einer Atmosphäre durch bewusste Wortwahl ist ein typisches Merkmal der Kurzgeschichte. Im folgenden Beispiel führt der Anfang der Geschichte in ihre humorvolle Atmosphäre ein. Der Erzähler, ein Junge, wird durch die Rufe seines Großvaters jäh aus seinen aufregenden Träumen gerissen. Der Junge benutzt einen Vergleich *("whips as long as serpents")* und Adjektive *("runway coaches on mountain passes", "wide, windy gallops")* im ersten Satz. So klingt sein geträumtes Abenteuer sehr lebendig und verwegen. Die verwegene Situation des Traums bildet einen komischen Gegensatz zur Wirklichkeit im Nebenraum: Der Großvater vergnügt sich gerade mit der Vorstellung, von seinem Bett aus eine Kutsche zu lenken.

"In the middle of the night I woke from a dream full of as serpents, and runaway coaches on, mountain passes, and wide, windy gallops over cactus fields, and I heard the old man in the next room crying, 'Gee-up!' and ‚Whoa!' and trotting his tongue on the roof of his mouth." [...]
'Whoa there, my beauties!' cried grandpa. His voice sounded very young and loud, and his tongue had powerful hooves, and he made his bedroom into a great meadow. I thought I would see if he was ill, or had set his bedclothes on fire [...]"

DYLAN THOMAS, *A Visit to Grandpa's.*
From: DYLAN THOMAS, *Portrait of the Artist as a Young Dog*, 1940

The first paragraph introduces the lively, humorous and cheerful atmosphere of the short story by describing the boy's dream of a wild and risky ride. He ...

Der Roman

Der Roman bildet die Langform unter den Erzähltexten. Romane in englischer Sprache gibt es seit ungefähr dreihundert Jahren. Die ersten englischen Romane entstanden im 18. Jahrhundert. DANIEL DEFOES Abenteuerroman "*Robinson Crusoe*" (1719) und JONATHAN SWIFTS satirischer Roman "*Gulliver's Travels*" (1726) sind die bis heute bekanntesten Beispiele der frühen englischen Romanliteratur.

satirisch = Kritik an der Gesellschaft in ironisch-witziger Form

Im 19. Jh. erreichte der Roman in England größte Beliebtheit und Verbreitung (für junge Leser z.B. CHARLES DICKENS, "*Oliver Twist*" und ROBERT LOUIS STEVENSON, "*Treasure Island*"). Nun entstanden auch die ersten Romane in den USA. CHARLES DICKENS und JACK LONDON veröffentlichten manche ihrer Romane Kapitel für Kapitel als Fortsetzungsgeschichten, die für eine große Leserschaft erschwinglich und daher auch sehr beliebt waren.

Seit Beginn des 20. Jahrhunderts bis heute sind eine Vielzahl von Romanen in der Erwachsenen- und Jugendliteratur entstanden. Die *Harry-Potter*-Romane von JOANNE K. ROWLING (z.B. "*Harry Potter and the Deathly Hallows*") wurden in fast alle Sprachen der Welt übersetzt.

Die "Harry Potter"-Romane gehören zu den erfolgreichsten Romanen der Weltliteratur.

Der Roman besitzt aufgrund seines Umfanges viel mehr Gestaltungsmöglichkeiten als die Short Story. Er kann mehrere Darstellungsarten enthalten, z.B. Gespräche, Monologe, Beschreibungen, Berichte. Der Roman kann vor dem Leser ein großflächiges Bild von Figuren, Handlungen und Zeiträumen ausbreiten. Sein Umfang erlaubt

- eine ausführliche Einführung in Hintergründe und Thematik,
- den Aufbau mehrerer Handlungsstränge,
- den Wechsel zwischen Haupt- und Nebenhandlungen,
- eine Vielfalt der Figuren,
- wechselnde Schauplätze,
- Rückblenden und Ausblicke,
- die Darstellung eines längeren Zeitraumes.

5

Der **Roman** erzählt ein komplexes und vielfältiges fiktives (erfundenes) Geschehen.

Diese Schülerarbeit beschreibt einige Romanmerkmale an einem Beispiel.

A brief outline of Stephen King, "The Body"
In this novel, the narrator looks back to a few days in the summer of 1960, when he was a teenager. He chooses two main settings for the action. One is the treehouse, which he and his friends have built and use as their club house. The other setting is the long line of places they pass on their way to Ray Brower's dead body. Each of the places is described in detail. There is only one line of action which centres around the characters of Gordie (the narrator), and his friends Chris, Vern and Teddy. The narrator gives a detailed description of each of the characters. We learn about their families and the problems the boys have to cope with. Each character is given a chapter in which he plays an important part. On the whole, there are 27 chapters.
In the last chapter the narrator sums up what became of his friends after the events told in the novel.

Englische und amerikanische Romanautoren

JONATHAN SWIFT
(1667–1745)

CHARLES DICKENS
(1812–1870)

MARK TWAIN
(1835–1910)

H. G. WELLS
(1866–1946)

D. H. LAWRENCE
(1885–1930)

JOHN STEINBECK
(1902–1968)

	englische Romanautoren	amerikanische Romanautoren
18. Jahrhundert	DANIEL DEFOE, *Robinson Crusoe* JONATHAN SWIFT, *Gulliver's Travels* HENRY FIELDING, *Tom Jones* SAMUEL RICHARDSON, *Pamela*	WILLIAM HILL BROWN, *The Power of Sympathy* CHARLES BROCKDEN BROWN, *Wieland, or the Transformation*
19. Jahrhundert	JANE AUSTEN, *Pride and Prejudice; Emma; Northanger Abbey* EMILY BRONTË, *Wuthering Heights* CHARLES DICKENS, *Great Expectations; Oliver Twist; David Copperfield* WILLIAM M. THACKERAY, *Vanity Fair* WILKIE COLLINS, *The Woman in White* LEWIS CARROLL, *Alice's Adventures in Wonderland* GEORGE ELIOT, *Middlemarch* ROBERT LOUIS STEVENSON, *Treasure Island; The Strange Case of Dr Jekyll and Mr Hyde* THOMAS HARDY, *Tess of the D'Urbervilles*	JAMES FENIMORE COOPER, *The Last of the Mohicans; The Pathfinder* NATHANIEL HAWTHORNE, *The Scarlet Letter; The House of the Seven Gables; The Marble Faun* HERMAN MELVILLE, *Moby Dick; Typee; Billy Budd* HARRIET BEECHER-STOWE, *Uncle Tom's Cabin* MARK TWAIN, *The Adventures of Tom Sawyer; The Adventures of Huckleberry Finn; Life on the Mississippi* HENRY JAMES, *The Turn of the Screw; The Portrait of a Lady*
20. Jahrhundert	H. G. WELLS, *The Time Machine; The War of the Worlds* RUDYARD KIPLING, *The Jungle Book* JOSEPH CONRAD, *Lord Jim; Typhoon* KENNETH GRAHAME, *The Wind in the Willows* D. H. LAWRENCE, *The Rainbow* VIRGINIA WOOLF, *Mrs Dalloway* ALDOUS HUXLEY, *Brave New World* GEORGE ORWELL, *1984; Animal Farm* GRAHAM GREENE, *The Power and the Glory; The Third Man* WILLIAM GOLDING, *Lord of the Flies* J. R. R. TOLKIEN, *The Lord of the Rings* HANIF KUREISHI, *The Buddha of Suburbia; The Black Albums* NICK HORNBY, *Fever Pitch; High Fidelity* JOANNE K. ROWLING, *Harry Potter*	JACK LONDON, *The Call of the Wild* F. SCOTT FITZGERALD, *The Great Gatsby* SINCLAIR LEWIS, *Elmer Gantry* WILLIAM FAULKNER, *The Sound and the Fury; Sanctuary* ERNEST HEMINGWAY, *A Farewell to Arms; For Whom the Bell Tolls* JOHN STEINBECK, *The Grapes of Wrath; East of Eden; Of Mice and Men* J. D. SALINGER, *The Catcher in the Rye* RAY BRADBURY, *Fahrenheit 451* TRUMAN CAPOTE, *Breakfast at Tiffany's; In Cold Blood* TONY MORRISON, *The Bluest Eye; Beloved* PAUL AUSTER, *Moon Palace; Timbuktu* T. C. BOYLE, *The Tortilla Curtain* PHILIP ROTH, *The Human Stain*
21. Jahrhundert	IAN MCEWAN, *Atonement* NICK HORNBY, *Slam; Juliet, Naked*	JOHN UPDIKE, *The Terrorist* DON DELILLO, *Falling Man*

Seit Mitte des 20. Jahrhunderts gibt es in Afrika, Indien, Pakistan und der Karibik Autoren, die ihre Erzählungen und Romane nicht in ihrer Muttersprache sondern in Englisch schreiben. Hier einige Beispiele:
Indien: R. K. NARAYAN, *Swami and His Friends;* SALMAN RUSHDIE, *Midnight's Children;* ARUNDHATI ROY, *The God of Small Things*
Afrika: CHINUA ACHEBE, *Things Fall Apart;* NGUGI WA THIONG'O, *A Grain of Wheat;* BEN OKRI, *The Famished Road*
Karibik: V. S. NAIPAUL, *Miguel Street*

Kreatives Schreiben *(creative writing)*

Im Zusammenhang mit der Erarbeitung literarischer Texte wird im Unterricht auch häufig die eigenständige Verfassung und Gestaltung eines neuen Textes von dir verlangt. Das kreative Schreiben lässt dir sehr viel Freiheit in der Gestaltung. Der neue Text soll sich an im Unterricht bereits besprochenen Vorbildern (z. B. anderen Short Storys, Dramenszenen oder Gedichten) orientieren.

Sprachliche Gestaltung eines eigenen Textes

▶ Noch mehr Information über Konjunktionen findest du in Kap. 3.8.7.

- Erzähle und berichte in der Vergangenheit (past tense)
- Verbinde deine Sätze
  - mit **Zeitangaben:** *three days later* (… Tage später), *as soon as* (sobald), *one morning* (eines morgens), *suddenly* (plötzlich)
  - mit **Konjunktionen:** *although* (obwohl), *while* (während), *so* (also), *since 2006* (seit ...), *because* (weil)
  - mit **Relativpronomen:** *Three days later he saw the girl again. She had caused the accident.* ⟶ *Three days later he saw the girl again who had caused the accident.*
- Mache deinen Text lebhaft und interessant, z. B. durch treffende Vokabeln, mithilfe von **Adjektiven und Adverbien:** *The girl saw many clouds. So she cycled home.* ⟶ *The young girl saw many dark and threatening clouds in the sky. So she cycled home as fast as she could.*
- Benutze **direkte Rede.** Sie macht deine Geschichte lebendig und erlebnisreich: *She invited Peter to her party.* ⟶ *"Hi, Peter, this is Sue Barton speaking. How are you? We are going to have a summer party in our garden next Saturday. Would you like to join us? … Oh, that would be nice. Yes, of course, you can bring your sister, too."*

Verschiedene Aufgabenarten

1. Tell the story from another character's point of view

Die Darstellung der Handlung aus der Sicht einer anderen Person setzt voraus, dass
- du den Inhalt der ursprünglichen Geschichte sehr genau kennst;
- du dich in die Rolle der Person versetzt. Beachte, dass diese Figur die Handlung anders wahrnimmt.

Another character sees the action with different eyes:
He/she knows more/less about the action.
He/she has got different interests, plans or reasons for acting.
He/she has got different relationships to the other characters in the text.
He/she loses/wins something by the new situation.

Aufgabe: *Tell Chapter 21 of* STEPHEN KING, *"The Body" from Chris's point of view. Describe what made him react in such a dangerous and way.*

Summary of Chapter 21	Chapter 21 from Chris's point of view
Gordie is the narrator in Stephen King, "The Body". He tells the story from his point of view. At the end of the story there is a fight between the Tree House Gang and Ace Merrill's Hard Men Gang over who will report the dead body to the police. In this scene Chris suddenly uses the gun which he took from his father's desk. The sound of the explosion and Chris's rash action are a shock to all the boys on the scene. Chris will certainly be punished by his father for taking the gun. None of the other boys, not even Gordie, know what went on in Chris's mind.	When I saw my brother Eyeball and Ace Merrill get out of their car I knew it was over. We would not have a single chance of claiming Ray Brower against them, because they were older and stronger than us. It was simply not fair. They had come by car, and we had walked all the long way from Castle Rock to this lonely place for hours and hours. I was wet from the rain and deadly tired. "It doesn't matter if you found him. We're going to report him," Eyeball sneered at me. When Ace threatened to break Gordie's arms, and he and his gang moved towards us in a line I knew no way out but to take the gun and pull the trigger. They were threatening my best friend, and they wanted to rob us of our only chance of being respected by our parents and teachers for once.

2. Find a suitable end for the story/scene

Hier geht es darum eine *open-ended story* oder eine *open-ended scene* fortzusetzen. Die selbst ausgedachte Fortsetzung muss plausibel erscheinen. Sie muss vereinbar sein mit dem Anfang der Geschichte und deren Entwicklung nahtlos fortsetzen.

Bestimmte Punkte, die im Anfang der Geschichte vorgegeben sind, müssen beibehalten werden:
- *the setting*
- *the characters, their behaviour, their way of speaking and thinking*
- *the atmosphere of the story or scene*
- *the language in which the story or scene is written*

Beispiel einer Aufgabe

You have read the story of STEPHEN KING, *"The Body" up to this point: Vern overhears a talk between two boys of Ace Merrill's gang. They saw Ray Brower's dead body but want to keep it a secret. Vern runs to the Tree House Gang and tells them of his plan: he wants the Tree House Gang to walk all the long way along the railway tracks until they find Ray Brower. Then they will report their discovery to the police and become famous.*

Aufgabe: *Will the other boys want to come with him? How does the story continue?*

5

3. Find a different ending for the story

Zu einer vollständig bekannten Geschichte sollst du ein neues Ende erfinden. Eine Geschichte mit einem offenen Ende *(open ending)* kann eine Lösung für alle offenen Fragen erhalten. Ein trauriges Ende *(unhappy ending)* kann durch einen glücklichen Ausgang ersetzt werden. Wichtig ist, dass die Änderung noch immer mit der Handlung im Einklang steht.

The ending of Stephen King, "The Body" (summary)	Writing another ending
Gordie and the Tree House Gang do not become famous after finding Ray Brower's dead body. Shortly after the boys' arrival at the site of the body Ace Merrill and his friends turn up in their cars. They start a fight about who will report the dead body. Ace and his gang threaten the younger boys into staying silent about what they found. Ace reports to the police without giving his name. So the police find the corpse but none of the boys is paid the attention they hoped for.	"Now we had found him. What we had not planned was what to do after discovering the body. We could not inform the police from this place. There was no house, no village around where we were. So we stood there discussing our problem. After a while we decided to..." This ending describes the boys' return to Castle Rock. By now their parents have reported the boys missing, and the police have started searching the forests for them. Gordie and his friends are taken back to their parents. They become the talk of Castle Rock for quite a while not only because of their own rescue but also because they are the boys who found Ray Brower. Being respected in the way they have always been longing for, their lives take totally different turns.

4. Imagine... How would the story continue?

Beispiel einer Aufgabe
"When David Hinton woke up he knew that he would not get off to a good start that day ..."
Aufgabe: *This is the beginning of a story. Imagine what David Hinton's day will be like and write down what happens to him. Will he be as unlucky as he thinks in the morning?*

Bei dieser Aufgabe ist nur der Anfang einer Geschichte vorgegeben. Sammle hier erst einmal Ideen, die zum Anfangssatz passen. Da David glaubt, mit dem falschen Bein aufgestanden zu sein, kannst du dir eine Reihe von „Alltagskatastrophen" ausdenken. Ordne diese so an, dass sie sich steigern und eine lustige Geschichte ergeben. Suche einen humorvollen Schluss.

Lies dir zum Schluss deinen Text noch einmal durch.
Überprüfe, ob er inhaltlich verständlich und vollständig ist.
Überprüfe, ob alle Wörter richtig geschrieben sind und die grammatischen Regeln beachtet wurden.

Wissenstest 5 abrufbar auf **www.lernhelfer.de** oder mit der Lernhelfer-App

Einen Klappentext verfassen

▪ Der **Klappentext *(blurb)*** befindet sich auf dem rückwärtigen Umschlag der meisten Taschenbücher. Manche Bücher mit festem Umschlag besitzen noch eine zusätzliche Umschlaghülle, deren Seiten ebenfalls mit einem Klappentext bedruckt sind. Im Unterricht bezieht sich der Klappentext in der Regel auf eine Schullektüre. Du sollst nach einer Textbesprechung noch einmal zusammenfassend Stellung zur Lektüre nehmen. Dabei steht dir gestalterisch viel Spielraum zur Verfügung, wenn du Folgendes beachtest:

▸ Mit dem Klappentext möchte der Verlag für das von ihm herausgegebene Buch werben.

5

▪ Der Klappentext muss durch seinen Inhalt und seine Aufmachung die Neugier des Lesers am Buch wecken.

▪ Um das Interesse des Lesers am Buch zu wecken, musst du ihm ein Minimum an wichtigen Informationen geben:
- Nenne das Thema (z.B. *a novel about the adventures of a boy wizard*).
- Skizziere kurz den Inhalt *(What happens? Where does the action take place? How does the action start?)*.
- Beschreibe die Art des Buches (z.B. *thriller, mystery story, drama*).
- Informiere über den Autor *(What is he famous for? Are there any other books the author wrote? Is there a topic the author specializes on?)*.
- Hebe Stärken des Buches hervor (z.B. *realistic, humorous*).
- Nenne die Leser- oder Altersgruppe, die das Buch ansprechen soll.
- Fordere zum Lesen auf.

If you like "Harry Potter" you'll love "Finding The Fox".
This is the first book about the Shapeshifter, Dax Jones.

Dax one day discovers his ability of changing into a fox. Soon his hateful stepmother sends him off to a mysterious special school. There he meets many other COLAS (Children Of Limitless Ability) who become his friends: Mia, the gifted healer; Gideon, the telekinetic; Lisa, who is able to read other people's thoughts.
Read this book and learn more about Dax and the COLAS' adventures at Tregarren College.
"Finding the Fox" is a fantasy/science fiction novel you will love. Nominated for the 2007 Bolton Children's Book Award! A real pageturner - gripping from the first word!

What you can say about the book	*... and about the author*
... interesting for readers of all ages *... has been written for teenagers* *... a perfect book for boys* *... is easy/hard to understand; exciting, thrilling, full of suspense/boring/funny* *... makes you forget the world around you;* *... makes you enter a new world*	*He/she is famous for books about ...* *... has never written a better novel* *... is good at drawing characters* *... knows how to create a gripping story* *... has succeeded in making the story interesting and convincing* *... is a master of story telling*

Vokabular für die Untersuchung von Erzähltexten

General Vocabulary	**Allgemeines Vokabular**
short story	Kurzgeschichte
fairy tale	Märchen
novel	Roman
chapter	Kapitel
paragraph	Absatz
line	Zeile
narrator	Erzähler
to talk about an event	von einem Ereignis berichten
to tell s.o. a story about s.th.	jmd. eine Geschichte erzählen von

Setting	**Schauplatz**
the setting = time and place of action	Ort und Zeit der Handlung
the place of action is … *a story is set in …* *to take place* *a story takes place in …* *at the time of …*	der Handlungsort ist … die Geschichte spielt in … stattfinden eine Geschichte findet in … zur Zeit von … statt
The scene of action changes.	Der Schauplatz ändert sich.
The setting is described in detail.	Der Schauplatz wird ausführlich beschrieben.
The setting has a symbolic meaning.	Der Schauplatz hat symbolische Bedeutung.

Atmosphere	**Atmosphäre, Stimmung**
a cheerful, *warm/cold/frozen,* *friendly/unfriendly,* *pleasant,* *hostile,* *tense,* *strange,* *frightening atmosphere*	eine heitere, warme/kalte/eisige, freundliche/unfreundliche, angenehme, feindselige, abweisende, gespannte, merkwürdige, furchteinflößende Atmosphäre
to use certain adjectives, verbs or nouns to create an atmosphere	durch die Wortwahl eine … Atmosphäre schaffen
The atmosphere changes when …	Die Atmosphäre ändert sich, wenn …

Opening	**Anfang einer Erzählung**
an abrupt opening	eine plötzlich (ohne Einleitung) einsetzende Handlung
an open beginning	ein offener Anfang
The story starts in the middle of the action.	Die Geschichte beginnt mitten in der Handlung.
to start abruptly	plötzlich beginnen
to have an open beginning	einen offenen Anfang haben

Exposition	**Einführung**
The exposition introduces … *the main character* *the setting* *the main issue, the topic* *the background*	Die Einführung stellt … vor die Hauptperson, Protagonist der Schauplatz/Zeit der Handlung das Hauptthema den Hintergrund, die Vorgeschichte
to present the background to a story	den Hintergrund einer Erzählung darstellen
The exposition is shown/revealed by flashback.	Die Vorgeschichte wird durch eine Rückblende gezeigt.

Plot	**Erzählhandlung**
to have a complex/simple plot	eine komplexe/einfache Handlung
The action of the story is easy to understand.	Die Handlung ist leicht zu verfolgen.
A novel/story has *… a main plot.* *… a subplot.* *… several lines of action.*	Eine Erzählung hat … eine Haupthandlung. … eine Nebenhandlung. … mehrere Handlungsstränge.
The action rises to a climax.	Die Handlung steuert auf einen Höhepunkt zu.
… reaches a turning point.	… erreicht einen Wendepunkt.

Sequence of events	**Handlungsfolge**
an event	ein Ereignis
to act	handeln
told chronologically	in zeitlicher Reihenfolge erzählt
to switch from the present to the past	… wechseln von der Gegenwart zur Vergangenheit
to foreshadow an event	ein Ereignis vorhersagen

Structuring a story	Einteilung in Handlungsabschnitte
The narrator tells the story in three parts.	Der Erzähler erzählt die Geschichte in drei Teilen.
He organizes/arranges it in five scenes.	Er ordnet sie in fünf Szenen an.
The story falls into/can be divided into … parts or sections.	Die Erzählung zerfällt in ... Teile/ kann in … Teile aufgeteilt werden.
The story has … *an exposition* *a rising action* *a climax* *a turning point* *an ending*	Die Erzählung hat … eine Einführung eine steigende Handlung einen Höhepunkt einen Wendepunkt ein Ende
A story has … *an open ending* *a happy ending* *an unhappy ending* *a surprise ending*	Die Erzählung hat … ein offenes Ende ein glückliches Ende ein unglückliches Ende ein überraschendes Ende

Suspense	Spannung
to create suspense	Spannung erzeugen
to keep the reader in suspense	die Spannung des Lesers erhalten
to get the reader to read on	den Leser fesseln
to make the reader curious	den Leser neugierig machen
to keep the reader in the dark about s.th.	den Leser im Ungewissen lassen
thrilling	spannend
exciting	aufregend
The story makes us expect something dangerous to happen.	Wir erwarten, dass etwas Gefährliches passiert.

The way a story is told	Erzählformen
to sum up the action (reading time is shorter than acting time)	die Erzählung raffen (Erzählzeit kürzer als erzählte Zeit)
to talk about an event in detail (acting time is as long as reading time)	ein Ereignis ausführlich darstellen (Erzählzeit ist gleich lang wie erzählte Zeit)
to skip a few hours/days/weeks	Zeiträume überspringen

What the story is about	**Wovon eine Geschichte handelt**
The story deals with …	Die Geschichte handelt von …
The story is about/shows the problem of …	Die Geschichte handelt von/zeigt das Problem …
The main event is …	Das wichtigste Ereignis ist …
The story gives an example of …	Die Geschichte liefert ein Beispiel für …
The story shows an important moment in the main character's life.	Die Geschichte führt einen wichtigen Moment im Leben der Hauptfigur vor.
"…"is a story about growing up.	"…" ist eine Geschichte über das Erwachsenwerden.

The narrator	**Der Erzähler**
to talk to the reader *to address the reader*	den Leser ansprechen
to turn to the reader	sich an den Leser wenden
A story is told: *first-person narrator* *eye-witness* *person inside the story* *person outside the story* *third-person narrator* *observer* *unlimited point of view*	Eine Geschichte wird erzählt: Ich-Erzähler Augenzeuge an der Handlung beteiligte Figur an der Handlung unbeteiligte Figur Erzähler in der dritten Person Beobachter allwissender Erzähler
point of view	Perspektive
to be told from s.o.'s point of view	aus jds. Perspektive erzählt werden

The characters	**Die Figuren**
a main character	eine Hauptfigur
a minor character	eine Nebenfigur
to present a character	eine Figur darstellen
to describe a character	eine Figur charakterisieren
to describe a person's behaviour *to describe the way a person behaves*	das Verhalten einer Person beschreiben
to comment on a character	eine Figur beurteilen

5

The characters	Die Figuren
characteristics	Merkmale, Eigenschaften
outward appearance *what a person looks like*	das Aussehen einer Person äußerliche Erscheinung
habits	Gewohnheiten
attitudes	Einstellungen, Haltungen
opinions	Meinungen
likes and dislikes	Vorlieben und Abneigungen
feelings	Gefühle
motives	Handlungsmotive, Beweggründe

Relationships towards other characters	Beziehungen zu anderen Figuren
to play an important part in …	eine wichtige Rolle spielen in …
to look up to s.o.	zu jdm. aufblicken, bewundern
to look down on s.o.	herabblicken auf, gering schätzen
to be an outsider	ein Außenseiter sein
to be accepted by …	angenommen, akzeptiert werden
to have a difficult relationship with s.o. *a distanced relationship* *a loose relationship* *a friendly relationship* *a close relationship*	eine schwierige Beziehung zu jdn. haben eine distanzierte Beziehung eine lockere Beziehung eine freundliche Beziehung eine enge Beziehung
friendship	Freundschaft
mutual understanding	gegenseitiges Verständnis

Looking inside the character	Einblick nehmen in die Figur
feelings *thoughts* *impressions*	Gefühle Gedanken Eindrücke
The reader is able to share a person's feelings.	Der Leser kann die Gefühle einer Figur teilen.
to identify with a character	sich mit einer Figur identifizieren
to long for s.th.	sich nach etwas sehnen
to be worried about s.th.	besorgt sein um etwas
to be ambitious	ehrgeizig sein

Keywords and symbols *Choice of words*	**Schlüsselwörter und Symbole** **Wortwahl**
to use keywords/symbols	Schlüsselbegriffe/Symbole verwenden
to repeat a word	ein Wort wiederholen
a repetition in line …	eine Wiederholung in Zeile …
to underline s.th.	etw. hervorheben, betonen
to be a keyword to a story	Schlüsselwort einer Geschichte sein
leitmotif	wiederkehrendes Bild oder sich wiederholender Begriff (Leitmotiv)
a symbol stands for s.th.	ein Symbol bedeutet, steht für …
the word makes us think of hope *peace* *reconciliation*	das Wort klingt nach Hoffnung Frieden Versöhnung
an expression makes the reader associate s.th.	ein Ausdruck lässt den Leser etwas assoziieren
the deeper meaning of s.th. is …	die tiefere Bedeutung ist …
to read between the lines	zwischen den Zeilen lesen

Your opinion of the story	**Deine Meinung zur Erzählung**
I liked the story, because …	Ich mochte die Geschichte, weil …
The story makes the reader think about …	Die Geschichte macht den Leser aufmerksam auf …
boring *exciting/thrilling* *amusing/fun to read* *fascinating* *hard to understand*	langweilig aufregend/spannend unterhaltsam/macht Spaß faszinierend schwer zu verstehen
to be disappointed by …	enttäuscht sein von …
to take the reader by surprise	den Leser überraschen
s. th. is of special interest to the reader	von besonderem Interesse für den Leser sein
s. th. is particularly *interesting* *astonishing* *surprising*	etw. besonders interessant erstaunlich überraschend finden
to be thrilled/fascinated by …	gefesselt/fasziniert sein von …

5

5.3.2 Poetische Texte

WALT WHITMAN (1819–1892) gilt als einer der einflussreichsten und kreativsten Schriftsteller Amerikas. 1855 veröffentlichte er auf eigene Kosten die Gedichtsammlung *"Leaves of Grass"*, durch die er zum Wegbereiter des modernen *Free Verse* wurde, der reimlosen und metrisch ungebundenen Sprache.

Die verschiedenen Formen der **Gedichte *(poems)*** werden unter dem Begriff poetische *(poetic)* oder lyrische Texte *(lyricals texts)* zusammengefasst. Inhaltlich sind sie durch einen sehr persönlichen Grundton gekennzeichnet. Sie vermitteln die Gefühle, Stimmungen und Meinungen des Sprechers. Gedichte können humorvoll und satirisch sein, aber auch einen ernsthaften oder melancholischen Grundton haben. Ein Charakteristikum ist die ungewöhnliche Kombination von Wörtern, Wortgruppen und Sätzen. Im Gedicht schafft sich der Autor die Ausdrucksform für Themen, mit denen sich sein Inneres beschäftigt: bewegende Eindrücke oder Erfahrungen, tiefe und anhaltende Gefühle, gedankliche Vorgänge. Das Gedicht zeigt die persönliche Betroffenheit des Dichters, seine Nähe zum Textgegenstand. Daher spricht man von der **Subjektivität** der Ausdruckshaltung in Gedichten. In dem Gedicht *"I Wandered Lonely As A Cloud"* von WILLIAM WORDSWORTH beschreibt der Sprecher ein Erlebnis, das ihn besonders stark beeindruckt hat: Bei einem Spaziergang trifft er auf ein Feld von Narzissen an einem Seeufer. In seinem Gedicht versucht er, die Schönheit und Anmut der Blumen in Worte zufassen. An den ersten beiden Strophen dieses Gedichts kannst du typische Merkmale poetischer Texte erkennen.

WILLIAM WORDSWORTH (1770–1850)

WILLIAM WORDSWORTH
***I Wandered Lonely As A Cloud* (1804)**

I wandered lonely as a cloud
That floats on high o'er vales and hills,
When all at once I saw a crowd,
A host, of golden daffodils;
Beside the lake, beneath the trees,
Fluttering and dancing in the breeze.

imagery (Bild, bildhafte Sprache)
run-on line (Zeilensprung)

6 lines of verse = stanza
(6 Verszeilen = Strophe)

Continuous as the stars that shine
And twinkle on the milky way,
They stretched in never-ending line
Along the margin of a bay:
Ten thousand saw I at a glance,
Tossing their heads in sprightly dance.
[...]

simile (Vergleich)
cross rhyme (Kreuzreim)

pair rhyme (Paarreim)
inversion (Umstellung der normalen Satzstellung)

Der Sprecher wendet sich direkt an den Leser. Formal auffällig ist die Einteilung des Textes Versen und Strophen. Gedichte werden in der Regel in Versform geschrieben, d. h., jede Zeile ist durch **Versmaß, Rhythmus** und **Reim** gestaltet. Um dem Leser seine Eindrücke zu verdeutlichen, verwendet der Dichter eine **bildhafte Sprache.**

Merkmale poetischer Texte

Die Vielschichtigkeit eines Gedichtes ist vergleichbar mit der eines Gewebes: Durch die Verwendung von Fäden unterschiedlicher Farben und Dicke entsteht die Gewebestruktur. Genauso gilt für jedes Gedicht:

In einem Gedicht wirken verschiedene Gestaltungsmittel zu einem Gesamtbild zusammen:

- die **bildhafte Sprache**
- die **Klangbeziehungen** (z. B. durch den Reim)
- der **Satzbau**
- der **Aufbau** des Gedichts

Diese Elemente öffnen dir den Zugang zur Bedeutung eines Gedichtes. Auf sie musst du beim Lesen eines Gedichtes besonders achten.

Aufgaben der Gestaltungsmittel im Gedicht

Die Gestaltungsmittel stellen Beziehungen zwischen Wörtern her, sie heben bestimmte Wörter hervor und sie tragen zur Stimmung, die ein Gedicht vermittelt, bei. Die Vielschichtigkeit der Eindrücke und Informationen, die ein Gedicht vermittelt, fordert vom Leser eine intensive Auseinandersetzung mit dem Text. Nur durch intensives Lesen kannst du die Bedeutung eines Gedichtes voll erfassen.

Der Aufbau

Rein äußerlich lassen sich die verschiedenen Arten von Strophen *(stanzas)* nach der Anzahl ihrer Zeilen *(verses)* unterscheiden. Sehr häufig kommen folgende **Strophenformen** vor:
- Zweizeiler *(couplet)*
- dreizeilige Strophen *(tercet)*
- vierzeilige Strophen *(quatrain)*

In manchen Balladen oder Liedtexten folgt auf jede Strophe ein **Kehrreim** oder **Refrain**, der eine oder mehrere Wortzeilen wiederholt. Der Kehrreim kann den Inhalt zusammenfassen oder nochmals hervorheben.

Der **inhaltliche Aufbau** eines Gedichtes ist abhängig von seiner Darstellungsform. Zum Beispiel überwiegen in einem Erzählgedicht *(story telling poem)* der Bericht und der Dialog als Formen der Darstellung. Ein Erzählgedicht kann also auch direkte Rede enthalten. Es gibt jedoch auch sehr nachdenkliche Gedichte, in denen sich ein Sprecher mit einer Idee auseinandersetzt. Hier sind Beschreibung und Argumentation die überwiegenden Darstellungsformen.

In Kapitel 1.2. kannst du dich über das intensive Lesen informieren.

Die Bildhaftigkeit der Sprache

Other examples of symbols are:
***heart** for "love"*

***light** for "knowledge"*
***tree** for "shelter"*

***lion** for "power"*
***sword** for "conflict, war"*

Sprachliche Bilder werden in Gedichten zur Veranschaulichung verwendet. Sie helfen, abstrakte Begriffe wie „Frieden" oder nicht direkt sichtbare Gefühle wie Liebe oder Trauer in der Vorstellung des Lesers sichtbar und lebendig zu machen. Bildhafte Formulierungen muss der Leser im übertragenen Sinne verstehen.

Symbol und Vergleich

Das **Symbol *(symbol)*** wird sehr häufig als sprachliches Bild verwendet. Hier steht ein sinnlich wahrnehmbarer Gegenstand für eine abstrakte Idee. Das Symbol oder Sinnbild wird benutzt, damit sich der Leser ein „Bild" von der Idee machen kann.

rose
A rose is a thing which you can hold in your hands, touch, see, or smell.

love
Love is an abstract idea, a feeling which you cannot directly see.

Bei einem **Vergleich *(simile)*** werden zwei Dinge aufgrund ihrer Ähnlichkeit mit like oder as in Beziehung gesetzt. Um die Jugend und Schönheit seiner Freundin auszudrücken, vergleicht der Dichter sie mit einer Rose:

> *"My love is **like a red, red rose**"*
> ROBERT BURNS, *A Red, Red Rose,* 1794

Die Strophen von WORDSWORTH'S Gedicht *"I Wandered Lonely As A Cloud"* beginnen jeweils mit einem Vergleich:

> *"I wandered lonely **as a cloud***
> *That floats on high o'er vales and hills"*
> *"Continuous **as the stars** that shine*
> *And twinkle on the milky way"*
> WILLIAM WORDSWORTH, *I Wandered Lonely As A Cloud,* 1804

Durch den ersten Vergleich drückt der Sprecher aus, dass er sich während seiner Wanderung treiben lässt. Er fühlt sich nicht an andere Menschen oder ein Ziel gebunden. Mithilfe des zweiten Vergleichs vermittelt der Sprecher dem Leser das Bild, das sich ihm während seiner Wanderung bot. Mit seinen Worten malt er die große Anzahl der Blumen aus und wie dicht sie beieinander stehen. Anhand des Vergleichs mit den Sternen *("that shine and twinkle")* kann er gleichzeitig eine Vorstellung von der Leuchtkraft ihrer Blüten vermitteln.

Die Metapher

Die **Metapher *(metaphor)*** wird auch verkürzter (oder indirekter) Vergleich genannt.
Hier steht das konkrete Sinnbild (z. B. *rose*) ohne *"as"* oder *"like"* direkt anstelle der abstrakten Idee (z. B. *love*). Dabei wird ein Begriff in einen neuen Bedeutungsbereich übertragen.
Um auszudrücken, dass ein Gedicht besondere Momente im Leben eines Menschen verewigen kann, bezeichnet der Dichter es im nächsten Beispiel als „Denkmal eines Moments":

Other examples of metaphors are:

The gates of your heart are closed.

I lost the thread of my story.

He is a spring of wisdom.

Life is a river.

"A Sonnet is a moment's monument"
DANTE GABRIEL ROSETTI, *The Sonnet*, 1880

Shakespeare verglich oft die menschliche Gesellschaft mit einer Theaterbühne, auf der die menschlichen Akteure ihre Rollen spielen:

"All the world's a stage"
WILLIAM SHAKESPEARE, *As you like it*, 1623

Die Personifikation

Auch die **Personifikation *(personification)*** hat die Aufgabe, abstrakte Eigenschaften durch handelnde und sprechende Personen zu veranschaulichen.
Jeder kennt aus Fabeln den sprechenden Fuchs als Sinnbild für einen intelligenten Menschen. In WORDWORTHS *"I Wandered Lonely As A Cloud"* werden die Narzissen mit menschlichen Eigenschaften ausgestattet, um ihre lebhafte und tanzende Bewegung zu verbildlichen:

Other examples of personification are:

the hands of power

Spring briskly steps into the year.

Fog wraps us into its folds.

"Fluttering and dancing in the breeze"
"Tossing their heads in sprightly dance"
WILLIAM WORDSWORTH, *I Wandered Lovely As A Cloud, 1804*

Die Allegorie

Eine häufig vorkommende bildhafte Figur ist die **Allegorie *(allegory)*.** WORDSWORTH setzt in einem anderen Gedicht beispielsweise den Regenbogen als allegorisches Bild der Lebensphasen von der Kindheit bis zum Alter ein:

The seasons are an allogory of human life: Spring stands for childhood, summer for being grown up etc.

"My heart leaps up when I behold
A rainbow in the sky:
So was it when my life began;
So is it now I am a man;
So be it when I shall grow old."
WILLIAM WORDSWORTH, *My Heart Leaps Up*, 1802

5

Der Satzbau

▶ Mehr Informationen über den Satzbau indest du in Kapitel 3.8.

Im Satzbau eines Gedichts findest du häufig Abweichungen von den Strukturen der Alltags- oder Standardsprache (z.B. Wiederholungen, fehlende Wörter, Veränderungen der Satzordnung). Diese Besonderheiten sind wichtige Signale für den Leser, denn hier möchte der Dichter Wichtiges hervorheben. Achte auf Ausdrücke am Anfang oder Ende einer Zeile sowie auf Wörter, die wiederholt werden. Sie sind besonders wichtig für das Verständnis des Gedichts.

Eine **Wiederholung *(repetition)*** verstärkt das Gesagte:

> *"My love is like a red, red rose"*
> ROBERT BURNS, *A Red, Red Rose*, 1794

Eine ähnliche Wirkung hat die **Anapher *(anaphora)*,** bei der ein Wort an derselben Stelle wiederholt wird:

> *"For all the story-books you read,*
> *For all the pains you comforted,*
> *For all you pitied, all you bore"*
> ROBERT LOUIS STEVENSON, *To Alison Cunningham*, 1885

Die Anapher hebt jede der Aussagen besonders hervor.
Eine **Aufzählung *(enumeration)*** sorgt für mehr Anschaulichkeit:

> *"Showering and springing,*
> *Flying and flinging"*
> ROBERT SOUTHEY, *The Cataract of Lodore*, 1820.

Bei der **Ellipse *(ellipsis)*** wird ein Wort ausgelassen:

> *"I asked him whither he was bound, and what (*)*
> *The object of his journey."*
> WILLIAM WORDSWORTH, *Old Man Travelling*, 1798

* Das Verb was wird aus rhythmischen Gründen ausgelassen.

Bei der **Inversion *(inversion)*** kommt es zu einer Veränderung der Satzordnung. In dem Beispiel von WORDSWORTH *"I Wondered Lonely As A Cloud"* werden die Satzteile Objekt, Verb und Subjekt vertauscht, um den Ausdruck *"Ten thousand"* an den Zeilenanfang und somit in den Blickpunkt zu rücken:

> *"Ten thousand saw I at a glance"*
> WILLIAM WORDSWORTH, *I Wandered Lovely As A Cloud, 1804*

Beim **Parallelismus *(parallelism)*** weisen mehrere Sätze oder Zeilen Übereinstimmung in der Satzstruktur und in der Betonung auf. Im folgenden Beispiel wird die Übereinstimmung in Betonung und Satzstruktur noch durch die **Anapher *(anaphora)***, die Wiederholung eines oder mehrerer Wörter am Anfang aufeinanderfolgender Sätze, unterstützt:

"My love is like a red, red rose"
That's newly sprung in June:
My love is like the melody
That's sweetly played in tune."

ROBERT BURNS, *A Red, Red Rose, 1794*

Bei einem **Zeilensprung *(run-on line)*** endet der Satz nicht am Ende der Zeile, sondern wird in der nächsten Zeile fortgesetzt.
Der erste Teil des Satzes erzeugt eine Erwartung, die in der nachfolgenden Zeile enttäuscht wird. Auf diese Weise wird die Aufmerksamkeit des Lesers auf den nachfolgenden Satzabschnitt gerichtet:

"When all at once I saw a crowd,
A host, of golden daffodils"

WILLIAM WORDSWORTH, *I Wandered Lovely As A Cloud, 1804*

In der Strophe von WORDSWORTH erfährst du erst in der zweiten Zeile, wovon genau der Sprecher eine „Menge" sieht. So verstärkt sich die Spannung auf die genaue Information, die du vermutlich nicht erwartet hast. Umso überraschender klingt für dich die Information der folgenden Zeile: Es geht um *"a crowd of golden daffodils"*.

Die Klangmittel

Die Klangmittel erzeugen das für ein Gedicht typische Klangbild. Sie sind mit für die im Text vorherrschende Stimmung verantwortlich. Zum Beispiel verleiht das Vorwiegen dunkler Vokale einem Text eine düstere oder traurige Stimmung; helle Vokale unterstreichen eher die Freude oder Leichtigkeit einer Aussage. Die Verwendung bestimmter Konsonanten kann den Eindruck der Härte (k, p, t) oder aber der Glätte und Weichheit (l, m, n, w) erzeugen:

"I hear lake water lapping with low sounds"

WILLIAM BUTLER YEATS, *The Lake Isle Of Innisfree*, 1890

Als Klangmittel wirken in Gedichten
- die verschiedenen Formen des Reimes *(rhyme)* als Muster der Klangwiederholung,
- die Alliteration *(alliteration)*,
- die Lautmalerei *(onomatopoeia)*,
- das Metrum *(metre)*,
- der Rhythmus *(rhythm)*.

Der Reim

Als **Reim** ***(rhyme)*** bezeichnet man ein Lautmuster, bei dem zwei oder mehrere Wörter in ihrem Klang übereinstimmen. Es gibt verschiedene Reimformen je nach der Stellung der Reime am Versende.

Häufige Abfolgen von Endreimen *(rhyme scheme)*	
Kreuzreim *(cross rhyme or alternating rhyme)*	abab
Paarreim *(rhyme pairs)*	aabb
Umarmender Reim *(embracing rhyme)*	abba
Schweifreim *(tail rhyme)*	aabccd

This nursery rhyme (Kinderreim) *has an embracing rhyme:*

"Who killed Cock Robin?
I, said the Sparrow, With my bow and arrow, I killed Cock Robin."
English folksong

Die Alliteration

Die **Alliteration** ***(alliteration)*** ist ein Mittel der Lautwiederholung am Wortanfang. Zwei oder mehrere Wörter beginnen mit gleich lautendem Konsonanten. Die Alliteration wird sehr häufig als Klangmittel in Gedichten verwendet.

Am Anfang des Gedichtes *"Ode To The West Wind"* (1819) von PERCY BYSSHE SHELLEY ahmt die Alliteration lautmalerisch das Stürmen des Windes nach:

"O wild West Wind"

Die Wiederholung der f- und b-Laute an den Wortanfängen im folgenden Beispiel unterstreicht die zügige Bewegung eines Segelschiffes beim Durchkreuzen des Ozeans:

"The fair breeze blew, the white foam flew,
The furrow followed free; …"
SAMUEL T. COLERIDGE, *The Rime Of The Ancient Mariner*, 1798

Im folgenden Beispiel unterstreicht die Wiederholung der hart klingenden Konsonanten bei *"toil and trouble"* die Aussage harter Arbeit und Entbehrung.

- *They struggled through a life of toil and trouble.*

Die Alliteration strebt in der Dichtung immer einen lautmalerischen oder sprachmusikalischen Effekt an. Ihre Aufgabe ist es meist, das Gesagte klanglich zu untermalen. Überprüfe daher bei einer Alliteration immer, ob sie hart oder weich klingt.

Songs

Lieder sind eng mit Gedichten verwandt. **Liedtexte *(songs, lyrics)*** sind oft in Versform gehalten. Satzbau und Sprache stehen in einem Verhältnis zur Melodie, müssen also „singbar" sein.
Melodie und Text eines Liedes erzielen die gemeinsame Wirkung der Stimmung, die ein Lied erzeugt. Auch der Rhythmus und die Art der Stimme, mit der der Sänger das Lied vorträgt, bestimmen die Gesamtwirkung eines Liedes.

Humpty Dumpty:
- *all but one line*
- *rhyme in pairs*
- *regular rhythm*
- *simple text which is easy to remember*
- *many repetitions*

Es gibt verschiedene Arten von Liedern, die jeweils bestimmende Merkmale haben:
Wie in jeder Sprache, gibt es auch im Englischen Kinderlieder ***(childrens's songs):*** vom beruhigenden Schlaflied *(lullaby)* über das Abzähllied *(counting-out rhyme)* bis zum Erzähllied *(story-telling song)*. Das folgende Beispiel, ***Humpty Dumpty***, ist ein bekanntes Kinderlied bzw. Kinderrätsel aus dem 19. Jahrhundert.

"Humpty Dumpty sat on a wall, Humpty Dumpty had a great fall. All the king's horses, All the king's men, Couldn't put Humpty together again."

English nursery rhyme

pop music, kurz: für *popular music*, auch Pop genannt

Spirituals sind religiöse Lieder der Schwarzen Nordamerikas. Spirituals und Blues haben ihren Ursprung in der Zeit der Sklavenhaltung im 18. und 19. Jahrhundert. Die Schwarzen, die als Sklaven aus Afrika nach Amerika gebracht wurden, schufen christliche Kirchenlieder, deren Gesang und Rhythmus den Volksliedern Afrikas sehr ähnlich waren. Rhythmus und Lebendigkeit sind prägende Bestandteile des Spirituals. Viele Spirituals haben einen Refrain und sehen den Wechsel von Vorsänger und Chor vor.

Blues ist die Bezeichnung für die weltlichen Lieder der Schwarzen. Sie entstanden gegen Ende des 19. Jahrhunderts im Süden der USA. Der Blues erzählt melancholisch und klagend von den Entbehrungen der Landarbeiter und der Häftlinge, vom Leiden und von den Sehnsüchten. Er wird von einem einzelnen Sänger vorgetragen und erlaubt eine spontane Improvisation.

Pop music, kurz **Pop**, hat sich in den 1960er-Jahren als Zweig der Unterhaltungsmusik entwickelt,der speziell junge Hörer anspricht. Ihre Anfänge wurden mit beeinflusst von Rock 'n Roll, Blues und Jazz. In England haben THE BEATLES maßgeblich zur Entstehung der Popmusik beigetragen, in den USA der Folksänger BOB DYLAN. Er wurde durch seine Protestlieder mit politischen und sozialen Themen bekannt.

Zu den Klassikern von BOB DYLAN zählen *"Blowin' in the Wind", Like A Rolling Stone, "Mr Tambourine Man"*. Zu den Klassikern der BEATLES gehören *"Strawberry Fields Forever", "Hey Jude", "Penny Lane", "Come Together"*.

5

Durch Anlehnung an andere Musikstile, wie z. B. Gospel, Folklore, Klassik, lateinamerikanische und afroamerikanische Vorbilder entwickelten sich verschiedene Richtungen der Popmusik. Bekannt sind z. B. Soul, Reggae, Punkrock, Heavy Metal, Latin Rock, Rap und Hip-Hop. Pop wurde bald als profitabler Zweig der Musikindustrie erkannt und vermarktet.
Jugendkultur und Freizeitindustrie sind ohne Pop inzwischen undenkbar geworden. Pop verbindet die Jugend weltweit; bedenklich ist jedoch der Verlust nationaler Eigenarten, der diese Massenkultur begleitet. Musikalische Gestaltung und Texte des Pop sprechen einen Massengeschmack an. Die Melodien sind gefällig, einprägsam und leicht wiederzuerkennen. Die Texte betreffen allgemein vertraute Inhalte wie Abschied, Einsamkeit und vor allem die Liebe. Von manchen Interpreten werden immer wieder aktuelle Themen wie Umweltzerstörung, politische Verfolgung oder Hungersnöte aufgegriffen. Die Bekanntheit vieler Titel, abgesehen von einzelnen Klassikern, ist von **Trends** abhängig und nur von kurzer Dauer. Popsongs sind in der Regel in Strophen aufgebaut und besitzen einen eingängigen Refrain.

Graffiti

▶ Hip-Hop = in den 1970er-Jahren in der Bronx (New York) entstandene Jugend- und Straßenkultur, zu deren Bestandteilen Rappen, Breakdance und das Sprühen von Graffiti gehören.

Rap *(to rap* = hämmern, klopfen; laut ausstoßen) ist eine Richtung des Pop, die zu Beginn der 1980er-Jahre von den Jugendlichen der schwarzen Ghettos in den USA geprägt wurde. Rap ist die Form, in der sich die **Hip-Hop-Kultur** musikalisch äußert. Die aggressiv klingenden Rap-Texte werden nicht gesungen, sondern als Sprechgesang zu einem schnellen, kräftigen Rhythmus vorgetragen. Rap als **Sprechgesang** lässt sich auf jahrhundertealte afrikanische Wurzeln zurückführen, z. B. westafrikanische Balladensänger *(Griots)*. Ursprünglich ein Ventil für Wut und Enttäuschung über soziale Ungleichheit, ist Rap inzwischen erfolgreich von der Musikindustrie übernommen worden und befriedigt Sehnsüchte auch weißer Jugendlicher. Auch in nicht so ernsten Liedern kann der für den Rap typische Rhythmus und Paarreim wirkungsvoll eingesetzt werden:

Someone knocked, and when I answered the door,
there before my eyes was a dinosaur!
Now I hadn't seen a DINOSAUR *before,*
Especially one at my own front door!

DULCIE MEDDOWS, *The Dinosaur Rap.*
From: ANNETTE KOSSERIS-HAYNES, *A Cup of Giggles – A Saucer of Dreams,* 1994

Ein Gedicht umwandeln

Turn the poem into a story/a short scene: Tell the man's story.

ROBERT FROST
Stopping By Woods On A Snowy Evening (1923)

Whose woods these are I think I know.
His house is in the village though;
He will not see me stopping here
To watch his woods fill up with snow.
[…]
The woods are lovely, dark and deep.
But I have promises to keep,
And miles to go before I sleep,
And miles to go before I sleep.

Aus:
English and American Poetry. Hrsg. von HÜLLEN/KÜNNE. Klett, Stuttgart 1979, S. 127

What is the speaker's situation?

The poem presents the thoughts of a person who has stopped outside a village during a winter night. He is on his way to a distant place, because he has to keep a promise. He has to decide whether to enter the village or not.

Wichtige Merkmale des Inhalts (z. B. die Ausgangssituation) müssen auch in dem neuen Text enthalten sein. Darüber hinaus lässt diese Aufgabe dir gestalterische Freiräume. Möglichkeiten, den Text mit deinen eigenen Inhalten zu füllen, bietet das Gedicht an Stellen, wo es ungenau ist oder wo Informationen fehlen. In diesem Beispiel kannst du mit deiner Geschichte folgende Fragen beantworten:

- *What is the speaker's relationship to the person who lives in the village?*
- *What are the speaker's promises?*
- *Who is the speaker? What is his name, age etc.?*
- *What is the name of the place he is going to? Is it a foreign country?*

Beginning of a story

It was a stormy and cold evening when Ben Wright came past Dulwich, a small village in Vermont. He had been away for two years, always longing for this day when he would be on his way to Rutland where Laurie was waiting for him. They had promised to wait for each other until the end of the war. Dulwich was where his uncle was living. A rich farmer, he had bought all the woods around the village. Ben was his favourite nephew. But Laurie was waiting for him. …

… of another story

My name is John Iliff of Ohio. I am 25. You are wondering why I stopped and looked at the village, not entering it. So this is my story. I was born on a farm in this village in 1831 and grew up there together with four brothers. When I grew older I realized that I did not have a chance of getting on in life and seeing the world if I stayed there. So I left my parents' farm and went to St. Louis to earn my own money. My partner and I will set up a trading station in Kansas. Together we will be pioneers of the West. …

Vokabular für die Untersuchung von Gedichten und Songs

General vocabulary	Allgemeines Vokabular
poetry	Dichtung
poem	Gedicht
poet	Dichter
songwriter	Liedautor
poetic	lyrisch, poetisch
song	Lied
singer	Sänger, -in
ballad	Ballade, Erzählgedicht
stanza	Strophe
line/verse	Zeile
refrain, chorus	Kehrvers
lyrics	Songtext

Division	Aufbau
A poem falls into … *is divided into …* *is composed of …* *is arranged in …* *has … (stanzas/parts)*	Ein Gedicht … ist aufgeteilt in / besteht aus … (Strophen/Teilen)
It consists of … *three-line stanzas* *quatrains* *couplets*	Es besteht aus … dreizeiligen Strophen Vierzeilern Zweizeilern
A stanza consists of … lines *… has … lines*	Eine Strophe besteht aus … Zeilen
A stanza is a couplet.	Eine Strophe ist ein Zweizeiler.
introduction	Einleitung
main part	Hauptteil
conclusion, ending	Abschluss, Schlussteil

The meaning of the poem	Die Bedeutung des Gedichtes
A poem deals with/is about … *is concerned with …* *describes …* *defines …*	Ein Gedicht handelt von … beschäftigt sich mit … beschreibt … definiert …

The meaning of the poem	**Die Bedeutung des Gedichtes**
The topic/idea is introduced/ expressed in …	Das Thema/der Gedanke wird vorgestellt/ausgedrückt …
The poet draws the reader's attentention to …	… lenkt die Aufmerksamkeit des Lesers auf …
S.th. is the key to the meaning of the poem.	Etwas ist der Schlüssel zur Bedeutung des Gedichts.
S.th. is a hint at the message of the poem.	Etwas ist ein Hinweis auf die Botschaft des Gedichtes.
The poet wants to show that … *… wants the reader to understand that …*	Der Dichter möchte zeigen, dass ... möchte, dass der Leser versteht …

Effect	**Wirkung**
The poem strikes the reader, because …	Das Gedicht fällt dem Leser auf, weil …
It stirs up feelings/associations	Es löst Gefühle/ Assoziationen aus
It reminds the reader of s.th.	Es erinnert den Leser an etwas.
It makes the reader associate s.th.	Es bringt den Leser dazu, eine Gedankenverbindung herzustellen.
It makes the reader able to imagine s.th.	Es ermöglicht es dem Leser, sich etwas vorzustellen.
A poem appeals to the reader's *feelings* *emotions* *senses*	Ein Gedicht spricht die Gefühle, Empfindungen, Wahrnehmung des Lesers an.
It fills the reader with feelings of …	Es erfüllt den Leser mit Gefühlen von …
a sad mood *a cheerful mood* *a humorous tone* *a solemn tone* *a poem sounds funny*	eine traurige Stimmung eine heitere Stimmung einen humorvollen Ton einen feierlichen Ton ein Gedicht klingt lustig

Stylistic devices	**Stilmittel**
rhetorical or stylistic device	rhetorisches oder Stilmittel
to use a device *to make use of a device*	ein Stilmittel verwenden
a device can be found in line …	ein Stilmittel findet man in Zeile …
S.th. is a means of producing a/ an … effect.	Etwas ist ein Mittel, um eine … Wirkung zu erzielen.

5

Stylistic devices	**Stilmittel**
A device underlines s.th. *… creates an effect* *… creates an atmosphere*	Ein Stilmittel betont etwas. … erzeugt eine Wirkung … schafft eine Stimmung
to mention a symbol	ein Symbol erwähnen
s.th. is a symbol of …	ein Symbol der/des …
to have a symbolic meaning	symbolische Bedeutung haben
to use a metaphor	eine Metapher verwenden
to use a simile	einen Vergleich verwenden
to compare s.th. to s.th. else	etw. miteinander vergleichen
to use imagery	eine bildhafte Sprache benutzen
to use hyperbole	etw. übersteigert ausdrücken
Nature is personified in this poem.	Die Natur wird in diesem Gedicht personifiziert.
to form a contrast to … *to be in contrast to s.th.*	einen Gegensatz bilden zu …
There is a contrast between …	Es besteht ein Kontrast zwischen …
s.th. contrasts with …	… steht im Gegensatz zu
exclamation	Ausruf
The poem/stanza starts/ends with an exclamation.	Das Gedicht/die Strophe beginnt/ endet mit einem Ausruf.
to address s.b.	jmd. anreden

Sound devices	**Klangmittel**
to use an alliteration	eine Alliteration benutzen
The alliteration at the beginning of the lines gives the poem a harsh/soft sound.	Die Alliteration am Anfang der Zeilen gibt dem Gedicht einen harten/weichen Klang.
anaphora	Anapher
The anaphora in line/lines … stresses the meaning of the sentence.	Die Anapher in der Zeile /den Zeilen betont die Bedeutung des Satzes.
The sound of words creates a certain atmosphere.	Der Klang der Wörter erzeugt eine bestimmte Atmosphäre.
The rhyme draws attention to the words …	Der Reim lenkt die Aufmerksam-keit auf die Wörter …
The words of the poem have a pleasant sound.	Die Wörter des Gedichts haben einen angenehmen Klang.

Sound devices	**Klangmittel**
The sound of the words helps the reader to imagine s.th.	Der Klang der Wörter hilft dem Leser, sich etw. vorzustellen.
to have a(n) (ir)regular rhyme scheme	ein (un)regelmäßiges Reimschema aufweisen
cross rhyme (abab)	Kreuzreim
embracing rhyme (abba)	umarmender Reim
rhyme in pairs (aabb)	Paarreim

Rhythm	**Rhythmus**
A poem/song has a special rhythm.	Ein Gedicht/Lied hat einen speziellen Rhythmus.
Its rhythm sounds … *smooth* *fast/slow* *flowing* *monotonous* *regular* *irregular* *halting* *pulsing* *funky (of pop music)*	Sein Rhythmus klingt … gleichmäßig, glatt, weich, ruhig schnell/langsam fließend eintönig regelmäßig unregelmäßig stockend pulsierend einfach und kräftig (Popmusik)

Syntactical patterns	**Satzmuster/Satzstruktur**
the repetition of the word/sentence … stresses …	die Wiederholung des Wortes/Satzes … betont …
to repeat a word/line/sentence	Wort/Zeile/Satz wiederholen
to drop a word leave a word out	ein Wort auslassen
an elliptical sentence	ein unvollständiger Satz
to change the word order	die Satzstellung verändern
A sentence/line is parallel to another.	Sätze/Zeilen besitzen eine parallele Struktur.
run-on line	Zeilensprung
A sentence runs into the following line.	Ein Satz setzt sich in der nächsten Zeile fort.

Choice of words	**Wortwahl**
to use a word in the figurative meaning	ein Wort im übertragenen Sinne benutzen

Choice of words	Wortwahl
to use an unusual expression for s.th.	einen ungewöhnlichen Ausdruck benutzen
to use an unusual combination of words	eine ungewöhnliche Wortkombination benutzen
to create a new word for s.th.	ein neues Wort für etwas schaffen
everyday language *informal language* *slang* *formal language* *poetic language*	Alltagssprache Umgangssprache Slang förmliche Sprache lyrische Sprache
a word hints at s.th.	ein Wort weist auf etwas hin

Typographical form	Druckbild
to arrange words/letters in the shape of ...	Wörter/Buchstaben in der Form von ... anordnen
in a vertical/horizontal line	in einer senkrechten/waagerechten Linie
to print in bold/capital letters	Fettdruck/Großbuchstaben verwenden

The singer	Die Sängerin/der Sänger
The singer uses his/her voice to express/underline his feelings.	Der Sänger setzt seine Stimme ein, um Gefühle auszudrücken/zu verstärken.
to murmur	murmeln
to whisper	flüstern
to whistle	pfeifen
to scream	kreischen
to sigh	seufzen
with a trembling voice	mit zitternder Stimme
the singer's voice is ... *high/deep, low* *loud/soft* *shrill* *faint* *strong, powerful* *distant* *harsh* *smooth*	die Stimme des Sängers ist ... hoch/tief laut/leise schrill, durchdringend schwach kräftig, stark von fern klingend hart, abweisend weich, sanft

The mood of a song	**Die Stimmung eines Liedes**
happy	glücklich
calm	ruhig
thoughtful	nachdenklich
melancholic	melancholisch
enchanting	verzaubernd
soothing	tröstend, beruhigend
meditative	meditativ, versunken
sad	traurig
aggressive	aggressiv
cheerful	heiter, fröhlich
humorous	lustig, humorvoll, amüsant
romantic	romantisch

Your opinion on the song	**Deine Meinung zum Lied**
... is my favourite song, because …	… ist mein Lieblingslied, weil …
It has a positive/negative message.	Es hat eine positive/negative Botschaft.
What I like best about this song is ...	Am besten gefällt mir an diesem Lied …
What I dislike about this song is ...	An diesem Lied mag ich nicht …
This is a song which really makes people aware of the ... problem/ the problem of …	Das ist ein Lied, das den Menschen wirklich das Problem der ... bewusst macht.
Its message is (un)realistic. *… important to everybody* *… concerns everybody, because ...*	Seine Botschaft ist (un)realistisch. … wichtig für jedermann … geht jeden an, weil ...
It does not talk/say a word about …	Es verschweigt …
It shows only the positve/negative sides of s.th. *It sees … only in black and white.*	Es zeigt nur positive/negative Seiten einer Sache. Es betreibt Schwarz-Weiß-Malerei
a song especially written for boys/ girls at the age of …	ein Song besonders für Jungen/ Mädchen im Alter von …
for the 12-16 age group	für die Altersgruppe der 12- bis 16-Jährigen

5.3.3 Dramatische Texte

Dramatische Texte werden in erster Linie für das Theater geschrieben. Ihre Handlung soll von Schauspielern auf einer Theaterbühne aufgeführt werden. Schauspieler und Regisseur müssen dem Dramentext alle wichtigen Informationen entnehmen können, die sie zum Einstudieren des Dramas benötigen. Daher besitzt der Dramentext eine völlig andere Gestalt als der Erzähltext oder das Gedicht.

Hier siehst du das Beispiel eines Dramentextes:

EUGENE O'NEILL
Beyond the Horizon (1920)

Act One, Scene One

A section of country highway. […]
The road […] can be seen in the distance winding toward the horizon […]
At the rise of the curtain, ROBERT MAYO is discovered sitting on the fence. He is a tall, slender young man of twenty-three. […]
His brother ANDREW comes along […], returning from his work in the fields. […]
He wears overalls, leather boots, a gray flannel shirt open at the neck […]

ANDREW (seeing ROBERT has not noticed his presence – in a loud shout):
Hey there! (ROBERT turns with a start. Seeing who it is, he smiles)
Gosh, you do take the prize for day-dreaming! […]
What is it this time—poetry , I'll bet. (He reaches for the book)
Let me see.
ROBERT (handing it to him rather reluctantly): Look out you don't get it full of dirt.
[…]

Ausgabe: Westermann, Braunschweig 1969. S. 6f.

Das Drama ist in **Akte *(acts)*** und **Szenen *(scenes)*** eingeteilt. Das vorliegende Beispiel besteht aus drei Akten mit jeweils zwei Szenen.
Zu Beginn jeder Szene finden die Schauspieler die **Bühnenanweisungen *(stage instructions)***. Sie geben genau an, wie die Bühne mit **Bühnenbild *(scenery)*** und **Requisiten *(stage props)*** für diese Szene ausgestattet sein soll. Sie beschreiben auch, wie die **Schauspieler** die **Figuren** äußerlich und im Verhalten darzustellen haben.
Dann folgt der Dialog, das **Bühnengespräch**. Hier sind immer wieder kurze Anweisungen, die **Regieanweisungen**, für die Schauspieler eingefügt: Wie soll die Figur sprechen (z. B. *"in a loud shout"*)? Wie sind ihr Gesichtsausdruck und ihre Gesten (z. B. *"handing it to him rather reluctantly"*)?

EUGENE O'NEILL (1888–1953)

Folgende Elemente bilden die Bausteine eines Dramas:

Aufführung *(performance)*	**Aufbau** *(structure)*	**Handlung** *(action)*	**Bühnengespräch** *(dialogues)*	**Figuren** *(characters)*

Unter den **Bühnenanweisungen** ***(stage directions)*** versteht man die dem Sprechtext eines Dramas beigefügten Anmerkungen des Autors über:
- den Schauplatz der Szenen,
- die Gestaltung und Ausstattung der Bühne,
- die Redeweise, Gestik und Mimik der Figuren,
- das Auf- und Abtreten der Schauspieler auf der Bühne,
- Geräusche, Musik und Lichteffekte.

WILLIAM SHAKESPEARE (1564–1616)

Das Beispiel des Dramentexts mit den Bühnenanweisungen und dem Bühnengespräch zeigt, dass es im Drama keinen Erzähler gibt, der die Handlung beschreibt und kommentiert. Alle Aufgaben, die im Erzähltext der Erzähler übernimmt, werden im Drama durch die Aufführung auf der Bühne wahrgenommen.

Die Aufführung

Die Vermittlungsform des Dramas ist die **Aufführung** auf einer Bühne *(performance on stage)*. Das hat für den Zuschauer Auswirkungen:
- Der Zuschauer erlebt die Handlung auf der Bühne in unmittelbarer Nähe mit; die vom Autoren erdachten Figuren werden auf der Bühne zu lebendigen Menschen, deren Stimme du hören und deren Bewegungen du sehen kannst. Das erleichtert dir die **Identifikation mit den Figuren.** Du kannst dich noch besser in sie hineinversetzen. Eine Handlung kann eine große Betroffenheit in dir auslösen.

- Während du beim Lesen in der Regel alleine mit dem Text bist, bildest du im Zuschauerraum zusammen mit den mit anderen Zuschauern das **Publikum**, das dem Schauspiel folgt.
- Die im Dramentext beschriebene Handlung kann sich über Jahre erstrecken (in *"Beyond the Horizon"* sind es acht Jahre); während der Bühnenaufführung spielt sie sich innerhalb von zwei bis drei Stunden ab. Nur die **entscheidenden Ereignisse** eines langen Zeitraumes werden tatsächlich dargestellt.
- Während du beim Lesen eines Textes die unklaren Stellen im Nachhinein noch einmal überfliegen kannst, fehlt dir bei einer Dramenaufführung diese Möglichkeit. Du bist auf die **Verständlichkeit des Bühnengesprächs** und der Bühnenhandlung angewiesen.
- Im Gegensatz zum Erzähltext kann die Bühnenaufführung den Zuschauer mit vielen **optischen** und **akustischen Mitteln** in den Bann der Handlung ziehen und eine Szene lebendig werden lassen. Die Spannung zwischen den Figuren oder die Atmosphäre in einem Raum entstehen z. B. durch die Bühnenausstattung, die Bewegungen der Schauspieler oder die Bühnenbeleuchtung.

Das folgende Schaubild gibt eine Übersicht über die Darstellungsmittel der Schauspieler und der Bühne.

Zeichenvielfalt

akustische Zeichen		**optische Zeichen**	
Darsteller	Bühne	Darsteller	Bühne
Sprache Redeweise Akzent Stil Sprechtempo Stimmführung Tonhöhe Lautstärke u. a.	Geräusche Musik Stimme aus dem „Off"	Statur Physiognomie Mimik Gestik Bewegung Maske Kostüm u. a.	Bühnenbild Aufbauten Dekoration Requisiten Beleuchtung Projektion Vorhänge Spruchbänder u. a.

Die Handlung

Rein äußerlich sind Dramen in Hauptabschnitte eingeteilt, die **Akte *(acts)*** heißen. Jeder Akt besteht aus kürzeren Handlungseinheiten, den **Szenen *(scenes)***. Zwischen den Akten findet häufig ein **Schauplatzwechsel *(change of the setting)*** statt. Daher senkt sich zwischen den Akten der Bühnenvorhang, damit die Bühne umgestaltet werden kann. Die **Handlung *(action)*** eines Dramas lässt sich in einzelne **Handlungsabschnitte *(parts)*** einteilen.

- Mehrere Szenen am Anfang des Dramas führen in die Handlung ein. Diese Szenen bilden die **Exposition *(exposition)***. Du erfährst aus dem Bühnengespräch, um welches Thema oder um welchen Konflikt es in dem Drama geht. Die Exposition liefert dir alle Informationen, die du zum weiteren Verständnis des Dramas benötigst.
  Die Hauptfiguren, der Schauplatz und der zeitliche Hintergrund der Handlung *(place and time of action)* werden vorgestellt. Du lernst die Ausgangssituation und ihre Vorgeschichte *(background to the action)* kennen.
- Der Handlungsverlauf strebt häufig auf einen **Höhepunkt *(climax)*** zu; der Konflikt spitzt sich zu.
- Der Höhepunkt des Konfliktes löst oft einen Richtungswechsel im Handlungsverlauf aus. Das Schicksal der Hauptfigur wendet sich. Dieser Abschnitt eines Dramas ist der **Wendepunkt *(turning point)***.
- Der letzte Abschnitt zeigt den **Ausgang der Handlung *(outcome of the action)***. In sehr ernsten Dramen endet der Konflikt auf tragische Weise durch das Scheitern und den Tod des Helden; in anderen beendet eine Versöhnung den Konflikt eine gütliche Lösung wird herbeigeführt.

Two different plots

Eugene O'Neill, "Beyond the Horizon"

"Beyond the Horizon" follows eight years in the life of the Mayo family. The play is set at the Mayos' farm north of New York. The main characters are Robert Mayo, his brother Andrew and Ruth.

At the beginning the conflict is presented. Robert has to decide whether to realize his dreams or whether to return Ruth's love for him.

His plans were to accompany his uncle, the captain of a ship, and realize his dreams of freedom and exploring foreign places. Shortly before he leaves Ruth confesses her love for him. So he gives up his dreams, marries Ruth and becomes a farmer. Andrew, his brother, who has always loved Ruth, takes his part and becomes a sailor.

After three years Andrew returns to the farm and tells his family of his travels and his plans of setting up a large farm in Argentine. Ruth realizes that her choice of marrying Robert was wrong. Robert has found out that he is not fit for farming and that his choice of staying with Ruth was wrong, too. During an argument she tells Robert that she loves Andrew. She stays with Robert, however. In the last act Robert, who has fallen ill, makes Andrew promise to marry Ruth and take over the farm after his death. Andrew only pretends to promise, because he does not love Ruth any more. In the end Robert dies. Ruth has lost all hope of a new life.

Willy Russell, "Educating Rita"

"Educating Rita" is about the relationship between two characters from entirely different worlds: Rita, whose real name is Susan White, is a young hairdresser from working-class. Dr. Frank Bryant, a middle-aged University lecturer, becomes her tutor in English, when she signs up for an Open University course for one semester. All scenes take place in Frank's study inside the university building in Liverpool. The clash of characters in this play causes a comic effect.

Rita is eager to learn; by taking tuition she tries to escape her daily routine at work and her social life. In spite of their different backgrounds, Frank and Rita get along quite well. Frank is impressed by Rita's determination; he likes her honesty. Soon he begins seeing life from Rita's down-to-earth point of view. Disappointment follows, when Rita starts to talk and behave like other intellectuals Frank knows and cannot stand. When one of her new friends tries to kill herself, Rita realizes which values are truly important in her life. Rita passes the exam at the end of her course. Frank is going to be sent to Australia for a year; so he asks Rita to come with him. The last scene of the play suggests that Rita and Frank have become friends, or even more. The play has an open ending.

5

Das Bühnengespräch

Dem Bühnengespräch kannst du als Zuschauer die meisten Informationen über den Handlungsverlauf und die Figuren entnehmen. Die Figuren reden nicht nur im **Dialog *(dialogue)*** miteinander. Längere Selbstgespräche einer Figur nennt man **Monologe *(monologue)*.** Sie geben die Gedanken einer Figur in gesprochener Form wieder und sind für die anderen Figuren auf der Bühne nicht hörbar. Manchmal wendet sich eine Figur direkt an die Zuschauer, ohne das ihre Mitakteure es hören; diese Redeform heißt **Beiseitesprechen *(aside)*.**

Das Bühnengespräch übernimmt im Drama eine Vielzahl von Funktionen. Es ist:
- Handlungsauslöser
- Beziehungsstifter
- Figurenzeichner

Das Bühnengespräch als Handlungsauslöser. Das Bühnengespräch selbst ist Sprachhandlung. Jede absichtsvolle Äußerung treibt die Handlung voran. Folgender Ausschnitt aus EUGENE O'NEILLS *"Beyond the Horizon"* stellt den Schlüsselmoment *(key moment)* der ersten Szene dar. Durch das Bekenntnis ihrer Zuneigung zu Robert stellt Ruth die Weichen für die weitere Entwicklung der Handlung. Ruth handelt, indem sie spricht. Sie überredet Robert, nicht zur See zu fahren, sondern auf der Farm zu bleiben. Für die Landarbeit ungeeignet, ist Robert durch seine Entscheidung zum Scheitern verurteilt.

EUGENE O'NEILL: *Beyond the Horizon,* Westerman, Braunschweig 1969, S.18

"RUTH: You won't go away on the trip, will you, Rob? [...]
You can't go now! You can't! [...]
Please don't go – not now. Tell them you've decided not to. [...]
Please, Rob! We'll be so happy here together [...]."

EUGENE O'NEILL, *Beyond the Horizon*, 1920

Das Bühnengespräch als Beziehungsstifter. Das Bühnengespräch lässt vor dem Zuschauer ein Geflecht von Beziehungen entstehen. Der Zuschauer erfährt, wie die Figuren zueinander stehen. Eine Beziehung kann geprägt sein durch die Gegensätze

Zuneigung *(affection)*	↔	Abneigung *(dislike)*,
Nähe *(close relationship)*	↔	Distanz *(distant relationship)*,
Unterstützung *(friendship, support)*	↔	Rivalität *(rivalry)*.

Aus dem Bühnengespräch geht ebenso hervor, welche Stellung die Figuren innerhalb des Figurenensembles einnehmen *(position among the characters)*. Üblich ist die Aufteilung in **Haupt- und Nebenrollen**; diese ist abhängig davon, wie sehr eine Person die Handlung bestimmt. In manchen Figurenensembles wird eine Rangordnung dargestellt, in der es einen Anführer, aber auch einen Außenseiter gibt. Der Konflikt eines Dramas kann sich auch aus der Rivalität zwischen dem Helden/der Heldin und einem Gegenspieler entwickeln. Dramen zeigen häufig Entscheidungssituationen, die durch einen Konflikt herbeigeführt werden. Eine Entscheidung verändert die Positionen und Beziehungen der Figuren. Möglicherweise gerät die Hauptfigur in die Isolation *(to be isolated)* oder erlebt eine Niederlage; eine Figur ergreift Partei oder eine Gruppe von Figuren schließt sich zu einer Reaktion auf ein Ereignis zusammen.

Im Beispiel *"Beyond the Horizon"* wandelt sich Ruths Beziehung zu ihrem Mann Robert radikal. Da er ihre Erwartungen an einen Ehemann nicht erfüllt hat, ist aus ihrer Liebe Ablehnung und Verachtung geworden. Im Dialog äußert sie ihre aufgestaute Enttäuschung. Dabei berücksichtigt sie nicht, wie tief sie Robert verletzen könnte:

> *"RUTH: '[...] I hate the sight of you. Oh, if I'd only known! If I hadn't been such a fool to listen*
> *to your cheap, silly, poetry talk that you learned out of books! [...]*
> *I'd have killed myself before I'd have married you!'"*
> EUGENE O'NEILL, *Beyond the Horizon*, 1920

EUGENE O'NEILL: *Beyond the Horizon,* Westerman, Braunschweig 1969, S. 58

Die Figuren

Um sich die fiktiven Figuren eines Dramas vorstellbar zu machen, muss der Leser oder Zuschauer eine Auswahl von Informationen über die Figuren erhalten. Den größten Anteil an figurenbezogenen Informationen kann er dem Bühnengespräch entnehmen.

Der Zuschauer beobachtet
- Bühnengespräch *(dialogue)*,
- Sprache *(language)*,
- Stimme *(voice)*,
- Mimik *(facial expression)*,
- Gestik *(gestures)*,
- Körperhaltung *(posture)*,

um Informationen über das Verhalten einer der handelnden Personen zu erhalten.

> *"ANDREW [...]: Gosh, you do take the prize for day-dreaming! [...]*
> *What is it this time – poetry , I'll bet.(he reaches for the book) [...]*
> *ROBERT (handing it to him rather reluncantly): Look out you don't get it full of dirt.*
> *ANDREW [...]: That isn't dirt – it's good clean earth. [...]"*
> EUGENE O'NEILL, *Beyond the Horizon*, 1920

EUGENE O'NEILL: *Beyond the Horizon,* Westerman, Braunschweig 1969, S. 7

- *Andrew's opinion of his brother*
- *The movement of Robert's hand* (Gestik)
- *Andrew's attitude towards earth*

Robert and Andrew are introduced as two contrasting characters. Robert is the thoughtful, sensitive type who loves his books.
Unlike him, Andrew appears to be "a son of the soil" who shows his respect for earth. He is fit to be a farmer.

In der Eröffnungsszene aus "*Beyond the Horizon*" werden zwei der Hauptfiguren mit ihren Neigungen vorgestellt. Die Darstellungstechnik, die der Autor hier benutzt, ist die **Gegenüberstellung.** Diese hebt die Gegensätzlichkeit der beiden Brüder Andrew und Robert für den Zuschauer hervor. Bevor eine Dramenfigur charakterisiert werden kann, müssen folgende Bereiche ihrer Handlungen untersucht werden:
- ihre Entscheidungen *(decisions)*,
- ihre Gedanken und Gefühle *(thoughts and feelings)*,
- ihre Einstellung zu bestimmten Personen *(attitudes)*,
- ihre Reaktionen auf Situationen und Ereignisse *(reactions)*,
- die Gestaltung ihrer Umgebung *(surroundings)*.

Die Untersuchung dieser Aspekte lässt Rückschlüsse zu auf die **Absichten *(intensions)*** einer Person. Außerdem macht sie die Ursachen und **Motive** ihres Handelns verständlich. Häufig durchläuft die Hauptfigur eines Dramas eine Entwicklung. Die **Methode des Vergleichs** legt offen, in welcher Hinsicht sich eine Person gegenüber einem früheren Zeitpunkt verändert hat. Das Verhältnis, das eine Figur zu ihrer Umgebung hat, lässt sich an der **Gestaltung des Bühnenbildes** ablesen. Wohnräume spiegeln häufig die Lebensweise der in ihnen lebenden Menschen. Im Beispiel "*Beyond the Horizon*" spiegelt der Zustand des Wohnzimmers die Verfassung der Familie Mayo zu verschiedenen Zeitpunkten wieder. Die umfangreichen Bühnenanweisungen, die den Szenen vorangestellt sind, bieten sich für eine vergleichende **Gegenüberstellung** an:

EUGENE O'NEILL: *Beyond the Horizon*, Westerman, Braunschweig 1969, S.20, 41

Act I, scene 2
"[...] Everything in the room ***is clean, well-kept, and in its exact place,*** *[...] the atmosphere is one of the* ***orderly*** *comfort of a simple, hard-earned prosperity, enjoyed and maintained by* ***the family as a unit."***
Act II, scene 1 (three years later)
"[...] the chairs appear ***shabby*** *from* ***lack of paint;*** *the table cover is* ***spotted*** *[...];* ***holes*** *show in the curtains; a child's doll, with* ***one arm gone,*** *lies* ***under the table."***

EUGENE O'NEILL, *Beyond the Horizon*, 1920

Wenn sich der Vorhang für den zweiten Akt hebt, ist die Veränderung für den Zuschauer sofort an den Einzelheiten des Wohnzimmers spürbar:

tidy, well-kept ⟷ *untidy, shabby, neglected*

Diese Veränderung hat Auswirkung auf die Atmosphäre des Raumes:

atmosphere of orderly comfort ⟷ *atmosphere of carelessness and neglect*

Das Bühneninventar dient hier als Spiegel der Entwicklung, die die Familie Mayo durchlaufen hat. Die Einheit, die die Familie Mayo noch im ersten Akt darstellte, ist zerbrochen. Sie ist durch Probleme belastet und abgelenkt. Die Kraft, sich um Ordnung zu kümmern und das Inventar zu pflegen, ist den Familienmitgliedern abhanden gekommen.

Tragödie und Komödie

Tragödie und Komödie bilden die beiden Hauptgattungen des Dramas. Die **Komödie** ist ein unterhaltsames Schauspiel, das, oft ausgehend von einem scheinbaren Konflikt, menschliche Schwächen entlarvt und zu einem glücklichen Ausgang führt.

"FRANK. [...] She's very caring [...] and spends a great deal of time putting her head in the oven.
RITA. Does she try an' do herself in?
FRANK. Mm? No, she just likes to watch the ratatouille cook."
WILLY RUSSELL, *Educating Rita,* 1980

WILLY RUSSELL: *Educating Rita.* Reclam, Stuttgart 1997, S. 37

Der Dialog in diesem Ausschnitt der Komödie *"Educating Rita"* wirkt durch eine Wortspielerei komisch und unterhaltsam für den Zuschauer. Wortspiele *(puns)* und mehrdeutige Wörter erzeugen Sprachkomik. Andere Mittel, um den Zuschauer zu unterhalten, sind Situationskomik *(slapstick elements, stock situations)*, Verwechslungen und Figurenkomik (*stock characters*, z. B. der Tollpatsch, der Geizhals).

ARISTOTELES (384–322 v. Chr.) unterteilte das Drama in Tragödie und Komödie.

Die **Tragödie** ist ein ernstes Schauspiel, dessen Handlung durch einen tief greifenden Konflikt ausgelöst wird. Dieser Konflikt wird entweder von außen an die Hauptfigur *(tragic hero)* herangetragen, welche an der Bewältigung des Konfliktes scheitert, oder die Hauptfigur begeht unwissentlich eine schicksalhaften Irrtum *(tragic flaw)*, an dessen Folgen sie zerbricht.

"ROBERT [...]: I won't go, Ruth. I promise you. There! Don't cry! [...] I couldn't find all the things I was seeking for here, at home on the farm. I think love must have been the secret – the secret that called to me from over the world's rim – the secret beyond every horizon; and when I did not come, it came to me. [...]
Oh Ruth, our love is sweeter than any distant dream! [...]"
EUGENE O'NEILL, *Beyond the Horizon,* 1920

EUGENE O'NEILL: *Beyond the Horizon,* Westerman, Braunschweig 1969, S. 18 f.

In diesem Ausschnitt aus der ersten Szene des Dramas *"Beyond the Horizon"* trifft Robert die folgenschwerste Entscheidung in seinem Leben. Das Drama zeigt im weiteren Verlauf, wie er unaufhaltsam scheitert und das Opfer seiner eigenen Täuschung wird.
Anstatt seine langjährigen Pläne zu verwirklichen und mit seinem Onkel zur See zu fahren, geht er spontan und unüberlegt eine Liebesbeziehung mit Ruth ein. Er entscheidet sich für ein Leben als Farmer, das ihn schon bald überfordert. Durch seine Unfähigkeit führt er den wirtschaftlichen Niedergang seiner Familie herbei. Die Liebe zwischen ihm und Ruth *("our love is sweeter than any distant dream")* stellt sich als eine Illusion heraus. Sie gibt ihm nicht die Art der Erfüllung, die er sich für sein Leben erhofft hatte *("all the things I was seeking for")*. Gleichzeitig zerstört er die Lebenspläne seines Bruders Andrew, der Ruth heiraten möchte und wirklich geeignet ist, die Farm seiner Eltern erfolgreich zu bewirtschaften.

5

Eine Szene oder eine Dramenfigur beschreiben

▶ In Kapitel 1.2 kannst du dich über die Technik des intensiven Lesens informieren.

■ Die Charakterisierung einer Hauptfigur und die Beschreibung einer Szene oder eines Textausschnittes verlangen eine genaue Untersuchung des Textes. Deine Darstellung muss sich an eng an den Text halten. Fakten aus dem Text dürfen nicht verändert oder weiter ausgeschmückt werden.
Bevor du mit der Bearbeitung dieser Aufgabe beginnst, solltest du die Szene oder den Text, in dem die Figur eine Rolle spielt, gründlich durchgelesen haben.

■ Formuliere deine Aussagen über den Text in deinen eigenen Worten. Benutze treffendes Vokabular. Belege deine Aussagen möglichst mit kurzen Zitaten aus dem Text oder mache Zeilenangaben.

Eine Szene beschreiben

▶ Schreibe deine Darstellung im ***simple present***. Verwende Formulierungen wie: *Scene 2 of Act I is about …* *It takes place in …* *The characters who play a part in this scene are …* *This scene is a part of the exposition because we get to know …* *This is the most important scene of Act I because …* *It is the beginning of the relationship between …*

Die Untersuchung eines Textausschnittes verlangt zunächst die **Einordnung** des Ausschnittes **in den Handlungsverlauf:**
- Stelle fest, wovon die Szene handelt, um welchen Handlungsabschnitt es geht und fasse seine Handlung zusammen.
- Fasse kurz zusammen, was als Vorgeschichte dieser Szene wichtig ist.

Außerdem fragt diese Aufgabenstellung danach, ob die vorliegende Szene für den **Verlauf des Dramas** eine besondere Bedeutung hat.
- Handelt es sich um eine Schlüsselszene, um den Höhepunkt der Handlung oder das Ende?
- Überprüfe, ob die Szene die Ausgangsituation einschneidend verändert. Manchmal ändert sich die Haltung der Figuren zueinander.
- Im Abschnitt „Die Figuren" hast du gelesen, dass Szenen einen Gegensatz zueinander bilden können, oder dass zwei Szenen einen ähnlichen Verlauf haben können und sich spiegeln. Überprüfe, ob das auf die Szene zutrifft, die du untersuchst.

Wenn du das Drama kennst, kannst du auch auf die **folgende Handlung** eingehen.
- Untersuche, welche Auswirkungen die zu untersuchende Szene auf die folgende Handlung hat. Welche Entwicklung bahnt sich an?
- Wie endet diese Entwicklung?

Writing about a scene from a drama

- *What situation does the scene present:*
  - *Who are the main characters? What is the relationship between them?*
  - *What is the setting of the scene?*
  - *What is the scene about? What happens?*
  - *What atmosphere is created?*
- *Are there any important changes in the course of the scene?*
- *What are the consequences for the following action?*
- *What development starts in this scene?*

Wissenstest 5 abrufbar auf **www.lernhelfer.de** oder mit der Lernhelfer-App

Eine Dramenfigur beschreiben

- Markiere Angaben und Einzelheiten über die Figur im Text und stelle sie in Stichworten zusammen.
- Stelle im Text die Eigenschaften und Verhaltensweisen der Figur fest.
- Ordne die Figur ein: Welche Rolle spielt sie für die anderen Figuren?
- Untersuche die Gründe und Motive für das Verhalten der Figur.
- Überlege, welche Bedeutung die Figur für den Text und die Handlung insgesamt hat.
- Überlege, ob sich die Figur im Lauf der Handlung verändert; das ist oft bei den Hauptfiguren der Fall.

Einleitung *(introduction)* Stelle die Person kurz mit Namen und Alter vor; welchen Eindruck macht sie und welche Rolle spielt sie im Drama?	**Leitfragen** *Who is the character? Is it one of the main characters, the hero, his opponent, or a less important character?* *What is the person's function in the play?* *What impression does the the person make (e.g. tired, depressed, clumsy, elegant, casual, neat)?*
Hauptteil *(main part)* Stelle die gewonnenen Einzelheiten in einer sinnvollen Reihenfolge dar; gehe immer vom Allgemeinen zum Besonderen vor: – äußere Erscheinung – Persönlichkeitszüge (von den offensichtlichen zu den verborgenen) – Stellung zwischen den anderen Figuren – Umgang mit anderen Figuren – Gefühle und Beweggründe der Figur – Wandelt sich die Figur im Laufe der Handlung? Wichtig: Führe Textstellen an, um deine Schlussfolgerungen zu belegen	*What is the person's facial expression (e.g. cheerful, happy, sad, depressed, worried, angry)?* *Does he/she have any striking facial features (eyes, mouth, nose, chin, cheeks)?* *What is the person's posture/build (e.g. awkward, erect, dignified, bowed/tall, short, well-built, sturdy, slim)?* *How does the person walk /move (e.g. slowly, clumsily, vigorously)?* *Does he/she use any typical gestures?* *What is his/her voice like and how does he/she speak?* *What is the person's way of speaking?* *What is his/her position in society/among the persons in the story (upbringing, education, family background)?* *What is his/her attitude towards other people?* *Is he/she in a conflict with someone else?* *What are the person's interests/likes and dislikes?* *What are his/her hopes/dreams/motives/intentions?* *What are the person's most important feelings in this text?* *Does the character change in the course of the action?*
Schlussbetrachtung *(conclusion)* Fasse deine Einschätzung der Figur noch einmal zusammen. Begründe die Bedeutung der Figur für den Handlungsverlauf. Hier darfst du auch äußern, wie du persönlich über die Figur denkst.	*What consequences do the events of the story/play have for the character?* *What consequences does the character's action have for the other persons in the story/play?* *What is your personal opinion of the character?*

5

Vokabular für die Untersuchung von Dramen

General vocabulary	Allgemeines Vokabular
drama, play (noun)	Drama, Schauspiel
dramatic	dramatisch, Dramen betreffend
dramatist, playwright	Dramenautor
short play	Kurzdrama
one-act play	Einakter
tragedy	Tragödie
hero	Held
heroine	Heldin
comedy	Komödie
to use/to employ/to make use of humorous elements	komische Elemente einsetzen/ benutzen
to use a pun *to play on the meaning of words*	ein Wortspiel nutzen
to exaggerate s. th.	übertreiben
to make fun of s. th.	sich über etwas lustig machen
to make s.o. laugh	jdn. zum Lachen bringen
to entertain	unterhalten
to amuse	belustigen

The structure of the play	Die Struktur eines Dramas
exposition	Einführung
to introduce the main characters	die Hauptfiguren vorstellen
rising action	ansteigende Handlung
climax	Höhepunkt
The action rises to a climax.	Die Handlung steigt bis zu einem Höhepunkt an.
turning point	Wendepunkt
The action reaches a turning point when …	Die Handlung erreicht einen Wendepunkt, wenn …
falling action	abfallende Handlung
solution	Lösung
outcome of the action	Handlungsausgang
A play has a happy/tragic/open ending.	Ein Drama hat ein glückliches/ tragisches/offenes Ende.

The structure of the play	**Die Struktur eines Dramas**
to settle a conflict	einen Konflikt beilegen
A conflict comes to an end.	Ein Konflikt wird beendet.
to reconcile	sich versöhnen
reconciliation	Versöhnung
composition	Aufbau
a three-act/five-act drama	ein Drama mit drei/fünf Akten
divided into three/five acts	unterteilt in drei/fünf Akte
an act has three/four/five scenes	ein Akt hat drei/vier/fünf Szenen
a scene takes place in …	eine Szene findet statt in …
the setting of the scenes changes	der Schauplatz der Szenen ändert sich
main plot	Haupthandlung
key scene	Schlüsselszene
stage directions *short stage directions* *detailed stage directions* *precise stage directions*	Bühnenanweisungen knappe … umfangreiche … genaue …
The stage directions inform about the characteristics, *movements,* *gestures,* *reactions,* *state of mind of the characters.*	Die Bühnenanweisungen informieren über die Merkmale, Bewegungen, Gesten, Reaktionen, Gemütsverfassung der Figuren.
The stage directions hint at the atmosphere and setting of the play.	Die Bühnenanweisungen liefern Hinweise auf die Atmsophäre und den Schauplatz des Dramas.

The stage	**Die Bühne**
to perform a play on stage	ein Spiel aufführen
to enter the stage	die Bühne betreten
to leave the stage	die Bühne verlassen
scenery	Bühnenbild
to design a scenery	ein Bühnenbild entwerfen
painted canvas	Kulisse
stage props	Requisiten
to move/remove the stage props	die Requisiten bewegen/beseitigen

The stage	**Die Bühne**
to change the scenery	das Bühnenbild auswechseln
The curtain rises/falls.	Der Vorhang öffnet sich/fällt.
prompter	Souffleur
to wait for a prompt/cue	auf ein Stichwort warten
to use sound/lighting effects	Klang-/Lichteffekte benutzen
to light the stage	die Bühne beleuchten

The characters	**Die Figuren**
actor	Schauspieler
actress	Schauspielerin
to act on stage	auf der Bühne spielen
to play a part	eine Rolle spielen
to wear a costume	ein Kostüm tragen
to change costume	das Kostüm wechseln
a character speaks in an aside	eine Figur spricht beiseite
in a monologue	in einem Monolog
to talk to the audience	zum Publikum sprechen

A person's characteristics	**Charakterzüge, Merkmale**
features	Merkmale
the most striking feature of a person is shown when …	Das auffallendste Merkmal wird deutlich, wenn …
to change	sich verändern
to develop	sich entwickeln
a person changes his/her opinion *… his/her way of thinking* *… his/her intentions*	eine Person ändert ihre Meinung … seine/ihre Art zu denken … seine/ihre Absichten
A character changes sides in a conflict.	Eine Figur wechselt die Partei in einem Konflikt.
A character undergoes a radical change.	Eine Figur verändert sich grundlegend.
A person's character shows in the way he behaves towards others. *… in the way he/she treats others*	Die Persönlichkeit einer Figur zeigt sich in seinem Umgang mit anderen. … in der Art und Weise, wie sie andere behandelt
to tend to do s.th.	dazu neigen, etwas zu tun

Way of speaking	Sprechweise
to shout	rufen
to whisper	flüstern
to speak encouragingly *seriously* *affectionately* *humorously* *solemnly* *aggressively* *threateningly* *hatefully* *understandingly*	ermutigend sprechen ernsthaft liebevoll humorvoll feierlich aggressiv drohend hasserfüllt verständnisvoll
to speak in a matter-of-fact way *in a friendly/polite way* *rude/impolite way*	sachlich sprechen freundlich/höflich ungehobelt/unhöflich
to criticize s.o.	jdn. kritisieren
to nag at s.o.	an jdm. herumnörgeln
to blame s.o. for s.th.	jdm. Vorwürfe machen wegen
to bully s.o.	jdn. drangsalieren
to terrify s.o.	jdn. in Angst versetzen
to threaten s.o. to do s.th.	jdm. drohen etwas zu tun
to boast of s.th.	mit etwas angeben
to show off	angeben, prahlen
to flatter s.o.	jdm. schmeicheln
to persuade s.o. to do s.th.	jdn. überreden etwas zu tun
to convince s.o. of s.th.	jdn. von etwas überzeugen
to complain about s.th.	sich über etw. beschweren
to interrupt s.o.	jdn. unterbrechen
to calm s.o. down	jdn. beruhigen

Behaviour towards other characters	Verhalten gegenüber anderen Figuren
to treat s.o.	jemanden behandeln
to behave towards s.o.	sich gegenüber jmd. verhalten
to support	unterstützen
to feel pity for s.o./to pity s.o.	jdn. bemitleiden
to pretend to be/do s.th.	vortäuschen, etwas zu sein
to deceive s.o.	jdn. täuschen

5

5

Behaviour towards other characters	Verhalten gegenüber anderen Figuren
to let s.o. down	jmd. im Stich lassen
to envy s.o. s. th.	jmd. um etwas beneiden
to be jealous	eifersüchtig sein

Reactions	Reaktionen
to react to s.th.	auf etw. reagieren
to be moved by	bewegt sein von
to be upset	aufgelöst sein
to be angry/furious	wütend sein
to be helpless	hilflos sein
to be embarrassed	verlegen sein
to face a problem	mit einem Problem konfrontiert sein
to cope with a problem	ein Problem bewältigen
to be worried	besorgt sein
despair	Verzweiflung
to be desperate	verzweifelt sein
to be relieved	erleichtert sein
to have a guilty conscience	ein schlechtes Gewissen haben
to feel guilty	sich schuldig fühlen
to be in an inner conflict	sich in einem inneren Konflikt befinden
to ease one's conscience	sein Gewissen erleichtern
to control one's feelings	seine Gefühle unter Kontrolle haben
to lose control of one's feelings	die Kontrolle über seine Gefühle verlieren
to ignore s.o./s.th.	etwas nicht beachten, etwas ignorieren
to forget	vergessen
to be able to stand s.th.	etwas ertragen können

5.4 Andere Medien

5.4.1 Bilder und Fotos

Eine Bildbeschreibung sollte so formuliert sein, dass sie eine genaue Vorstellung vom Gegenstand der Abbildung und von der Gestaltung des Bildes vermittelt. Jemand, der das Bild nicht kennt, sollte sich mithilfe deiner Beschreibung eine innere Vorstellung von ihm machen können.

> Eine Bildbeschreibung sollte diese Fragen genau beantworten:
> *What situation does the picture/photo show?*
> *Where are the main persons and objects in the picture/photo?*
> *What do persons and objects look like?*

*to **take** a photo = ein Foto machen*

***photographer** = Fotograf*

***in** the photo = auf dem Foto*

***snapshot** = Schnappschuss*

settings in a photo

landscape
village
city
street
building
room
an indoor scene
an outdoor scene

backgrounds in a photo

a group of people
a room
a wall
a building
a scenery

Die Tabelle gibt dir einen Leitfaden zum Aufbau einer Bildbeschreibung. Im Beispiel wird das bekannte Foto *"Kissing Sailor"* von ALFRED EISENSTAEDT (1898–1995) beschrieben.

Aufbau einer Bildbeschreibung am Beispiel *"Kissing Sailor"*		
Einleitung Ausgangspunkt in der Einleitung sind allgemeine Informationen über das Bild (z. B. Bildart und falls bekannt, Entstehungsdatum, Name des Photographen oder Künstlers, Erscheinungsort) und eine Aussage zur Gesamtansicht.	*The photo Kissing Sailor by Alfred Eisenstaedt was taken on 2nd September, 1945, when World War II came to an end for the United States. It is a snapshot which shows a sailor kissing a nurse in Times Square, New York City. It has been published in well-known American magazines.*	***Introduction*** *What does the picture/painting/photo show?* *Does it show a (group of) person(s), or a special object, a scenery, or a particular scene or situation? Is it a snapshot?* *Does it show an indoor/outdoor scene?* *What led to the situation/scene shown in the picture?*

5

Aufbau einer Bildbeschreibung am Beispiel *"Kissing Sailor"*		
Beschreibung Hier folgt die Betrachtung der Einzelheiten und ihrer Beziehung zueinander. Teile das Bild in seine Bereiche *(parts)* auf. Stelle fest, was seine zentralen Bestandteile *(most striking persons/objects)* sind; diese musst du genauer beschreiben. Beschreibe die Einzelheiten in einer sinnvollen Reihenfolge, etwa von außen nach innen, von oben nach unten, vom Großen zum Kleinen, vom Allgemeinen zum Besonderen. Benutze für Handlungen das *present progressive* des Verbs.	*The kissing sailor and the nurse can be seen in the middle of the photo. Two more sailors and some other people are standing or passing by behind them. The buildings and advertisements of Time Square are in the background of the photo.* *The people in the background are smiling, some of them are watching the kissing couple. They are moving casually in a place which is normally busy with traffic.* *The young sailor is wearing a dark sailor's uniform and a white cap. The pretty young woman in front of him is dressed in white. The sailor is holding her in his arms and she is leaning backwards while he is bending down to kiss her.*	***Description*** *What parts or sections can the picture be divided into?* *Which detail/part/object in the picture catches your eye? Why?* *What are the details and what is their function?* *How are the object/persons arranged in the picture?* *What do they look like?* *What is the person's facial expression?* *What can be said about the person's posture?* *What can be said about the use of colours, shapes and contrasts?* *Can you find mainly bright or dull/light or dark colours in the picture?* *Is there any contrast that strikes you?*
Interpretation Die zuvor beobachteten Einzelheiten werden zu einem Gesamteindruck zusammengefasst. Kommen Symbole im Bild vor? Ausstrahlung, Thema und Absicht eines Bildes kannst du nun genauer bestimmen und begründen. Nun kannst du das Bild in einen Zusammenhang einordnen. Bei diesem Beispiel gibt es einen geschichtlichen Zusammenhang.	*The photo shows a scene of a special day, a day of celebration. Instead of cars, the streets are crowded with people, who have just heard of the end of the war. They are laughing and hugging each other. The photo expresses all the joy the people felt at the war being finally over. The pretty young woman in her white dress stands for beauty and peace. The young sailor gives peace a kiss of welcome.*	***Conclusion*** *What made the photographer take this photo?* *Why is it a special photo?* *What atmosphere does the photo create?* *What do the persons and things shown stand for?* *Taking all elements of the photo together, what message does it want to express?*
Beurteilung Es kann sein, dass du im Anschluss an die sachliche Beschreibung des Bildes deine persönliche Meinung über das Bild/Foto äußern darfst. Hebe hervor, was dir an dem Bild gefällt oder missfällt.	*I like the photo very much, because the sailor's movement is full of energy and spontaneous joy. You can see that he wants to share his happiness with somebody else. As the young woman just happens to pass by, she is the one to be hugged and kissed.*	***Your own view*** *What effect does the picture have on the observer?* *What does the picture remind you of?* *What idea does the picture illustrate?* *What may be the consequences of the situation shown?*

5.4.2 Cartoons

Cartoons sind Zeichnungen oder eine Folge von Zeichnungen, die zusätzlich mit einer Aufschrift *(inscription)*, Bildunterschrift *(caption)* oder Sprechblase *(speech bubble)* versehen sind. Häufig stellen die Bildergeschichten alltägliche Situationen komisch dar. Cartoons können aber auch auf humorvolle Weise auf politische Ereignisse aufmerksam machen oder gesellschaftliche Missstände kritisieren. In den Textelementen eines Cartoons werden häufig Stilmittel *(stilistic devices)* verwendet wie z. B. Metapher *(metaphor)*, Personifikation *(personification)*, Symbol *(symbol)* und Übertreibung *(hyperbole)*.

Mehr über Stilmittel kannst du auf den Seiten 197–199 lesen.

Tipps zum Bearbeiten eines Cartoons:
- Nenne die **Quelle:** Wo wurde der Cartoon veröffentlicht? Gib den Titel der Zeitung oder Zeitschrift und gegebenenfalls den Inhalt des begleitenden Artikels an.
- Lies die **Textelemente** (z. B. Sprech- und Gedankenblasen).
- Nenne die **Gestaltungsmittel** (z. B. ungewöhnliche Farbgebung).
- Beschreibe den **Bildaufbau:** Was ist im Vordergrund *(foreground)*, in der Mitte *(centre)* und was im Hintergrund *(background)* zu sehen?
- Beschreibe, was die einzelnen Bildelemente darstellen und welches **Thema** sie behandeln.
- Beschreibe die **Aussage** oder **Botschaft** des Cartoons.
- **Bewerte** den Cartoon, d. h. beurteile, ob und wie der Zeichner *(cartoonist)* seine Idee verwirklicht hat.

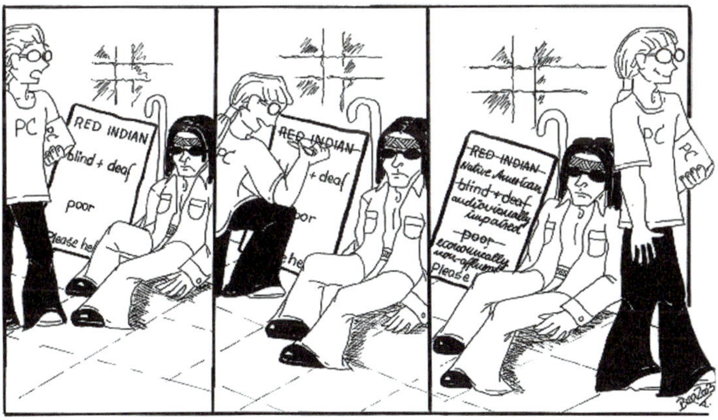

PC = political correctness

Description of a cartoon

The cartoon was published in the local newspaper under the front-page-story about political correctness in America. The cartoon is made up of three pictures without any speech bubbles or captions. The first picture shows an Indian sitting on the floor with a board next to him on which is written: "Red Indian - blind + deaf - poor - Please help". A woman, wearing a shirt with a "PC" on it, is passing. On the second picture she crosses out the words on the board. The third picture shows the woman walking on, leaving these corrections on the board: "Native American - audiovisually impaired - economically non-affluent".

5.4.3 Filme

Filme *(movies)* sind ein selbstverständlicher Teil unseres Alltags. Sie dienen der Unterhaltung, sind aber häufig auch ein Mittel, um den Zuschauern ein schwieriges Thema durch die Sprache der bewegten Bilder nahezubringen. Oftmals rücken Filme solche Themen ins öffentliche Bewusstsein, über die man zuvor kaum gesprochen hat.

Der Film ist eine der wichtigsten neuen Kunstformen des 20. Jahrhunderts. Die Filmgeschichte beginnt mit der Entdeckung des **Stroboskopeffektes:** der Tatsache, dass Einzelbilder zu einer Bewegung verschmelzen, wenn sie schnell genug abgespielt werden. Jeder Film setzt sich aus Millionen von bewegten Bildern zusammen. Die Bilder werden durch den Ton, also Sprache, Geräusche und Musik, ergänzt. Je nach Thema oder der Art der Darstellung unterscheidet man verschiedene Filmgattungen.

Filmgattungen
types of films

Zeichentrickfilm *animated cartoon*	**Dokumentarfilm** *documentary*	**Werbefilm** *commercial*	**Spielfilm** *feature film*

Wenn wir uns über **Spielfilme** *(feature film, movie, picture)* unterhalten, ordnen wir den Film zuerst einem bestimmten **Genre** zu.

Ein **Filmgenre** bezeichnet eine Gruppe von Filmen, die gemeinsame Themen haben.

Filmgenres sind z. B. der Action- oder Abenteuerfilm, die Liebeskomödie, der Western oder der Science-Fiction-Film. Häufig werden Genres auch vermischt wie z. B. in dem Film „Wall-E" von 2008, der die Genres Science-Fiction, Liebesfilm, Komödie und Abenteuerfilm umfasst.
Die **Entstehung eines Spielfilms** ist ein langer Prozess, an dem viele unterschiedliche Berufsgruppen mitwirken.

ENTSTEHUNG EINES SPIELFILMS

literarische Texte, z. B. Roman, Kurzgeschichte, Theaterstück *(literary text, e. g. novel, short story, drama)*
Schriftsteller, Autor, Dramenschriftsteller *(novelist, author; playwright)*

Drehbuch *(screenplay/film script)*
Drehbuchautor *(screenplay writer)*

Aufnahmeplan *(storyboard)*
Regisseur *(director/film maker)*

Schauspielerei *(acting)*
Hauptdarsteller/-in, Nebendarsteller
(main actor/actress, supporting actors)

Tontechnik/-effekte *(sound effects)*
Tontechniker, Geräuschespezialist
(sound designer/sound editor, foley artist)

Spezialeffekte *(special effects)*
Fachmann für Spezialeffekte, Pyrotechniker
(special effects coordinator, pyrotechnical specialist)

Kostüme, Make-up *(costumes, make up/hair)*
Kostümbildner, Make-up-Designer, Friseur
(costume designer, make-up artist, hair stylist)

Beleuchtung, Licht/Farbeffekte
(lighting/colour)
Beleuchter, Lichtassistent *(gaffer, best boy)*

Musik *(music)*
Komponist, Musiker *(composer, musician)*

Kameraführung *(camera)*
Kameramann *(camera operator)*

Requisitenbau *(setting, props)*
Requisiteur, Bühnenbauer,
Tischler, Requisitenbauer
(property master, construction manager, carpenter, scene artist)

PRODUCER

Schnitt *(editing)*
Schnitttechniker, Cutter *(editor)*

FILM

Die Filmtechnik

Anders als im Theater gibt es beim Film die Möglichkeit, etwa durch die Kameraführung oder die Schnitttechnik die Sicht des Zuschauers auf das Geschehen zu steuern. Zwei Fragen sind für die Bewertung einer Szene wichtig: Was passiert? *(What happens?)*
Wie ist es dargestellt? *(How is it shown?).*

Folgende Techniken sind grundlegende für die filmische Darstellung:
- Die Kunst der richtigen Kameraführung nennt man **Kinematografie** *(cinematography)*. Die **Kameraführung** hat vor allem die Funktion, Bewegung ins Bild zu bringen. Ein bekanntes Beispiel ist die Kamerafahrt *(tracking shot),* bei der die Kamera z. B. auf Schienen montiert ist und sich parallel zu einem Objekt (z. B. Pferd, Auto) bewegt.
- Die **Kameraperspektive** ermöglicht einen Sichtwechsel auf das Geschehen *(shifting point of view)*, indem die Kamera unterschiedlich platziert wird. So zeigt eine Einstellung auf Augenhöhe *(eye-level shot)* eine Szene aus dem Blickwinkel einer an der Handlung beteiligten Figur. In einer Überkopf-Einstellung *(overhead shot)* erhebt sich die Kamera über die Szene und zeigt die Vogelperspektive *(bird's eye view)*.

Die folgende Grafik zeigt verschiedene Einstellungsmöglichkeiten *(field sizes)*. Wichtig sind ihre unterschiedlichen Funktionen: Die Detailaufnahme *(close up)* lenkt die Aufmerksamkeit des Betrachters auf ein bestimmtes Objekt, die Totale *(long shot)* zeigt die gesamte Umgebung.

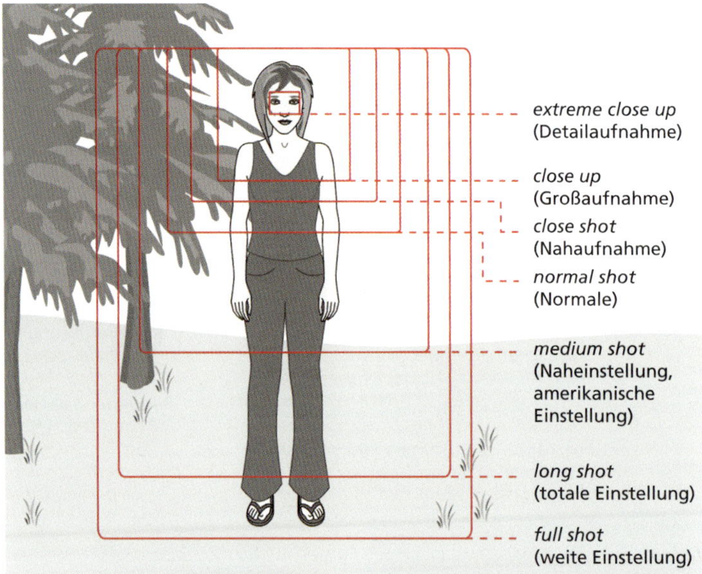

links:
extreme close up
rechts:
normal shot

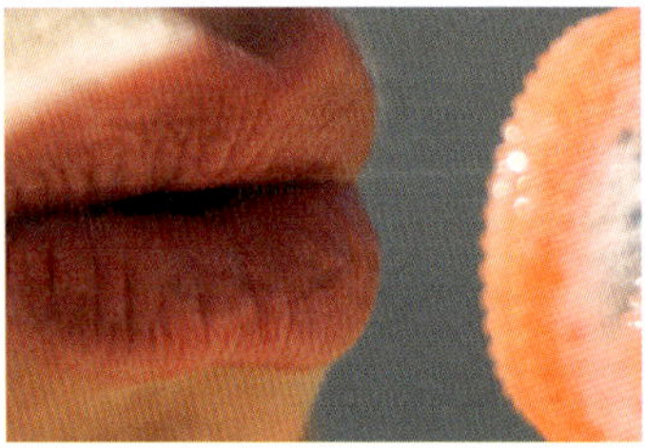

Die **Montage** bzw. der **Schnitt** des Films bringt die einzelnen Szenen in eine sinnvolle Reihenfolge. Daneben gibt es mehrere Techniken, um die Übergänge zwischen den einzelnen Szenen *(shots/takes)* zu gestalten. Bekannte Montagetechniken sind die Rückblende *(flashback)* oder die Bildteilung *(split screen)*, bei der dem Zuschauer die Möglichkeit gegeben wird, verschiedene Handlungsabläufe gleichzeitig zu verfolgen.

Filmmusik *(soundtrack)*, **Stimmen** *(voices)* und **Geräusche** *(sound/sound effects)* tragen im Film zur Erzeugung einer Stimmung oder von Spannung bei. Sie verstärken den Eindruck, den die Bilder des Films im Zuschauer hervorrufen. Wer zum Beispiel den Ton in einer besonders spannenden Szene ausschaltet, wird merken, was für einen großen Anteil Geräusche oder plötzlich auftretende Stille an der Schaffung von Spannung haben.

Die Vorstellung eines Films

Tipps für die Vorstellung eines Films oder das Verfassen einer Filmbesprechung *(review)*:
- Nenne **Titel, Genre, Thema** sowie das **Jahr der** Veröffentlichung.
- Stelle die **Hauptrollen** und ihre **Besetzung** durch die Schauspieler vor. Gib kurz den **Inhalt** wieder mit Angaben zum **Schauplatz** und zur **Zeit**.
- Recherchiere den **Hintergrund** für den Stoff (Hat der Film einen historischen Hintergrund? Ist es eine Literaturverfilmung?).
- Nenne einige für die Handlung besonders wichtige **Schlüsselszenen** und bewerte sie (Wie sind die Szenen in den Handlungsablauf eingebunden? Überzeugen **Regie** und **Schauspieler**? Sind die Dialoge glaubwürdig und fesselnd?).

Auf Webseiten wie www.rottentomatoes.com oder www.metacritic.com kannst du jede Menge Kritiken zu neuen amerikanischen und englischen Filmen lesen.

5

Die **Regie** ist die künstlerische Leitung bei der Entstehung eines Films. Der Regisseur gibt z. B. den Schauspielern Anweisungen, wie sie eine Szene spielen sollen, und entscheidet über Kameraeinstellungen.

Die **Schauspieler** versuchen, eine Rolle glaubhaft darzustellen. Beim Film spielt der Gesichtsausdruck eine viel größere Rolle als im Theater.

CHARLIE CHAPLIN (1889–1977) wurde als englischer Schauspieler in Hollywood weltberühmt.

Bei der Filmbesprechung sind auch folgende Punkte zu bearbeiten:
- Fasse die wichtigsten Themen und Motive zusammen. Kläre, worum es in dem Film eigentlich geht. Sind Motive so eingesetzt, dass sie die Handlung voranbringen, oder lediglich als bedeutungslose Effekte? usw.

Ein **Motiv** ist ein zusammenhängender Teil eines Films, der ein bestimmtes Thema hat, das oft an anderer Stelle wieder aufgegriffen wird.

In DANNY BOYLES Film *"Slumdog Millionaire"* (2008) beispielsweise geht es immer wieder darum, wie drei arme Kinder auf der Straße überleben. Mal rennen sie davon und übernachten unter einer Plane, mal müssen sie betteln oder belügen Touristen, um an Geld zu gelangen. Dieses Leben auf der Straße ist eines der wichtigsten Motive in dem Film.

- Schreibe eine **Bewertung des Films.** Dazu gehört auch ein Urteil über die Schauspielerleistung, Stärken und Schwächen von Kamera, Musik, Schnitt usw. Die Bewertung darf ruhig sehr persönlich sein, es geht nicht darum, ein ganz neutrales Urteil abzugeben. Versuche stattdessen, ohne Übertreibung darüber zu schreiben, was dir an dem Film gefallen oder weniger gefallen hat.
- Gib eine Empfehlung ab, ob der Film sehenswert ist, und begründe deine Entscheidung.

Vokabular für die Untersuchung von Bildern und Filmen

Für eine Bildbeschreibung ist es wichtig, treffende **Präpositionen** (Verhältniswörter) zu benutzen. Mehr zu den Präpositionen findest du in Kapitel 3.6.2.

Describing a picture or a photo	**Ein Bild oder Foto beschreiben**
in the background/foreground	im Hinter-/Vordergrund
in the middle	in der Mitte
in front of/behind/next to	vor/hinter/neben
on the left/on the right	rechts/links
at the bottom/at the top	unten/oben
in the bottom right-hand corner	unten rechts
in the top left-hand corner	oben links
There is/are .... in the picture.	Es gibt … in dem Bild.
The picture shows… *…. from above/from below.*	Das Bild zeigt …. ... von oben/von unten.
The picture is about/deals with...	Das Bild beschäftigt sich mit …
The picture shows a part of a scene.	Das Bild zeigt einen Ausschnitt.
The photo was taken at night; *it is full of darkness.*	Das Foto wurde nachts gemacht; es ist sehr dunkel.
The photo was taken in daytime; *it is full of light.*	Das Foto wurde tagsüber gemacht; es ist sehr hell.
The photo/picture is … *colourful* *full of bright colours*	Das Foto/Bild ist … farbenfroh voller leuchtender Farben
a black-and-white photo	ein schwarz-weiß Foto
a coloured photo	ein Farbfoto
The picture reminds me of *… makes me think of …* *… makes me feel …*	Das Bild erinnert mich an … ... lässt mich an .... denken. ... vermittelt ein ... Gefühl.

Describing a cartoon	**Karikaturen/Cartoons beschreiben**
The cartoon was published in … *(title of the publication)*	Die Karikatur wurde veröffentlicht in ... (Titel der Veröffentlichung)
The cartoon is taken from ... (title)	Die Karikatur ist aus … (Titel)
The cartoon illustrates the article ... (title)	Die Karikatur illustriert den Artikel … (Titel)
The cartoonist presents a situation of/in ...	Der Karikaturist zeigt eine Situation aus/von/in …
... uses speech bubbles	… benutzt Sprechblasen

Describing a cartoon	**Karikaturen/Cartoons beschreiben**
The cartoon has a punch line.	Die Karikatur hat eine Pointe.
The punch line is a play on words. *… has a double meaning.*	Die Pointe ist ein Wortspiel. ... ist doppeldeutig.
The cartoon is about the problem of …	Die Karikatur bezieht sich auf das (Problem) der/des …
The cartoon hints at/ makes fun of/criticizes …	Die Karikatur spielt an auf/macht sich lustig über/kritisiert …
The cartoonist exaggerates/ distorts …	Der Karikaturist übertreibt/ verzerrt …
The persons in the cartoon stand for …	Die dargestellten Figuren stehen (stellvertretend/symbolisch) für ...
The person's face/body language expresses/shows ...	Der Gesichtsausdruck/die Körperhaltung der Figur drückt aus …
This could mean ... *It suggests …* *This makes me conclude …*	Das könnte bedeuten … Es deutet an, dass ... Das bringt mich zu dem Schluss ...

Describing films	**Filme beschreiben**
The film was made/produced in ...	Der Film wurde in … gedreht.
The film is set in ... (place/time)	Die Handlung spielt in …(Ort/Zeit)
The film is popular for its music/ soundtrack.	Der Film ist beliebt wegen seiner Musik.
Light/sound effects are used to show how … *… to make suspense grow.*	Licht/Klangeffekte werden benutzt um zu zeigen, wie … ... um die Spannung zu erhöhen.
There is a cut after each scene.	… endet mit einem Schnitt.
A scene fades in/fades out.	Eine Szene wird langsam eingeblendet/ausgeblendet.
A scene is interrupted by a cut to make suspense grow.	Eine Szene wird durch einen Schnitt unterbrochen, um die Spannung zu steigern.
The characters' faces have been taken in a close-up to show their feelings and reactions.	Die Gesichter der Figuren wurden aus der Nähe gefilmt, um ihre Gefühle und Reaktionen zu zeigen.
montage	Zusammenschnitt aller Filmszenen
Flashback/flash-forward shows what a person remembers/expects.	Rückblende/Vorausblende zeigt Erinnerungen/Erwartungen.
screenplay	Drehbuch

▶ Im Film agieren die Schauspieler ähnlich wie im Drama auf der Bühne. Daher findest Du noch mehr nützliche Vokabeln zur Beschreibung der Filmhandlung in Kapitel 5.3.3.

5

Die Wirkung von Texten erschließen

Feststellung des Texttypes – *What kind of text is it?*

■ Anhand des Layouts (Einteilung in Strophen, Zeitungsschlagzeile usw.), der Quellenangaben (z. B. *The Guardian Weekly*) sowie der Informationen im Text kannst du entscheiden:
- Handelt es sich um einen fiktionalen Text (z. B. *short story, poem, song, play*), dessen Handlung und Personen erfunden sind?
- Oder handelt es sich um einen Sachtext (z. B. *newspaper article, report, essay*), der sich auf die Wirklichkeit bezieht?

Beispiel eines Sachtexts	Beispiel eines fiktionalen Texts
Olympic gold helps village in Jamaica (The Guardian Weekly 14.08.09) *Usain Bolt's success – he is the winner of three gold medals – will help the village in Jamaica where he grew up. Trelawny Parish will now get running water – thanks to the world's fastest runner.*	***Ambition*** *When Sandy made her first appearance in the tennis court she did not expect the crowd to cheer. After all, they had all seen her defeat a year ago. They had no idea how tight and nervous she felt. But her mind was set on winning. This time she would win …*

Erschließung des Textinhaltes – *What does the text say?*

- Titel, beigefügte Illustrationen sowie Schlüsselbegriffe *(keywords)* des Textes liefern dir Hinweise auf das Textthema.
- Durch sorgfältiges und genaues Lesen erschließt du dir die im Text dargestellten Handlungen oder Sachzusammenhänge. Unterstreiche die wichtigsten Aussagen des Textes.
- Einen Überblick über den Handlungsverlauf *(plot)* bzw. die Überlegungen des Autors erhältst du, indem du den Text in Sinneinheiten untergliederst:
  · in Handlungsschritte bei Erzähltexten und Dramen,
  · in gedankliche Schritte *(statement, information, explanation, example, conclusion* usw.) bei Sachtexten und bei Gedichten.

Untersuchung der Gestaltungsmittel – *How does the text say it?*

■ Aufbau und Sprache eines Textes sind in der Regel vom Autor bewusst zur Verdeutlichung der Textaussage gewählt. Sie liefern wichtige Hinweise zur Entschlüsselung der Aussage und der Absicht eines Textes. Um die Aussage eines Textes zu erkennen, ist es wichtig, auf sprachliche Hinweise im Text zu achten. Sie dienen dem Autor dazu, die Aufmerksamkeit des Lesers zu steuern und das Anliegen des Textes zu verdeutlichen.

Wissenstest 5 abrufbar auf **www.lernhelfer.de** oder mit der Lernhelfer-App

Plot: *Find out who is the main person acting in the text and what he/she is doing.*
Setting: *Find out where and when the action takes place. What is the place like?*
Point of view: *Look for verbs like "feel", "think", "hear" or "see". What are the things which the person hears or sees? Can you also find the person's thoughts?*

Auszug aus einer Short Story*
"[…] Nick went to the place where the dog had come out of the grass and followed its footprints in the sand. He walked on and on and suddenly felt lonely in the bush. He hadn't left a message to tell his father where he had gone. If anything happened to him, nobody would find him. No, nothing would happen. He was twelve years old and he was a good bushman. Suddenly, from behind a fallen tree, the mother dingo appeared […]"

Characterization: *Now you have found out that the text is about Nick who is following a dog. What other information is there about Nick? How old is he? Is there anything special about him?*
Deeper meaning: *Does anything special happen while Nick is following the dog? Can you find any signals which mark a new part of Nick's search? Does the text make you expect something to happen?*

5

Wirkung auf den Leser – *What effect does the text have on the reader?*

In diesem Textbeispiel geht es dem Autor darum, ein Abenteuer möglichst spannend zu erzählen. Er wählt die Perspektive des zwölfjährigen Nick, damit der Leser sich in die Rolle des Jungen hineinversetzen kann. So weißt du als Leser genauso wenig wie Nick, welche Überraschungen auf dich warten. Durch die Wiedergabe der Gedanken Nicks wird der Ausgang der Geschichte noch ungewisser.

Plot: *Nick wants to find out where the dog came from.*
Setting: *wilderness, bushland, hot weather, sandy ground. This hints at the Australian outback.*
Point of view: *The story is told from Nick's point of view. We get to know how he feels and what he thinks. So we can identify with him.*
Characterization: *We learn about Nick's age and what skills he has.*

"[…] Nick went to the place where the dog had come out of the grass and followed its footprints in the sand. He walked on and on and suddenly felt lonely in the bush. He hadn't left a message to tell his father where he had gone. If anything happened to him, nobody would find him. No, nothing would happen. He was twelve years old and he was a good bushman. Suddenly, from behind a fallen tree, the mother dingo appeared […]"

Deeper meaning: *This is a story full of suspense. We are just as curious as Nick is and want to find out about the dog. There are some mysterious details: "footprints", the "rustling of leaves". Then a new part of the action starts: Nick suddenly feels "lonely". It says between the lines that he may be in danger. We are just as worried as Nick is.*

* Aus: The Rainbow Reader. Easy Stories and Worksheets. 978-3-12-589441-9, Ernst Klett Sprachen GmbH, Stuttgart 1978, S. 25

5

Erschließung eines Gedichts – *What can you say about a poem?*

ROBERT BURNS ***A Red, Red Rose (1794, adapted)***	**Untersuchte Stilmittel** *(stylistic devices)*
My love is like a red red rose That's newly sprung in June: My love is like the melody That's sweetly played in tune.	***First simile:*** *the girl is compared to a rose, because both are beautiful and young looking ("newly sprung").* ***Second simile:*** *the girl is compared to a melody, because both are sweet and full of harmony ("in tune").*
So fair are you, my pretty lass, So deep in love am I: And I will love you still, my dear, Till a' the seas gone dry. […]	***Inversion:*** *the speaker wants to underline how beautiful the girl is and how deeply in love he is.* ***Hyperbole:*** *the speaker exaggerates when he talks about something that will never happen; he only says so to show how deep and lasting his love is.*

Fragen an das Gedicht	
1. Erschließung des Inhalts *What is the theme or subject of the poem? Are there any characters in the poem? Is the poem/song addressed to anybody in particular?*	*A Red, Red Rose is a love poem. The speaker is a young man who has fallen in love with a girl. He wants to tell the girl how much he loves her.*
2. Untersuchung der Gestaltungsmittel *Can the text be divided into parts?*	*These are two stanzas of the poem; each stanza forms a part of its own. In the first stanza the young man tries to describe the girl's beauty. In the second stanza he addresses the girl directly. He calls her "my pretty lass" and confesses his love to her.*
How does the poet express his message? What aspects of the subject are the parts about?	*In the first stanza the speaker uses two similes to underline the girl's beauty. For comparison he chooses a rose which is as young and as lovely as the girl. The second simile compares the girl to a melody, because both are sweet and full of harmony.*
Is there a development in the poem? *What attitude does the poet show towards the subject?*	*The poem ends with the young man's promise to love her "Till a' the seas gone dry". His love will end only, if something improbable happens. So he wants to convince her that his love will never end.*
Does the poem create a certain mood?	*The poem is written in a cheerful mood. The young man is happily in love.*
3. Untersuchung der Aussage *What is the poet's/song-writer's message?*	*This poem is like a wonderful present the young man makes the girl. He shows her all his love by putting it into words. Perhaps the girl is not in love with the boy yet, so he wants to make her love him, too.*

Wissenstest 5 abrufbar auf **www.lernhelfer.de** oder mit der Lernhelfer-App

Englischsprachige Länder im Profil

6

6

6.1 Great Britain

If you want to get a deeper understanding of the character of Great Britain, it is not enough to visit just one country. Great Britain may be a political unity, but it really is made up of three very different countries: England, Wales, Scotland. Great Britain and Northern Ireland are the United Kingdom. If you want to know how these countries – despite all of their differences – manage to work together, then you should look at the history of this manifold nation.

Key Facts about Great Britain

	Places/facts	What's to see ...
Capitals	England: London Scotland: Edinburgh Wales: Cardiff Northern Ireland: Belfast	see below for London; but do visit Edinburgh's arts festivals, Belfast's seaport, and Cardiff's many international sporting events
Biggest city	London	Too much for a short visit: the Tower of London, Buckingham Palace, the West End with its many theatres and galleries ... and in 2012, come for the Summer Olympics!
Population	Close to 60 million	Due to its past, Great Britain is a nation of many cultures – Chicken Tikki Massala is more popular today than Fish & Chips!
Places of interest	Cornwall; the Highlands and many islands of Scotland; the beautiful landscapes of Wales and so much more…	The Highlands of Scotland are the highest regions of Great Britain; they offer a truly nice contrast to the rather flat countryside in most other places.

Kilchurn Castle in the Scottish Highlands

UNITED KINGDOM OF GREAT BRITAIN AND NORTHERN IRELAND

6

6.1.1 Great Britain – Past and Present

Today, it is generally not required to learn lots of dates in English at school. Still, you should try to study the timeline – and that of the United States – closely to follow developments in these countries and to be able to get a broader view of the histories of these important nations.

The history of Great Britain is notable because of many things, but certainly for the interesting fact that very different countries are united as one nation here. Just imagine Germany, France, the Netherlands and Denmark being together as one nation – the many cultural and political differences don't make such a task easier.
The following timeline is designed to give you a quick overview of some important events and dates of British history:

Stonehenge – the famous stone monument was erected around 2500 BC.

Before Great Britain: The Rise of a People

1066 WILLIAM THE CONQUEROR ends the rule of the Anglo-Saxons over England and unites England and Normandy; later, he also marches toward Scotland.

1215 "Magna Carta": A document saying that no English monarch can establish or collect taxes without the consent of the nobility.

1348 The plague, named "Black Death", reaches England – 1.5 million people die.

1534 HENRY VIII: The first Protestant King makes himself Head of the Church of England.

1558–1603 ELIZABETH I: During the successful Elizabethan Age England became the most powerful country in Europe.

1588 The English fleet under SIR FRANCIS DRAKE wins an important battle against the Spanish Armada. The battle is the beginning for hundreds of years of a strong English presence at sea around the world; it is the start of the British Empire, which will continue to grow for centuries; in the 17th century England sends countless settlers to North America.

QUEEN ELIZABETH I (1533–1603)

Before Democracy: A Constitutional Monarchy

1689 "Bill of Rights": The constitutional monarchy is introduced under WILLIAM III. English kings are from this time on bound by a constitution and controlled by parliament.

1707 Queen ANNE STUART unites England and Scotland under the banner of Great Britain.

1770 JAMES COOK discovers Australia and establishes British rule over the new continent.

1776 The American settlements rebel against England, declaring their independence – in 1783, England recognizes American independence.

JAMES COOK
(1728–1779)

The Industrial Revolution and the British Empire

1829 GEORGE STEPHENSON speeds up the engineering and construction of the new railway with his "Locomotion"; doing this, he also becomes an important figure for the development of the Industrial Revolution.

1858 The British government officially begins its rule over India; the British Empire at the end of the 19th century also includes countries such as Egypt, South Africa, Australia, and the city of Hong Kong.

1901 The colony of Australia gains independence as "The Federal Commonwealth of Australia", still being closely tied to Great Britain; many other countries are about to follow in the 20th century – not as oppressed colonies, but as partners in the British Commonwealth.

JAMES WATT
(1736–1819)

Two Great Wars

1914–1918 First World War, in which Great Britain ultimately succeeds.

1939–1945 England declares war on HITLER's Germany in the Second World War; after six long years they win the massive conflict alongside the U. S., France, and Russia.

1947 India and Pakistan gain independence.

1973 Great Britain joins the European Economic Community (the later European Union).

WINSTON CHURCHILL
(1874–1965)

From Empire to Commonwealth

An **Empire** is a group of different states all ruled by a monarch or a specific country – in the case of the British Empire, Great Britain and its monarch being the ruler.

In the late 19th century Queen VICTORIA (1819–1901) could claim, "the sun never sets" on her Empire. At its height in the 1920s, the British Empire covered about a sixth of the landmass of the earth and 400–500 million people lived under British rule.

After World War II, Britain's empire got weaker as colony after colony became independent. This did not mean the end of Britain's relationship with her former colonies, however. Today Britain and most of her former colonies are members of the **Commonwealth,** a group of countries working together out of their own, free will.

The first Colonies

The beginnings of the Empire go back to the 16th century when British seafarers like SIR FRANCIS DRAKE (1540–1596) went out to sea to seek immediate profits. DRAKE was a hero to his countrymen, going on many successful missions and even sailing around the world – to the Spanish, however, he was nothing more than a pirate who frequently attacked them.

In the 17th century Britain concentrated on the Americas, setting up colonies in North America and, less successfully, the Caribbean. Some of the colonies in what today is the United States soon were very profitable. The 18th century saw the settlement of Australia, which started out as a colony where prisoners where shipped to in 1788 – so life was even rougher there than in the early United States.

Rise of the Empires

Queen VICTORIA

In the 18th century the focus shifted from the Americas to Asia and Africa. Britain took possession of India – in 1877, Queen VICTORIA was named Empress of India – as well as Ceylon, Burma, Malaysia, and Hong Kong. The late 19th century saw Britain and other European nations in a so-called "scramble for Africa". Competing with countries like France and Germany, Britain became the most successful colonial power in Africa. It held control over South Africa, Egypt, Nigeria, and other African colonies. Almost 30% of Africa's total population lived under British rule. Today's many problems in some of these countries (civil wars, power struggles among politicians, starvation among the population) probably have to do with the fact that they were colonies for so long.

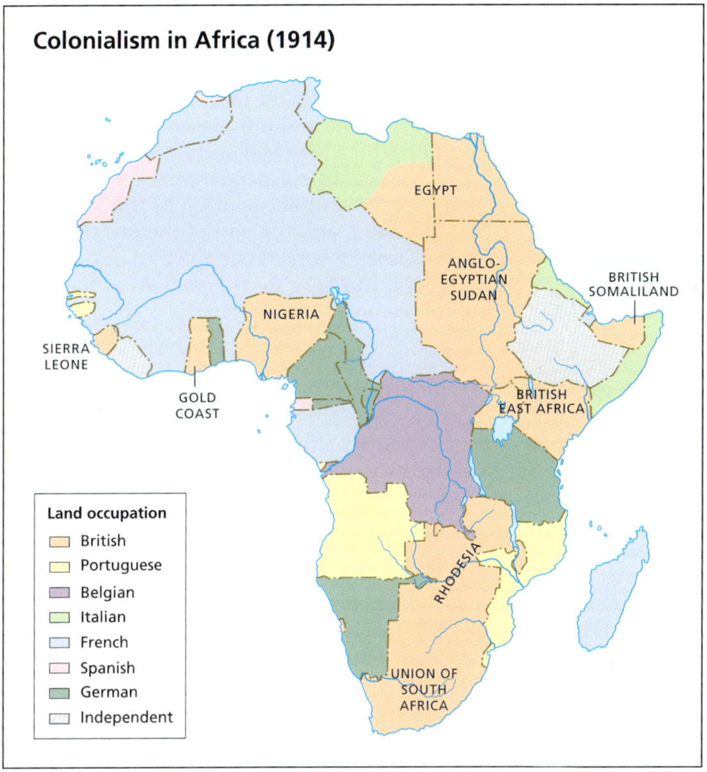

A Struggle for Independence

The end of World War II also signalled the end of the Empire. Britain had to concentrate on its own problems after World War II while at the same time anti-colonial nationalist movements challenged British rule in most of its colonies. First India, then other territories in Asia and Africa demanded – and finally got – independence from Britain. However, the transition rarely went smoothly. The leading figure in this struggle for independence was MOHANDAS KARAMCHAND GANDHI (1869–1948), better known under the name **MAHATMA GANDHI** (Mahatma = "the Great Soul").
Gandhi, unlike most other leaders fighting for independence, tried to convince his countrymen that only peaceful means should be considered on the path to freedom. Therefore, the whole world would be on the side of India, especially if the British tried to go against peaceful demonstrators by using force. His ideal of "passive resistance" led to Indian independence in the end, even though it took 33 years to reach that goal. To many, GANDHI was and is one of the most impressive persons of the 20th century. He almost got picked as "person of the century" by *Time Magazine*, only losing against ALBERT EINSTEIN. His words and actions live on – often in the words and actions of others, such as MARTIN LUTHER KING or NELSON MANDELA.

MAHATMA GANDHI

6

The Commonwealth

The **Commonwealth** is a loose confederation of independent nations, most of them former members of the British Empire. There are 53 countries in the Commonwealth with a total population of around 1.5 billion people. Queen ELIZABETH II is (symbolic) Head of the Commonwealth; she is also head of state in 16 countries.

Today's Commonwealth is the result of new nations being born after World War II, but its beginnings go back to British colonial policy. As early as in the 1840s self-government was introduced in Canada. Australia, New Zealand and South Africa followed in the early years of the 20th century. In India, 1947 is the year of independence: the British finally withdrew as a result of the passive resistance put up by the supporters of GANDHI. Other nations followed, and the end of the British Empire saw the start of not only the Commonwealth but also of a post-colonial world with problems of its own. The fight for free nations of their own in the second half of the 20th century has changed the political maps of Asia and Africa.

Political goals of the Commonwealth

The political goals of the Commonwealth were written down in 1991 in Harare. Member states all are expected to
- promote democracy, the rule of law, good government and human rights,
- promote the equality of women,
- provide universal access to education,
- promote economic development and fight poverty,
- take action against disease and illegal drugs,
- support world peace and the United Nations.

Ever since 1991, the Commonwealth countries started meeting every two years to discuss world as well as Commonwealth matters of importance. On the second Monday of March every year there is a "Commonwealth Day" which is celebrated in all of the member countries. The **Commonwealth Secretariat** in London coordinates the international cooperation of the member states and prepares the regular meetings of the head of states of the Commonwealth countries.

Left:
English royal guards

Right:
Queen ELIZABETH II

The English language is yet another important factor. Because of their colonial background and their shared histories with Great Britain, English is still the first or official language in most states of the Commonwealth. The following graph gives an overview and an idea of the importance of English today:

Today's members of the Commonwealth of Nations

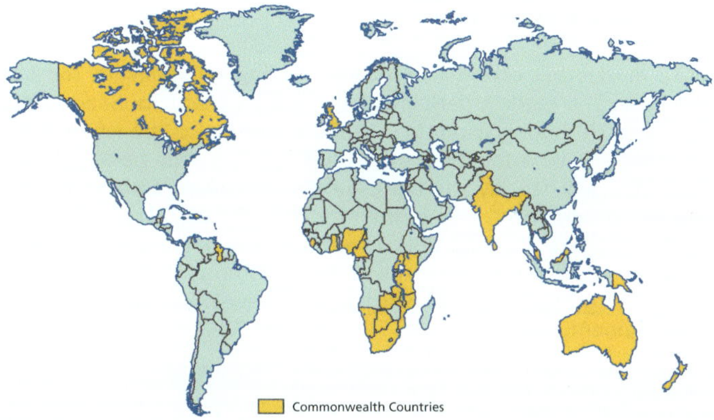

Immigration and ethnicity

In 2001 the majority of the UK population (almost 60 million) was White (92%). The remaining 4.6 million (almost 8%) people belonged to other ethnic groups, for example Chinese, Asian or Black British. Indians made up the largest of these groups, followed by Pakistanis, those of mixed ethnic backgrounds, Black Caribbeans, Black Africans, and Bangladeshis. The non-White part of the population may seem small when compared to the United States, where the number is at least twice as large, but a few more factors have to be considered to see an overall trend (although, again, similar trends apply in the U.S.):

- Between 1991 and 2001 the number of people who came from an ethnic group other than White grew by 53%.
- Between 1951 and 2001 the percentage of people born overseas doubled from a little over 4% to almost 8%.
- Only 64.4% of children born in England and Wales in 2005 were recorded as "White British".
- The "White British" part of the population is actually getting smaller in size; other ethnic groups are, in contrast, gaining in size year by year.

In 2010 and 2011, the United States and Great Britain will again hold a large census. The numbers to the left will be old news by then – so watch out for results, especially since such a census of the entire population is a massive task and therefore only happens every ten years.

These developments all clearly show the fact that Britain still has very close ties with her former colonies. The great majority of immigrants come from Commonwealth countries.

Die Geschichte Großbritanniens lässt sich nur dann verstehen, wenn man sich mit sämtlichen Ländern befasst, die ein Teil des Vereinigten Königreichs von Großbritannien und Nordirland sind – also England, Wales, Schottland und Nordirland – sowie die koloniale Geschichte Großbritanniens studiert. Schon vor Hunderten von Jahren richtete sich das Augenmerk der britischen Monarchen darauf, in alle Welt aufzubrechen und sich große Teile der Welt untertan zu machen. Die Ausbreitung des Englischen zur Wissenschaftssprache der Welt ist damit beispiellos verknüpft – noch heute ist das Englische etwa eine der Amtssprachen in Indien.

6.1.2 Great Britain – Politics

The Beginnings of Parliament

Unlike most other countries, England has had a parliament for a very long time. The earliest parliament we know of was founded in 1066, when the British King WILLIAM I (1027/28–1087), also known as WILLIAM THE CONQUEROR, established a group of advisers who he asked before deciding on any new laws. In 1215, the advisers to King JOHN (1166–1216) achieved an important step in the history of the world when he signed the **Magna Carta**. This was a document that basically stated that no King or Queen could establish or collect taxes without the approval of his advisors – a group of people which slowly grew into what we today call the **Parliament**.

The White Tower at the Tower of London was built by WILLIAM THE CONQUEROR.

BENJAMIN DISRAELI (1804–1881)

WILLIAM E. GLADSTONE (1809–1898)

In the 17th century, a civil war led to even greater powers for Parliament. The former King CHARLES I (1600–1649) had been executed in 1649, and when CHARLES II (1630–1685) took his place to restore monarchy, he only had very limited authority. From then on until today, the system of monarchy in Great Britain has been one where the monarch represents the country, but true power lies with Parliament.
In 1707, this new power became even greater when the English parliament and the Scottish parliament together became the parliament of Great Britain, later to be called "Parliament of the United Kingdom".

British Parliament has become a model for many other nations over the years. This is not just because of the fact that the system – in different forms – has existed for so long, but also because of the British Empire. All of the former colonies had a model they could study, and when countries such as India got independent, they often followed the political system of their former rulers.

DISRAELI (Tories) and GLADSTONE (Whigs) both were Prime Ministers in Victorian England.

Political System Today

The **United Kingdom** of Great Britain and **Northern Ireland** is one of four parts, as was already shown: England, Wales, Scotland, and Northern Ireland. It is a constitutional monarchy. Although the monarch is head of state, his or her power is limited. The monarch basically has only three rights: to be consulted, to advise and to warn. So the monarch is really rather there to represent the nation, not to rule over it. Laws are made by Parliament, and the government, headed by the Prime Minister, is responsible for everyday political changes.

Watching a debate in the House of Commons on television can be surprisingly interesting: Its members frequently shout at each other; even fistfights happened in the past. These are truly heated debates!

A constitutional monarchy and parliamentary democracy

The democratic element to Britain's system of a constitutional monarchy is the parliament which is made up of two houses: the **House of Commons**, consisting of 650 elected Members of Parliament (MPs), and the **House of Lords** with nearly 700 members (also called peers). The members of the House of Lords are appointed or hereditary peers, not elected, and they have little real political power. Laws passed by the House of Commons can only be delayed, but not rejected. The House of Lords also has judicial powers: it is the highest court of appeal for most cases in the United Kingdom.

The Palace of Westminster, which is the home to the Houses of Parliament, is an impressive building to see during a visit to London. It is not possible to simply take a tour of the inside, but there are various ways how to view at least parts of it – for instance by watching a live debate in Parliament.

The British system of constitutional monarchy: Overview

Executive	Legislature	Judiciary
– Prime Minister (England) and the leaders of Scotland, Wales and Northern Ireland – elected every five years through a majority party in Parliament – appointed by the Queen	– House of Commons (650 members), House of Lords – elected as well as appointed parts of government	– mostly independent – some judges have a seat in the House of Lords, which is also the highest court

Government

The British government carries out the executive functions in the United Kingdom. The **Prime Minister** and the Ministers make up the government. The Prime Minister is named by the Queen. This does not mean that the Queen has a choice: she can only appoint the leader of the party that has a majority in the House of Commons – which is either the **Labour Party** or the **Conservative Party.** The Prime Minister's position is generally quite strong. The Prime Minister leads the government, selects its key members, and also can decide on the date of general elections.

10 Downing Street ("Number Ten") is the official residence and office of the First Lord of the Treasury of the United Kingdom, also known as the Prime Minister.

General elections

There are 659 electoral districts in the United Kingdom, called constituencies. Every constituency elects one Member of Parliament by majority vote: in each constituency the candidate with the most votes is elected and all of the other votes are lost. This system often results in a clear majority for one of the two big parties. It does not favour smaller parties, however, since the only way to become a Member of Parliament (MP) is to win a seat in one of the constituencies.
General elections must be held at least every five years. It is up to the Prime Minister to decide on a date of the elections. Once he has decided on a date Parliament is dissolved by the Queen.

Many of the western democracies divide the powers of government in the same way.

The **executive** decides what happens in the daily administration; it also has full responsibility.

The **legislative** is an assembly (a kind of formal get-together, if you will) that has the power to create and pass new laws.

Finally, the **judiciary** or judicial system includes all the courts that are there to apply, and sometimes interpret, the laws of the country.

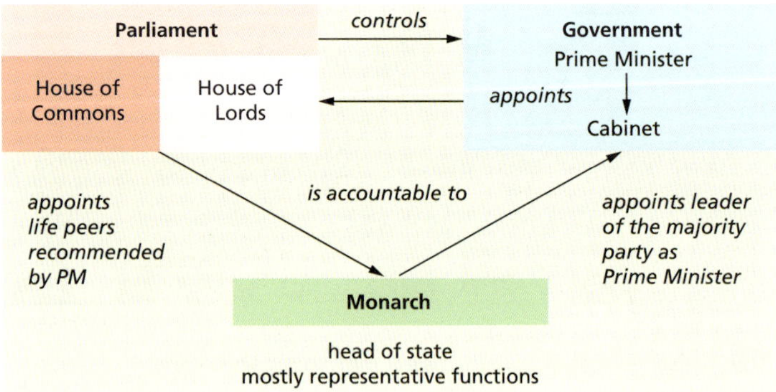

Reforms

The United Kingdom is usually seen as a centralized state, with Parliament at Westminster holding responsibility for most of the UK's political power. This is still true today, but there have been a number of changes: in the 1990s Parliament decided to give a certain amount of **autonomy** to national assemblies in Scotland, Wales and Northern Ireland. This process is also called **devolution** – "handing down" powers from the central government to government at regional or local level.

Autonomy in politics means that a country has the right to govern itself – sometimes, regarding the smaller countries in Great Britain, this autonomy may only be limited.

Political Parties

One smaller and two big parties dominate British politics: The Labour Party, the Conservative Party and the Liberal Democratic Party. Just as German politics is shaped by the constant power struggle between the two parties CDU and SPD, or as American politics is shaped by Republicans and Democrats, the British usually only have the choice between electing a Labour or a Conservative Prime Minister. In the time period between World War II and the year 2005, the Labour Party won nine elections to the Conservative's eight. There were only two times when a Prime Minister stayed in office for a relatively long period of time: The Conservatives were in power 1979–1990 under MARGARET THATCHER (b 1925), the Labour Party 1997–2007 under TONY BLAIR (b 1953). They were each followed by another member of their own party, but with little success.

TONY BLAIR
(British Prime Minister 1997–2007)

DAVID CAMERON
(current British Prime Minister since 2010)

The Labour Party
- represents the working class with its so-called "blue collar workers" – meaning those without any higher education who take on all kinds of jobs that require hard work;
- has moved away from socialist positions it once held; TONY BLAIR called for a "New Labour" that is more market-friendly and liberal, which helped to attract more middle class voters than before;
- is sceptical about certain developments in the European Union but generally supports British involvement in the EU.

The Conservative Party
- is one of the oldest political parties in the world – originally named "Tories" (it is still known under that name today), it was founded in the 17th century;
- favours conservative positions such as keeping Great Britain together under England's strong leadership, keeping taxes as low as possible and reducing government spending;
- is extremely watchful and sceptical about developments in the European Union and generally against closer economic and political ties with other European countries; Conservatives also are strictly against giving up the British Pound in favour of the Euro.

6

Great Britain and Northern Ireland: A "Troubled" Relationship

The **Belfast Agreement** in 1998 has also been called the "Good Friday Agreement". A key element of the agreement states that some of the central powers of the government are to be put into the hands of regional governments. This process of sharing power and getting more voices heard marks the beginning of a difficult and lasting effort to end violence in Northern Ireland.

The conflict in Northern Ireland – often referred to simply as "The Troubles" – is an old one. For 30 years, from its beginnings in 1968 to the Belfast Agreement in 1998, it has dominated the lives of the people of Northern Ireland as well as British and Irish politics and has cost thousands of lives.

There are many wrong ideas and conceptions about this conflict, mainly it being a religious conflict. Although religion certainly plays an important part in the conflict, it is not just a conflict about religion. The roots of the conflict go back far into Ireland's troubled history and have a lot to do with the fact that Ireland was Britain's first colony. The conflict is also about migration, settlement, about discrimination, inequality, and civil rights.

The Peace Process

The first government (whose main task was to finally bring peace to the region) started work in early 1999, but in October 2002 the British government ended the Northern Irish Assembly and brought back direct rule. The reason was an unresolved conflict over weapons. The British required the surrender of weapons by both loyalists and heavily armed republican groups. This was one of the major problems during the peace process, but as of now, the weapon conflicts have mostly been brought to an end. Since the Agreement all parties involved in the conflict – the British and Irish governments as well as nationalist and loyalist organizations – have tried hard to stop all violence and find a workable compromise that is acceptable to the different communities and groups in Northern Ireland.

The **Northern Irish Assembly** is the parliament of Northern Ireland. It is able to set up new laws – together with the regional government ist has a direct rule over Northern Ireland.

Loyalists are those people who want Northern Ireland to be part of Great Britain – in contrast, **nationalist** groups are strictly against this.

Londonderry is the second biggest town in Northern Ireland.

The peace process in Northern Ireland took nine long years. Despite this, the situation shows that it is possible to stop a difficult conflict even after 30 years of violence and bloodshed.

Great Britain and the EU

Britain has always played a somewhat special role in Europe. First it was kept from joining the European Economic Community (EEC) twice because France was against Britain's application both in 1963 and in 1967. When Britain finally joined the EEC in 1973 it was only after a lengthy public debate in Britain about the merits of joining the EEC. Britain has been a member of the EU for almost 40 years now but is one of the few member countries that did not join the Euro zone. Public opinion about the positive effects of EU membership is still divided, probably more so than in other EU countries.

In British society the EU is seen with a sceptical view.

Britain and Europe: Important dates

1963 Britain applies for membership of the EEC (European Economic Community); French President CHARLES DE GAULLE votes against the application on claims that Britain's ties with both the Commonwealth and the USA were too close.

1973 Britain is finally able to join the EEC.

1974 The British people confirm this in a referendum.

1991 Britain is among the few members of the EU that do not join the EMU (European Monetary Union). The main reason for not joining the single European currency (Euro) is the British fear of a loss of national sovereignty.

2005 Prime Minister TONY BLAIR is held responsible by many for the collapse of the EU summit in June which discussed the EU's budget over the coming years.

Europe – a megastate?

To find out more about the European Union, visit the official website europe.eu. It provides you with information about all of the EU's institutions as well as its history and many other aspects.

There is a huge fear in the UK that the EU is heading in the direction of becoming a mega- or super state, thereby making the importance of the individual nation and its sovereignty smaller. While there is little reservation among the population about the economic impact of the European Union – and a single European market – opposition against the idea of a politically united Europe with powerful European institutions is very strong. Therefore, it is maybe not surprising that nearly two thirds of British voters consider themselves **"Eurosceptics"** or "Europhobes" – voters who either wish for a Great Britain completely independent of the EU, or at least want a weaker Europe when it comes to central political issues and the question of who decides them.

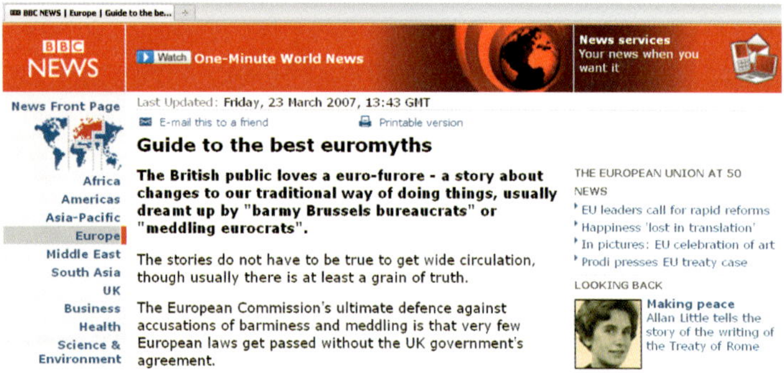

BBC NEWS | Europe | Guide to the be...

BBC NEWS

Watch One-Minute World News

News services
Your news when you want it

News Front Page
Africa
Americas
Asia-Pacific
Europe
Middle East
South Asia
UK
Business
Health
Science & Environment

Last Updated: Friday, 23 March 2007, 13:43 GMT

E-mail this to a friend   Printable version

Guide to the best euromyths

The British public loves a euro-furore - a story about changes to our traditional way of doing things, usually dreamt up by "barmy Brussels bureaucrats" or "meddling eurocrats".

The stories do not have to be true to get wide circulation, though usually there is at least a grain of truth.

The European Commission's ultimate defence against accusations of barminess and meddling is that very few European laws get passed without the UK government's agreement.

THE EUROPEAN UNION AT 50

NEWS
- EU leaders call for rapid reforms
- Happiness 'lost in translation'
- In pictures: EU celebration of art
- Prodi presses EU treaty case

LOOKING BACK

Making peace
Allan Little tells the story of the writing of the Treaty of Rome

Many people in Great Britain believe in so-called **"Euromyths"**. These are pieces of information about the EU that are untrue and often describe the EU as a rather bureaucratic institution trying to regulate, and rule, everything. The popular press quite often twists the facts about the EU a bit in order to strengthen some peoples' fears about the EU. One such Euromyth is that all ambulances throughout the EU must be painted yellow or that builders will not be allowed to take their T-shirts off during work.

Auch das politische System Großbritanniens ist von den unterschiedlichen Problemstellungen geprägt, die eine enge Zusammenarbeit von vier Ländern mit sich bringt. Erstaunlicherweise aber gab es schon im Mittelalter erste Vorläufer des heutigen, demokratischen Systems. Großbritannien ist zwar formal noch immer eine Monarchie (wenn auch der jeweilige Monarch lediglich repräsentiert), doch seit dem 11. Jahrhundert gab es bereits einen mächtigen Beraterstab, aus dem später das heutige Parlament wurde.
Zwar gibt es weiterhin eine Reihe von ungelösten politischen Fragen, bei denen die Parteien wie auch die Bevölkerung gespalten sind, etwa die Frage, wie sehr man sich der Europäischen Union annähern sollte. Doch die letzten Jahrzehnte brachten auch große Fortschritte – in der Wirtschaft, im sozialen Bereich sowie ganz besonders in Nordirland, wo die blutigen Konflikte vielleicht bald endlich der Vergangenheit angehören.

6.1.3 Great Britain – Society

Great Britain today is a fascinating place. It is multicultural, with people from many places across the world coming together in exciting cities like London. It is more peaceful than maybe ever before, with the conflict in Northern Ireland settled at least for the moment. It is a place of great political struggle between those for and those against stronger ties to the European Union. And it is still a place that has to live with its past as a colonial power – but also one that still profits from this, as the Indian or Pakistani minorities add colour, a rich cultural background, and of course the delicious food of their home countries to an ever-changing society.

Who lives in Great Britain today?

That Great Britain is multicultural can be experienced in many places. Most non-white groups concentrate in certain areas. London is the most popular: 45% of non-whites in Great Britain live in London, where they make up almost a third of all London residents. Birmingham, Manchester, and Liverpool are other cities where one finds large numbers of immigrants. It's in these and other cities where the impact of the various cultural and ethnic groups is most obvious: Indian and Pakistani restaurants, black people from the Caribbean and Africa, music from Jamaica, the Notting Hill Carnival, Islamic mosques.
But there are also places without a lot of immigrants. Areas like Scotland and Wales have only very small percentages of immigrant population.
The following graph shows that around half of the non-White populations are Asians of Indian, Pakistani, Bangladeshi, or other Asian origins. This reflects Britain's history: The majority of immigrants come from Commonwealth countries and virtually all of them have British citizenship.

"Multiculturalism" and **"cultural pluralism":** These two terms are often used to describe societies where a wide range of different cultural or ethnic groups live together. In most multicultural societies this is a result of immigration. The terms can also be used to describe government policy: The basic idea is that different groups within society should keep their cultures and identities and interact peacefully with one another.

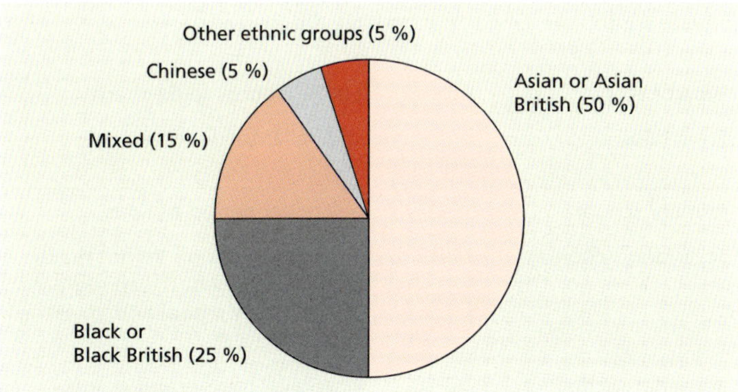

Racial conflicts

Although ethnic minorities in Britain are probably better integrated into society than ethnic minorities in other European countries, there are occasional racial conflicts in Britain that sometimes take the form of rioting, such as fighting in the streets among younger people in cities.

This showed especially in 2001 during the so-called "Summer of Violence". Severe race riots broke out in Bradford and other cities. Reports of these riots suggested that some people in Britain were leading "parallel" lives in places where people from different ethnic backgrounds did not mix.

Education in Great Britain

There are a number of different types of schools in Great Britain you need to know about:

Public schools are schools owned and controlled by the local government.

Boarding schools are schools where the students not only study but live at.

Grammar schools are schools with a focus on classical languages and academic study.

Comprehensive schools are large schools admitting basically all students regardless of their abilities.

The British school system is mostly known for being very traditional. Competition plays a bigger part than in German schools, and lots of students go to private schools. Most schools have a school uniform that every student is required to wear or at least a set of rules about what everyone can and cannot wear. The following chart gives you an idea of the basic path that a student of public schools in Great Britain has to go (private schools are similar, but do have differences):

Type of school	Age	Differences to Germany
Pre-school	Under the age of 5	Similar to kindergarten
Primary School	5–11	Longer period of time
Secondary School	11–16	German schools do not make a difference between regular secondary school and an extra A-level
Secondary School or College	16–18	A-level courses and exams, similar to the German *„Oberstufe"*
Higher Education (College or University)	18–22 (but varies a lot)	Various differences; British students tend to finish college earlier than regular German students

Places to see in Great Britain

With four countries to see, it is impossible to go to Great Britain on a single holiday and get a somewhat complete picture. The following places – two cities and one regions – are just a quick sample of what you might visit when going to Great Britain – many others may be just as interesting.

There are usually many possibilities for German students to go to Great Britain on an **exchange programme.** Ask your teacher about possible programmes at your school if you're interested – even if your school doesn't have such programmes, he/she might suggest some other option.

London

The capital of England and Great Britain, London is surely one of the most exciting cities in all of Europe. It has a rich history of which you will find many proud examples throughout the city (such as the Tower of London or Big Ben). There is a lively art and culture scene (West End, with its dozens of theatres, is especially interesting), there are world-class orchestras, world-class football teams – just about everything here is world-class!

Edinburgh

In contrast to London, Edinburgh may be much smaller and sometimes even intimate, but it is known for its amazing art scene as well. Among its many attractions are the "Edinburgh Fringe", a yearly performing arts festival and the biggest in the world, the "International Book Festival", and the many festivals and parades making its streets lively and colourful.

Cornwall

Cornwall is simply a treasure – if you go in the summer, the beaches promise a nice summer holiday, but the cliffs of the coastline offer a special beauty unlike anywhere else. The climate usually promises nicer weather than in other parts of Great Britain, and a walking tour of Cornwall's inland areas offers rare, spectacular birds and peaceful surroundings.

6.2 Ireland

For centuries Ireland (Irish: Éire) has been one of Europe's poorest countries. Until fairly recently this was still true. To many people Ireland was a romantic place of great beauty, with world-famous artists like JAMES JOYCE, a long history of being conquered by foreign people and a somewhat shorter history of mostly unsuccessful rebellions against these conquerors. To others Ireland was a place where a civil war with strong religious overtones took place since the late 1960s – "The Troubles" (see: chapter about Great Britain and Northern Ireland) were all over the news. But a lot has changed in the last three decades, and poor is certainly not the right adjective to describe the Ireland of today with.

A Timeline of Ireland

7500 B.C. The first settlements in Ireland as we know of today.

1541 Britain's King HENRY VIII, a Protestant, establishes rule over Ireland, which is strongly Catholic at the time.

1692 All Catholics in Ireland lose the right to vote, to own land or practise their religion.

1845–49 The "Potato Blight". About a million people starve to death; many choose to find a new home in the United States.

1916 "Easter Rebellion": Irish rebels fight against British troops the Monday after Easter. The leaders of the unsuccessful rebellion are later executed by the British.

1919–21 Anglo-Irish war. The British have to move out of Ireland, but they hold on to its Northern parts.

1921–23 Irish Civil War between those that favour a lasting peace with Great Britain (giving up the northern regions of Ireland) and those who wish to continue the fighting – the latter combined as the "Irish Republican Army" (IRA). The IRA loses.

1949 A permanent split of a now independent Republic of Ireland (capital: Dublin) and Northern Ireland (capital: Belfast) under British rule is finally announced by both sides.

1998 The "Good Friday Agreement": Ireland ends its territorial claims regarding Northern Ireland. The peace process in Northern Ireland is strengthened considerably as the agreement also states that only the vote of the majority can change the constitutional status of the country.

2002 The Euro replaces the Pound as the new currency in the Republic of Ireland.

Megalithic tomb near Kilfenora

Ireland in the 1990s

An incredible transformation has taken place in recent Irish history. Ireland's image in the world started to change with unbelievable speed in the early 1990s. The Republic of Ireland experienced an economic miracle, changing from one of the poorer countries in Europe into one of the wealthiest. The per capita income (meaning the income per individual person) in the Republic of Ireland is now higher than in Germany. Just as in Northern Ireland "The Troubles" slowly came to an end, Ireland's image throughout the world was much improved.

The term **"Celtic Tiger"** is similar to the terms "Asian Tigers" which is used to describe countries in Southeast Asia (South Korea, Taiwan, Hong Kong and Singapore) during their rapid growth in the 1980s.

The unparalleled success story of the Republic of Ireland in the 1990s called for a name – ever since, Ireland has also been called the "Celtic Tiger". The term describes the rapid economic growth between 1990 and 2002 in Ireland.
Among the consequences of the "Celtic Tiger" years are:

- **Economic progress:**
  Incomes are up considerably while unemployment is at a very low level. The national infrastructure is constantly getting better. More and more companies are coming to Ireland as a result of low taxes and of the government supporting them financially.
- **Social change:**
  While Ireland has traditionally been a country of emigrants (which means that people left the country for the United States or mainland Europe) this trend has changed a lot. There are now more people immigrating to the country than leaving it. Ireland is turning into a modern country as more and more people are leaving the small, rural areas for the bigger cities.
- **Religion:**
  The importance of religion in Ireland has become less. Ireland is becoming a more liberal, open country. Divorce is now possible, homosexuality was legalized, the country had two women presidents after another and lifestyles have modernized quite a bit.
- **Cultural change:**
  The Irish music scene is no longer dominated by traditional groups like "The Dubliners" but by internationally successful bands like "U2" or "The Cranberries".

Economic Aspects of modern Ireland

Ireland's economy is no longer dominated by agriculture. Today industry is much more important – for instance, international firms like Intel or Microsoft moved parts of their high-tech sectors to Ireland. Ireland is the world's largest exporter of software today. A quarter of Europe's computers are made in Ireland by firms like Dell and IBM. On top of all this, tourism, which has a long history in Ireland, remains strong. Many Europeans come here for a relaxing holiday in the Irish countryside, but also to watch a nation that is changing more rapidly than any other in Europe.

Irland hat eine Phase großen Wandels hinter sich. Jahrhundertelang war Irland ein armes Land, das sich nicht oder nur unzureichend gegen die britischen Besatzer wehren konnte. Im Laufe der Geschichte wurde aus Irland ein geteiltes Land, mit vielfach blutigen Unruhen im nördlichen Teil der Insel. Doch zu Beginn des 21. Jahrhunderts hat sich all dies weitgehend geändert. Die Republik Irland ist seit vielen Jahrzehnten unabhängig, und ein ungewöhnlich hohes Wirtschaftswachstum hat aus der armen Kirchenmaus eines der reichsten Länder Europas gemacht. Trotzdem gibt es noch viele Gegenden in Irland, die vom Wandel weniger erfasst wurden und sich den ursprünglichen Charme seiner Bewohner mit ihrer rauen Herzlichkeit erhalten haben.

6.3 The United States of America

Almost no other country inspires young people all over the world quite like the United States of America. Enormous mountains, wide landscapes and endless deserts, gigantic cities such as New York or Los Angeles, a fascinating mixture of people from all over the world – the United States is a country like no other. However, its history is not less violent or problematic than the history of many European countries is; the last decades with wars in Vietnam, Iraq or Afghanistan are proof of that.

Grand Canyon

Key Facts about the United States

	Places/facts	What's to see…
Capital	Washington, D.C.	The political centre of the U.S.; all the important political decisions are made here; it is also a fascinating one with many sights, free museums and the White House
Biggest city	New York City	8.4 million inhabitants; most tourists go to Manhattan to see the Statue of Liberty, the Empire State Building or a Broadway show
Population	About 308 million	The United States is still a diverse nation – people from all over the world come here in search of a better life
Biggest state	Alaska, at 663.267 square miles (1.717.854 square kilometres!)	Alaska is a wonderful place to experience life in the wilderness; however, it has less than 700.000 residents
Places of interest	Grand Canyon, Yosemite, Yellowstone, Rocky Mountains, Great Smoky Mountains, Chicago, San Francisco, Boston …	There are too many beautiful places to name here, the United States is a country rich with incredible national parks and fascinating cities

▶ Hoping for a better life: The so-called **American Dream** calls for each inhabitant of the U.S. to try and fulfill their true potential.

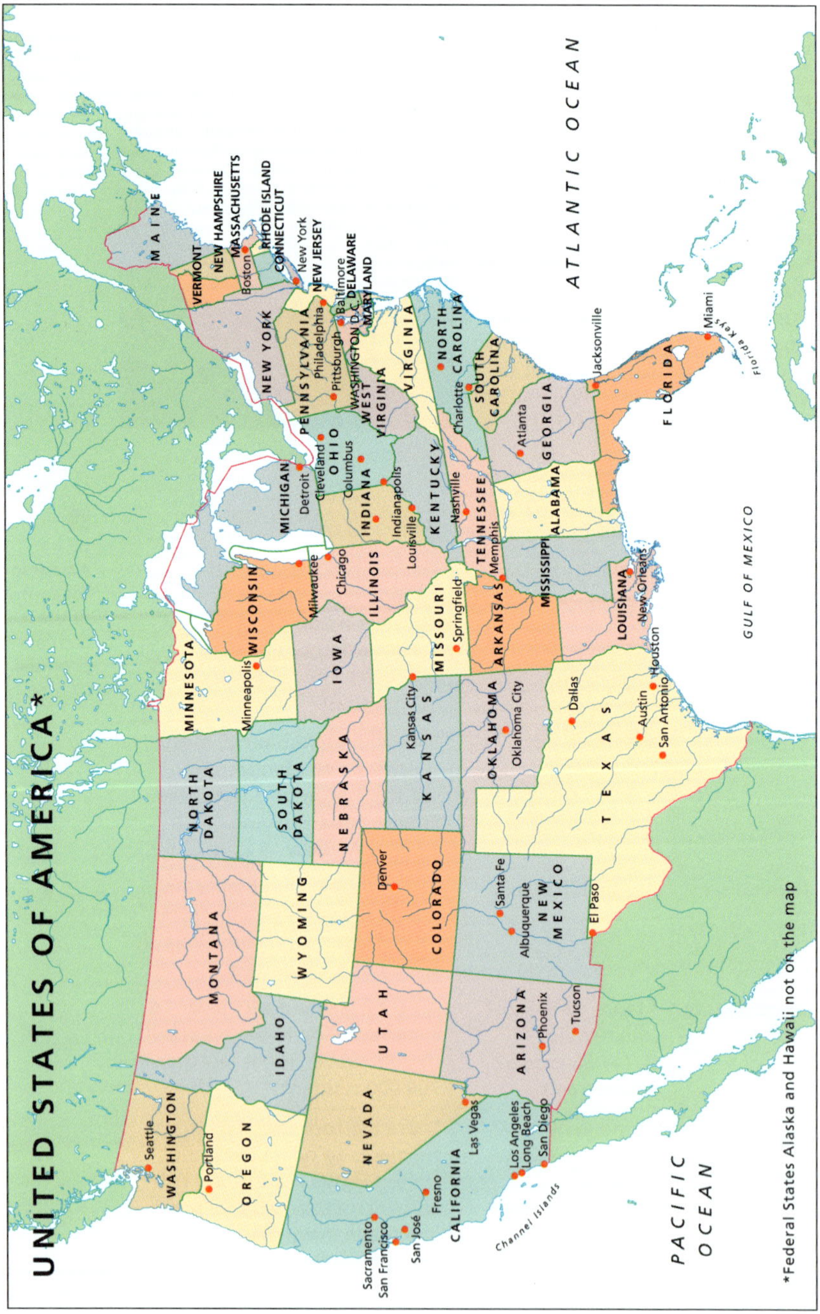
UNITED STATES OF AMERICA*
ATLANTIC OCEAN
PACIFIC OCEAN
GULF OF MEXICO
MAINE
VERMONT
NEW HAMPSHIRE
MASSACHUSETTS
RHODE ISLAND
CONNECTICUT
NEW YORK
NEW JERSEY
PENNSYLVANIA
DELAWARE
MARYLAND
WASHINGTON D.C.
WEST VIRGINIA
VIRGINIA
NORTH CAROLINA
SOUTH CAROLINA
GEORGIA
FLORIDA
ALABAMA
MISSISSIPPI
TENNESSEE
KENTUCKY
OHIO
MICHIGAN
INDIANA
ILLINOIS
WISCONSIN
MINNESOTA
IOWA
MISSOURI
ARKANSAS
LOUISIANA
TEXAS
OKLAHOMA
KANSAS
NEBRASKA
SOUTH DAKOTA
NORTH DAKOTA
MONTANA
WYOMING
COLORADO
NEW MEXICO
ARIZONA
UTAH
IDAHO
NEVADA
WASHINGTON
OREGON
CALIFORNIA
Boston
New York
Philadelphia
Baltimore
Pittsburgh
Cleveland
Columbus
Detroit
Indianapolis
Louisville
Chicago
Milwaukee
Minneapolis
Nashville
Memphis
Charlotte
Atlanta
Jacksonville
Miami
Florida Keys
New Orleans
Springfield
Kansas City
Oklahoma City
Dallas
Houston
Austin
San Antonio
El Paso
Denver
Santa Fe
Albuquerque
Phoenix
Tucson
Las Vegas
Los Angeles
Long Beach
San Diego
Fresno
San José
San Francisco
Sacramento
Portland
Seattle
Channel Islands
*Federal States Alaska and Hawaii not on the map

6.3.1 USA – Past and Present

Die American history is a history of the most unbelievable conflicts. The United States is one of the first modern democracies; it was one of the very first countries to let women vote (and has the first state – Wyoming – to decide in favour of this before any other country in the world did so); they won two world wars and helped to free the world from brutal tyrants such as ADOLF HITLER.
On the other hand, countless numbers of Native Americans were chased off their lands or killed in the 19th century; slaves imported from Africa had to work hard without getting paid or treated respectfully for 150 years; most wars since the 2nd World War were terribly complicated and often ended without anything changing for the better.
The following timeline can only point to a few of the many events that shaped the history of the United States of America:

The United States of America (USA, or The U.S., as Americans more commonly call it), is a country made up of 50 federal states. Ever since the U.S. gained its independence, it has been democratic.

The Settlers: A New Continent

1607 Jamestown, the first British settlement in the "New World", is founded.
1664 Nieuw Amsterdam is bought from the Dutch and renamed "New York" immediately.
1773 "Boston Tea Party": The citizens of Boston rise up against Great Britain, demanding representation in Parliament and the end of unfair taxes.
1776 Declaration of Independence: The colonies try to break free from Great Britain once and for all.
1781 Victory in the "War of Independence"
1783 Great Britain officially recognizes the independence of the new nation: The USA is born.

Above:
The Mayflower was the ship of the Pilgrim Fathers which landed in Massachusetts in 1620.

The Early Republic and The Civil War

The White House in Washington D.C.

1788/89 GEORGE WASHINGTON is elected 1st President; a constitution is written and passed.

1820 MONROE-Doctrine (named after the 5th U.S. President JAMES MONROE): The U.S. decides not to tolerate any European power in any of the American nations, North or South.

1846–48 The U.S. attacks Mexico and wins not only the war, but enormous amounts of new lands such as California.

1861 ABRAHAM LINCOLN is elected 16th President; the South fears for the system of slavery.

1861–65 Civil War – reasons for the extremely long and bloody war were the election of ABRAHAM LINCOLN, the fights over the system of slavery and the bigger economic power of the North.

1865 After the end of the Civil War slavery is finally ended; the individual states from now on grow closer together than before.

20th Century: Two Great Wars

WOODROW WILSON (1856–1924)

FRANKLIN D. ROOSEVELT (1882–1945)

JOHN F. KENNEDY (1917–1963)

1914–18 Successfully taking part in World War I, the U.S. become a world power.

1929 Financial crisis in the U.S. and the world ("Great Depression")

1932 FRANKLIN DELANO ROOSEVELT elected 32nd President; he starts the so-called "New Deal", an aggressive financial programme to end the crisis.

1941–45 Following the Japanese attack on Pearl Harbor, America takes part In World War II, which ends with the surrender of Germany and the dropping of two atomic bombs on the Japanese cities of Hiroshima and Nagasaki.

1955 ROSA PARKS, a black woman, refuses to offer her seat on a bus to a white passenger (start of the Montgomery Bus Boycott). She is arrested and has to pay a fine – and the Civil Rights Movement grows stronger and stronger after her action.

1963 Assassination of President JOHN F. KENNEDY (b 1917); a nation mourns its popular leader.

1965–75 Vietnam War; after 1970, the Americans retreat without further hope of winning the conflict.

2008 Almost 150 years after the end of slavery, BARACK OBAMA is elected as the first black American President, which causes celebrations not just around the country, but in many other countries as well.

First Settlers

In 1607, Jamestown was founded in the colony of Virginia – the first time English settlers successfully stayed in what today is the United States of America. They survived the harsh winters because of the help of **Native Americans** – the same group of people which, much later, had to suffer so much because of Europeans taking their lands.
Most of the early settlers were very religious people. Many of them were Puritans – very strict, conservative Protestants who believed that only hard work can save us and lead us to success in life. The Puritans were not welcome in most European countries, so when searching for a country and an existence of their own, America was the answer. Up until today, the Puritan belief, and even more so its strict work ethic, is very much alive in U. S. society.

Native Americans probably came to the American continent around 12.000 years ago. In contrast, the **United States of America** is less than 250 years old. Native Americans used to live in tribes such as the Iroquois or the Pawnees. Many of them did not live in one place, as we do today, but moved across huge stretches of land throughout the year.

The Declaration of Independence

When the British colonies in North America got stronger and stronger, they also longed for more rights. For instance, they didn't like to pay the English King any taxes. Their argument was: "If we have to pay taxes, we should also be represented in British Parliament." They felt their wants and needs were not treated seriously. So when Parliament under British King GEORGE III (1738–1820) called for even higher taxes, the Americans resisted.
In Boston, people were especially stubborn. They started the so-called "Boston Tea Party" – and that was not a party as you might know it. They boarded three British ships with taxed tea and threw the tea into the Boston River.

THOMAS JEFFERSON (1743–1826)

JOHN ADAMS (1735–1826)

In 1776, after many years in which only few American settlers were brave enough to talk openly about the idea of becoming independent, a group of delegates from each colony – at the time, there were 13 British colonies, from today's Maine down to South Carolina and Georgia – met in Philadelphia. They discussed whether to finally break free from England and its King, and to become a new nation altogether. After days of heated debate, they signed the **"Declaration of Independence"**, written largely by the Virginian THOMAS JEFFERSON (1743–1826). This document states that "all men are created equal" and goes on to define our common goals such as "Life, Liberty, and the pursuit of Happiness". It is at the centre of the American Dream as we still know it today – the hope that everyone can become whoever he or she wants to be, if only they work hard enough.

Timeline: Becoming a New Nation

1764	The issuing of paper money is forbidden in the colonies; protests are the result.
1765	Parliament decides for new taxes in the so-called "Stamp Act"; as a result, there are violent riots throughout the colonies.
1773	Parliament passes the "Tea Act", and the "Boston Tea Party" is the result.
1774	The American Colonies organize themselves for the first time in a congress of their own; delegates meet in Philadelphia.
July 4th, 1776	Congress approves the "Declaration of Independence".
1775–83	War of Independence
October 19th, 1781	The British surrender at Yorktown.
1783	The British finally accept American independence.

left:
GEORGE WASHINGTON (1732–1799)

right:
The Independence Hall in Philadelphia (where the Declaration of Independence was debated and adopted)

A Growing Nation

Following the successful War of Independence, the United States of America soon developed fast. In 1788, it had a constitution today's legal system in the U.S. is still based on. In 1789, GEORGE WASHINGTON (1732–1799), commander and war hero, was elected first President of the United States.

The first Presidents – GEORGE WASHINGTON (1732–1799), JOHN ADAMS (1735–1826), THOMAS JEFFERSON (1743–1826) – all enjoyed the full two terms (8 years) in office that each American President is limited to. The country grew stronger under these tough, principled leaders. They were helped by brilliant strategists such as ALEXANDER HAMILTON (1755–1804), who established a centralized government as well as strict banking policies. Although the United States were a young nation, they quickly enjoyed financial success as well as solid partnerships with various nations in Europe.

Moving West

The **frontier** was as much a natural boundary – everything beyond it was so far unknown – as it was an exciting, but also rough, experience for the settlers. Women were often treated with more respect than in the cities, as they had to perform hard work just like the men did.

One of the biggest myths about the United States is that of the lonesome, or lonely, cowboy. It is closely linked to a development that started soon after the United States were founded. Many of the new immigrants arriving from Europe found the cities of the East – such as Boston or New York – to be crowded with people and could not find work or real opportunity. So a big number of them left for the **frontier**, pushing America's border ever more to the west. New states, such as Wisconsin or Illinois, soon were founded. This westward movement continued until, by the late 19th century, California and other states to the West were full members of the Union.

Slavery: The Road to Civil War

Perhaps the darkest chapter of American History is the one about slavery. Slaves were owned like property. Unlike regular workers, they did not get paid for their work and could not choose which work they had to do. They lacked any kind of personal freedom – to many people in the United States, they were not even human beings.
From the beginnings, American farmers in the South relied on slave work for their profits. Cheap slaves were imported from Africa – many actually died during the passage to America – and sold in slave auctions. While most people agreed that slavery was truly immoral, few people realized the need to abolish and end it. When opposition in the North grew stronger, Southerners such as the senator JOHN C. CALHOUN started defending it more aggressively – CALHOUN came up with the idea of slavery as "a positive good".

JOHN C. CALHOUN (1782–1850)

6

The Civil War

▶ There are a number of exciting, touching films and TV series about the topic "American Civil War". One such series which can be highly recommended is called "North and South" (1985, dt. Fackeln im Sturm). It details the friendship between two families – one from the North, one from the South – during the hard years of the Civil War.

ULYSSES S. GRANT (1822–1885)

ROBERT E. LEE (1807–1870)

The American Civil War was one of the first so-called modern wars. This means that not only did soldiers fight against soldiers, but normal people also had to suffer. It was fought because the Southern states (such as South Carolina or Georgia) feared that the North would try to end the system of slavery – the North already having the stronger economy. They thought that the new President ABRAHAM LINCOLN would act against their wishes. Only a short while after the election, the first Southern states left the Union. On April 12th, 1861 – about half a year after LINCOLN's election – the Civil War started in South Carolina.

The Confederate Memorial Carving (Stone Mountain, Georgia) shows three leaders of the Civil War: the former President of the Confederate States of America JEFFERSON DAVIS with generals ROBERT E. LEE and THOMAS J. JACKSON.

ABRAHAM LINCOLN (1809–1865)

The war lasted almost exactly four years. At first, both sides were sure they could easily win; after many years of debate over slavery and the economy, many Southerners and Northerners hated each other, thinking the other side would be much too weak in a war. But after the first battles, with thousands of soldiers killed on both sides, everyone knew that this was to be a long, hard fight. The North had many more soldiers, weapons, and supplies of food or clothes. However, the South had clever generals who often came up with a winning strategy. In the end, though, the bigger numbers of the North decided the war. It took over 620.000 dead soldiers and many more dead civilians to unite the nation once again.

The Civil War: Timeline

January 1861	South Carolina leaves the Union; a number of other states are soon to follow.
February 1861	The South creates a government.
March 4th, 1861	ABRAHAM LINCOLN begins his presidency.
April 1861	The Civil War begins at Fort Sumter, South Carolina.
June 1861	Four slave states decide to remain loyal to the North; this was possibly the most important factor for the outcome of the Civil War.
July 1861	First large battle at Bull Run – both sides realize that it will not be an easy war.
April 1862	Taking New Orleans from the south, the North wins an important strategic battle.
December 1862	LINCOLN removes the hugely popular General GEORGE MCCLELLAN, who later runs against him in the next presidential election.
January 1st, 1863	A historic day for the United States: ABRAHAM LINCOLN declares all Southern slaves free – it is the beginning of the end of slavery.
July 1st–3rd, 1863	The Battle of Gettysburg
Summer and fall, 1864	General WILLIAM TECUMSEH SHERMAN marches through the heartland of the South, destroying everything in sight and killing countless numbers of innocent civilians.
November 1864	After serious troubles at the start of his campaign, LINCOLN defeats MCCLELLAN to win the 1864 presidential election.
April 1865	The South under brilliant General ROBERT E. LEE finally surrenders.
April 14, 1865	ABRAHAM LINCOLN, the last victim of the Civil War, is assassinated by Southerner JOHN WILKES BOOTH who cannot live with the "shame" of defeat.

Racial Segregation

Segregation refers to the separation of racial groups. This separation can include the most common locations such as buses, sidewalks or theatres. Mostly, segregation happened between whites and blacks as well as Jews.

Putting an end to the inhuman reality of slavery was a big step toward a more fair and equal society, but it was also only the beginning. The 150 years between the end of slavery and the election of BARACK OBAMA (b 1961) as the first black President often saw bloody struggles for those fighting for a better life.
One of the many reasons for this was white resistance. In 1865, directly at the end of the Civil War, huge numbers of white racists organized themselves as the "Ku Klux Klan", or simply "The Klan". Its first members had fought for the Southern states and its Confederate army. The feeling of shame after losing the war as well as fear of black hatred led them to often brutal attacks on former slaves.

The Klan was soon feared as a kind of terrorist organization, oppressing and sometimes even killing blacks. While their power was soon fading, American society was still largely a white one. Throughout the 19th century, and even the first half of the 20th century, blacks were segregated from whites. Black children did not visit the same schools as white kids, their parents couldn't get decent jobs, and all blacks had to offer whites the good seats in theatres, buses, and restaurants. It took 100 years for this to change – and the courage of a woman named ROSA PARKS.

The Montgomery Bus Boycott

On December 1st, 1955, ROSA PARKS (1913–2005), a simple secretary from Alabama and an African-American, refused to give up her seat in the "white section" of a public bus. She was not the first person to do so, but in her case, when she went to prison because of her action, many of her fellow black citizens started the "Montgomery Bus Boycott". For a time, African-Americans in Montgomery didn't use the bus altogether, directing a lot of attention to the case.

In the middle of all of this, there was the preacher MARTIN LUTHER KING. He was also from Montgomery, but unlike ROSA PARKS, Mr KING would go out onto the national stage. Soon, he changed the country in ways unimaginable before him. Despite her brave action, ROSA PARKS lost her job in Montgomery and moved far up north to Detroit to find new work. It took decades before she was recognized as a true hero of the **Civil Rights Movement**.

The **Civil Rights Movement** united many groups of people fighting to end segregation and give African-Americans the right to vote in all of the United States.

Martin Luther King

The famous quote "I Have A Dream" on the steps of the Lincoln Memorial

DR. MARTIN LUTHER KING

One of the most inspiring leaders of the 20th century – and possibly of all time – MARTIN LUTHER KING (1929–1968) helped to make the Civil Rights Movement a phenomenon that spread all across the United States. When he was born, blacks were still treated as second-class citizens. When he died – he was killed by a man called JAMES EARL RAY for reasons still unknown – he had changed the nation through his inspired speeches and his insistence on non-violence. In this he followed the great Indian leader GANDHI. In 1963, he led a march on Washington where people from all across the U.S. came together to protest against injustice and segregation.

> Die amerikanische Geschichte ist eine Geschichte voller Widersprüche. Die USA ist eine der ersten modernen Demokratien und hat diese im Laufe der letzten 250 Jahre immer wieder standhaft verteidigt. Mit den erfolgreichen Einsätzen im Ersten und Zweiten Weltkrieg etablierte sich das Land als unbedingter Verfechter einer friedlichen und freiheitlichen Weltordnung. Andererseits gibt es auch Schattenseiten. Die Sklaverei wurde erst nach einem blutigen Bürgerkrieg abgeschafft, die Ureinwohner fast ausgerottet, und viele Minderheiten kämpfen noch heute darum, im Sinne MARTIN LUTHER KINGS und seiner vielen Anhänger als gleichwertige Bürger anerkannt zu sein.

6.3.2 USA – Society

Immigration

Immigration is the process of moving to a new country. You only talk of immigration when looking at specific, individual people. When a group of people moves to a new country, the correct term is **migration**.

The United States has always been a nation of immigrants. After hunting down and killing big numbers of Native Americans in the 19th century, the newly discovered land was soon settled by Europeans, Asians, and African-Americans. The same is true today. There are still millions of new immigrants coming to the U.S. over the course of a few years. Today, most of them arrive – legally and illegally – from Mexico or other countries to the south. This means that Spanish is of the same importance as English in many southern states today. But there is also a backlash. People who have lived in the United States for long are often afraid of the many newcomers, and many support stricter immigration regulations and rules.

In 2004 a total of circa 34 million people in the U.S. were foreign-born. Of these almost 5 million were born in Europe, close to 9 million in Asia and over 18 million in Latin America. 2.5 million were born in other areas of the world.

Percent foreign born by region of birth 1990

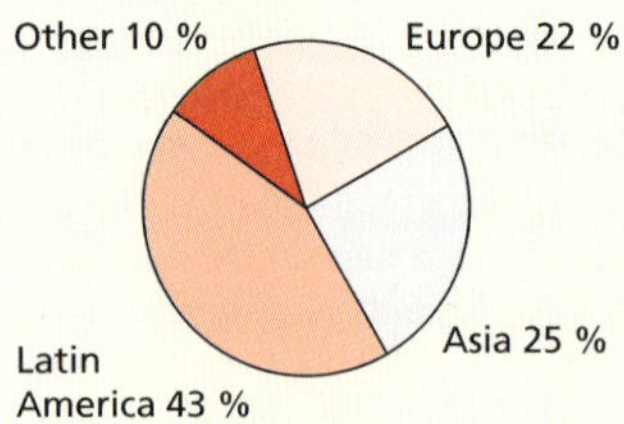

Percent foreign born by region of birth 1900

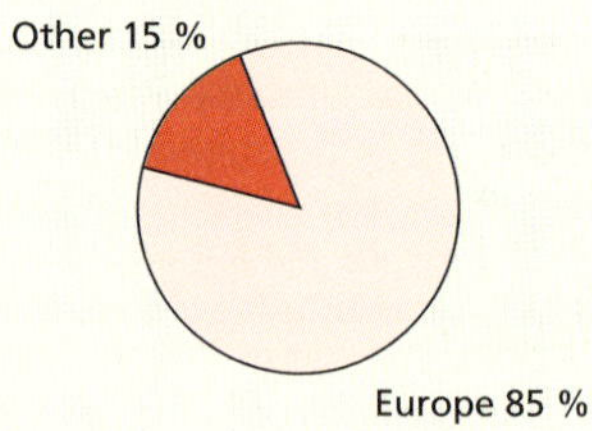

Although many people come to the United States as immigrants every year, it is very difficult to become a U.S. citizen. First, you need to get a permission to work in the United States, which you can only get if there is no other American who can do your job as well as you. Second, only after having lived and worked in the U.S. for a number of years can you apply for the so-called Green Card – a document that allows you to live and work in the United States at all times. Then again, a number of years after having received a Green Card you can apply for full citizenship. As you can see, it is a very difficult, long procedure.

Immigration over the years: Melting pot and salad bowl

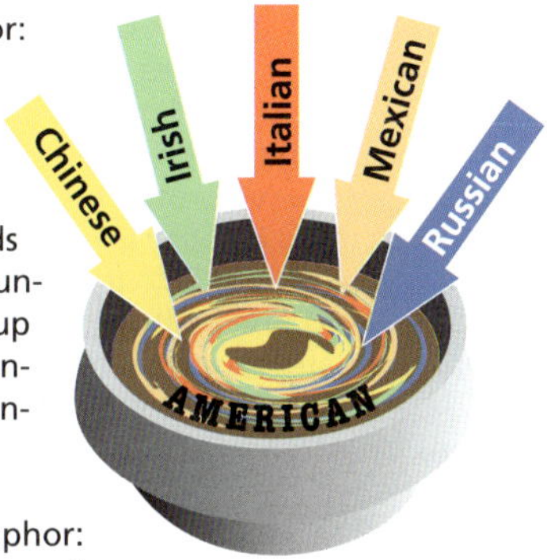

The term **"melting pot"** is a metaphor: people from different cultural backgrounds are thrown into a pot (America); after a while, they all "melt into one another", and take on their new identity as "Americans". It stands for the idea that newcomers to a country assimilate, meaning that they give up most of the culture of their mother country and are open for the cultural influences of their new home country.

The term **"salad bowl"** also is a metaphor: people from different cultural backgrounds are thrown into a salad bowl. Although mixed somehow, they do not melt into one another. All newcomers keep most of their cultural identity so that ethnic groups can be distinguished within American society (like a salad's ingredients). The term is sometimes used to describe today's reality of many different cultures living side by side in the United States.

Historically you can argue that the "older" groups of immigrants that came to the United States in the 19th and early 20th century were mostly of the "melting pot type". Most of these were immigrants from Europe who had many reasons to come to a new country, and continent, altogether. They did not lose their cultural roots, but since the United States was heavily influenced by Europe, they still easily fit into their new home country.

Ellis Island in New York Harbor was the gateway for millions of immigrants to the U.S. between 1892 and 1954.

The "newer" groups of immigrants are different. They came to the U.S. in the second part of the 20th century, or in the first decade of the 21st. Coming mostly from Asia and Latin America these immigrants often have a lot more problems coping with everyday life in their new home. The majority of these new immigrants still keeps strong ties to their mother country, especially the language. In some parts of the American South Spanish is now in fact a second language that is spoken in many schools and on radio and TV stations.

The United States Today

When you want to follow the latest news about the United States, you have a lot of options. You can read newspapers like the *New York Times* on the internet, or follow TV channels such as CNN, which are broadcast in many parts of Germany.

The election of BARACK OBAMA as U.S. President has changed the ways the worlds looks at America once again. It has been apreciated as a historical milestone that a former slaveholding nation has now overcome this dark chapter of its past as far as to elect a black President. All across the nation, people celebrated the event on November 4th, 2008.
However, the U.S. today is troubled by a growing number of problems:
- Having paid little attention to environmental issues over the last decade, the U.S. is badly prepared and suffers from energy problems, a limited water supply and worse storms than ever before.
- The economy is in bad shape, following a decade where many Americans bought houses or other items they could not really afford.
- There is a big divide between the conservative and liberal parts of the population, fighting over topics as difficult as the death penalty, gun ownership or abortion – and there is no easy answer to any of these topics.
- Too many Mexicans are still coming into the United States as illegal immigrants – the border between the US and Mexico is extremely hard to watch.
- The same border problem applies when it comes to imported drugs from Colombia or Mexico.

Education in the United States

Another topic that has long been discussed is education. Just like Germany, the United States has long tried to come up with a solution for the inequality of its education system – children of poor immigrants often drop out of high school and seldom get a college degree. In the following section, a few of the reasons behind this and other problems will be shown and discussed.

The American system of education is one of great diversity – not surprisingly in a country of so many people from all over the world. The following chart gives you an idea of the basic path any student in the United States has to go.

Type of school	Age	Differences to Germany
Kindergarten	4–6	Very similar
Elementary School	6–11	Longer period of time
Middle School	11–14	This is a "link" between elementary school and high school which does not exist in Germany
High School	14–18	More students in the U.S. go to private schools; some are even home-schooled
College/University	18–22 (but varies a lot)	Before deciding on a more specific programme, the 4-year bachelor requires students to take courses in many subjects
Graduate School (University)	varies	Specific training in one subject; usually at bigger universities (like state universities)

American high school is often not just a place to learn, but the centre of activities for teenagers. They join different clubs (theatre, science, music...), sports teams (popular are for instance American football, basketball, or hockey), they have lunch at the school cafeteria and spend a big amount of their time there.

States, Regions, Cities, and Landscapes

Mount Rushmore in South Dakota shows former U.S. Presidents WASHINGTON, JEFFERSON, ROOSEVELT and LINCOLN.

The United States is not a country similar to any European one. In the beginning – after getting independence in 1783 – it was rather like a number of individual states agreeing to work together, with a shared government in Washington. It was closer to the European Union today than to one single country. So when trying to understand the nature of the United States, you have to look at some of its different states or cities – in the liberal, open society of the North, in the proud old Southern states, in the heartland of America around the Mississippi River, or to the West with its promise of everyday sunshine and a powerful economy. On the following pages, a few examples will be described – but there are really many, many more worth looking at.

States

California ("Golden State") is maybe the best-known of all the 50 states. The first "run" to California happened during the "Gold Rush" during the 1850s. Since then, California has attracted big numbers of young, energetic people looking for a short path to success. Its best-known symbol is Hollywood – the dream factory of movies where many stars were born, but also many a hopeful actor lost his illusions. California's Yosemite National Park is visited by more than 3 million people each year.

North Carolina happens to be the state attracting more tourists than any other in the United States. This may surprise you, but only if you've never been there. Its gorgeous mountains, woods, lakes, and beaches as well as university towns have turned the state from a proud, poor Southern state into a proud and prosperous Southern state. People here are known for their hospitality – enter a local restaurant, and you will always be greeted with a winning smile and some welcoming words.

Regions

The Rocky Mountains are an almost unbelievably large mountain formation, ranging from British Columbia in Canada to New Mexico at the border to Mexico, in the United States. The "Rockies", as they are usually called, rise up to a maximum of 14,440 feet (4,401 m), in Colorado. They are often surrounded by large, deserted plains; for example, around Denver, the Colorado basin (South Park). There you can take in the view of all the surrounding mountains without anything blocking your view.

The Mississippi is the stuff of legends – it used to be a river where steamboats shipped passengers from North to South in the 19th century. The famous American author MARK TWAIN (1835–1910) wrote many tales about the Mississippi and how it brought together all kinds of diverse people with their wildly different stories. Today, it is still an impressive sight, and as part of the wider Missouri-Mississippi river system, it is one of the largest rivers in the world. The Mississippi River Delta in southern Louisiana is a biologically significant region with its special ecological diversity.

Cities

If ever there was a capital of the world, New York City would have to be it. In this exciting city of 8 million, you will find anything and everything – enormous skyscrapers (Manhattan) and quiet neighbourhoods, a world-class art and theatre scene and impressive museums, TV stations and rivers and beaches and dark, scary cemeteries, and in the middle of it all, a huge park (Central Park) to escape it all when you have had enough.

▶ Today there are more choices than ever before if you want to visit exciting American cities such as New York. Many schools offer exchange programmes – but even if yours doesn't, there are other choices such as aupair programmes, internships with companies or, later on, going abroad through a university programme.

Memphis is an example of a city in the middle of nowhere – it is in the southwest of Tennessee – that still made history. It was the centre of the cotton market in the early 20th century; but from the middle of the century on, the music of rock & roll was associated with the city. Some of rock's most lasting innovators – ELVIS PRESLEY and B. B. KING among them – are from Memphis, which still sees big amounts of tourists every year, hoping to catch a glimpse of that "rock & roll spirit".

Die amerikanische Gesellschaft hat sich im Laufe des 20. Jahrhunderts immens verändert. Die Phasen der Sklaverei und der Rassentrennung wurden überwunden, auch Schwarze und Frauen haben nun eine Chance, es in Politik und Gesellschaft weit zu bringen. Trotzdem gibt es immer noch viele Hindernisse zu bewältigen – wohl kaum ein anderes Land bringt schließlich derart viele Nationalitäten und Religionen unter einen großen "Uncle Sam"-Hut.

6

6.3.3 USA – Politics

For a definition of **executive, legislative**, and **judiciary**, see chapter 6.1.2.

The United States has a federal system (federal government – meaning a central government for all the 50 states – and state governments), a presidential system (the President has a dominant political position) and a system of checks and balances (division of political powers).

Federal republic
The government of the United States is a federal republic of 50 states and a few territories. The federal government is in Washington, D.C.. It has been the location of the government since 1790 and therefore almost since the beginning of the country as a whole.

Presidential system
In a presidential system the President and Congress (the legislative branch) are elected separately. Apart from being the **head of government** (and therefore the most powerful person in the country in political terms) the American President is also the so-called **commander-in-chief** of the military.

Branches of government
There are three branches, or parts, of government: the **executive** branch (the President and his/her cabinet), the **legislative** branch (Congress consisting of the House of Representatives and the Senate) and the **judicial** branch (Supreme Court).

The cabinet is made up of the secretaries appointed by the President, the most important of which is the Secretary of State (foreign minister). Congress (or the House of Representatives) has 435 members. These are elected directly in congressional districts all across the country. The Senate has 100 members. They are elected in the states. Each state has two senators, which means that the smaller states are over-represented (California, with a population of about 37 million, has two senators; Iowa, with a population of only 3 million, also has two senators!).

The U.S. Supreme Court building

The Supreme Court has nine members which are elected for life by the President. When voting on a case, each one of the nine votes has equal weight. The Supreme Court is maybe the one field where the President has the most power, as he is the only one who can appoint new judges. The Supreme Court is very powerful; for instance, abortion is an issue decided by the Court, and not by Congress or the Senate (the legislative branch).

Checks and balances

The United States Capitol – meeting place of the U.S. Congress

The system of checks and balances means that no single branch of government can hold total power under the guidelines of the U.S. constitution. Each branch of the government can be overruled by another. The powers of the President may be great, but they are not unlimited. The Senate must approve most actions by the President. The President is free to choose the secretaries for his Cabinet ("secretaries" being what "ministers" are in Great Britain), but the Senate must approve them. The President also has no way to introduce bills (laws) in Congress and he has no automatic majority in the House of Representatives (Congress) or the Senate. Very often, when there is a Republican President, Congress and the Senate are controlled by the Democrats, and when there is a Democrat as President, Congress and the Senate are more often controlled by Republicans.
But the President has the right to veto any bill passed by Congress, which then can only become law if two-thirds of the members of both houses vote in favour of it.
The Supreme Court controls whether any law passed by Congress is constitutional or not.

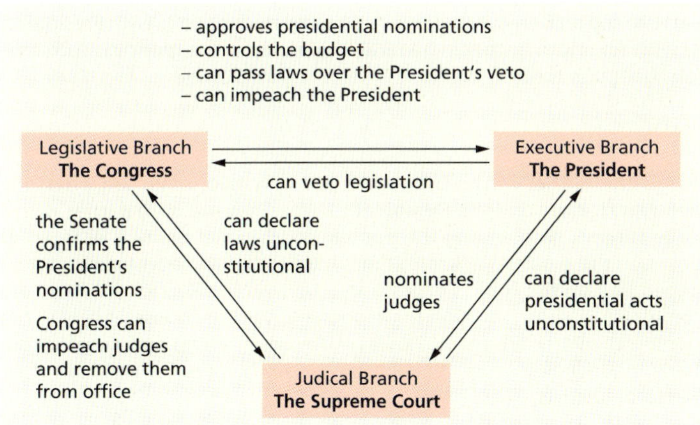

A **veto** is a like a negative vote by the President: he/she speaks out against a specific law because there is something in it that the President does not agree with. By doing so, the law is not yet "killed"; but it is rather unlikely that a law is signed against the wishes, and the veto, of the President.

Elections and past Presidents

The President is elected to a four-year term and can usually only be reelected once. Presidential elections start with so-called primaries or caucuses whose aim is to pick the presidential candidate of a party most likely to succeed. In the summer of the election year the two big parties then get together for a convention to nominate their candidate. This nomination is always celebrated with music and speeches (the party convention).

BARACK OBAMA, the President of the United States, was elected in 2008.

American politicians are much more accessible and open than German politicians. For instance, BARACK OBAMA has a profile on www.facebook.com where you can follow what he is doing everyday – including his latest political plans. At times, when he reaches a decision, you can read it there even before it is in a newspaper.

Before BARACK OBAMA, there has never been a black President in the United States. But there has also never been a woman. The hopes of many women all across America were with HILLARY CLINTON in 2008, but she lost to Mr OBAMA. But no matter who is President, the office calls for a person of the highest principles and moral integrity. Great Presidents of the past were GEORGE WASHINGTON, who led the United States to independence, ABRAHAM LINCOLN, who ended slavery, or FRANKLIN DELANO ROOSEVELT (1882–1945), who defeated HITLER in World War II. But there were also some controversial Presidents, like RICHARD NIXON (1913–1994), who had to step down because he allowed people in his party to spy on Democrats illegally (Watergate Scandal). With Presidents, as with American history in general, there were some glorious, and some less fortunate times as well.

Parties

As for the parties in the U.S., there are only two important ones: the **Republican Party** and the **Democratic Party**. They are both parties with a large support base among the population. The real political differences between these parties are sometimes hard to tell, sometimes enormous – depending on the topic. For instance, many in the Republican Party are completely against abortion (or a woman's right to choose), many in the Democratic Party are for it. However, Representatives and Senators are fairly independent from their parties and rely more on voters in their electoral districts.

Das politische System Amerikas zeichnet sich durch eine gegenseitige Kontrolle der verschiedenen, an der Regierung beteiligten Elemente aus. Kongress, Senat, Präsident und der oberste Gerichtshof sind allesamt abhängig voneinander. Lediglich der Gerichtshof hat etwas mehr Freiheiten, da er zumindest Prozesse unabhängig entscheiden darf. Es gibt nur zwei große Parteien, die in der Regel sämtliche Wahlen unter sich ausmachen. Dafür sind aber die Unterschiede zwischen diesen beiden Parteien oftmals gravierend.

6.4 Canada

Very different from its neighbour, the USA, but also similar in many respects – Canada is not an easy country to understand. This is partly because both the French and the British came to today's Canada in the 17th and 18th century. Until today, French still is the official language of Quebec. But then there is also the part of Canada which reminds you of the United States – the country of fascinating big cities such as Toronto, Vancouver, or Montreal. What is still even more interesting is probably Canada, the country of wide open spaces. In Canada, like in possibly no other country in the world, there are countless lakes, mountains, or forests of amazing beauty to discover.

The Niagara Falls mark the border between Ontario (Canada) and the U.S. state of New York.

6

Key Facts about Canada

	Places/facts	What's to see …
Capital	Ottawa	Ottawa is near Quebec, so this is a city of both French-Canadian and English-Canadian influences
Biggest city	Toronto	2.5 million inhabitants; also known as the "World within a City", Toronto is the cultural centre of Canada
Population	About 34 million	Canada is as diverse as the United States; it also has a multi-cultural society, because many immigrants came to Canada in the past, but a somewhat more liberal one
Places of interest	Quebec with Montreal; the West with Vancouver and many natural treasures; the Rocky Mountains; a great number of national parks	Just like the United States, Canada has it all when it comes to nature. Take a trip to one of its national parks; you will not regret the experience

Left:
Toronto, the provincial capital of Ontario

Right:
Moraine Lake in Banff National Park, Alberta

Canada – Past and Present

Canada's history is far less violent and difficult than the history of most other countries in the world. Part of it is probably because of the fact that while the country is huge – the second largest in the world! – few people live there. So no one really gets into anyone's way, unless they really want to. Have a look at the following timeline showing Canada's past. If you compare it to the timeline of, say, the United States or Great Britain, you will see that this is a country that can consider itself very lucky.

A Timeline of Canada

ca. 1000 Vikings arrive in today's Canada.
1497 JOHN CABOT, sailing under the English flag for King HENRY VII, discovers Canada.
1534 JACQUES CARTIER discovers the Great Lakes.
1763 "Treaty of Paris": The French colonies in North America are handed over to the British at the end of the Seven Years' War.
1812 War of 1812: The U.S. invades parts of Canada, only to retreat by the end of the war (which is really a war with Great Britain and not with Canada).
1862 Self-government is allowed for large parts of Canada.
1898 Klondike Gold Rush: After gold is discovered near Klondike River, tens of thousands of Canadians and Americans move there with the hope of getting rich.
1982 Canada gets a constitution.
1995 Referendum in Quebec to become a sovereign nation independent of Canada is narrowly defeated – Quebec remains a part of Canada.

The Canadian Experience

When you ask a typical Canadian about his or her country, you will most likely hear some very positive comments. Canadians are not just a patriotic people – these you can find anywhere – but they have a much more liberal understanding of how people should live together than their big neighbour to the south, the United States. Part of the reason is that Canada keeps to itself much more. STEPHEN HARPER (b 1959), today's Prime Minister, is mostly concerned with interior matters like reforming the election system, or dealing with problems among the large minority in French-Canadian Quebec that wishes to separate from Canada.

Being such a "green" country, the protection of the environment is of course a big issue in Canada. The government has in recent years come up with a plan to reduce greenhouse gases by 20% in the near future. However, to many environmentalists, this plan is not enough – Canada is still far behind some European countries (such as Germany) when it comes to taking steps towards better air quality or reducing waste.

Kanada ist vor allem als weites, zuweilen fast menschenleeres und wunderschönes Land bekannt. Ein paar Großstädte und Landstriche erinnern an die USA; ansonsten aber gibt es hier vor allem Wildnis, ausufernde Nationalparks mit unendlich vielen Seen, zerklüftete Gebirge und freundliche, sehr patriotische, aber auch offene und herzliche Gastgeber.

6

6.5 Australia and New Zealand

So far away and still so near – while Europeans often have lots of difficulties finding their way around Asian countries, the same problem does not apply to Australia and New Zealand. One of the reasons must surely be the relaxed attitude of the inhabitants of both countries as well as the grand beauty of their wonderful landscapes.
Beyond this, Australia is a country of stunning opposites: It can be almost deserted when you move away inland; at the coast, however, there are a number of big, bustling cities with an enormous energy.

Sydney is the financial, economic and cultural centre of Australia.

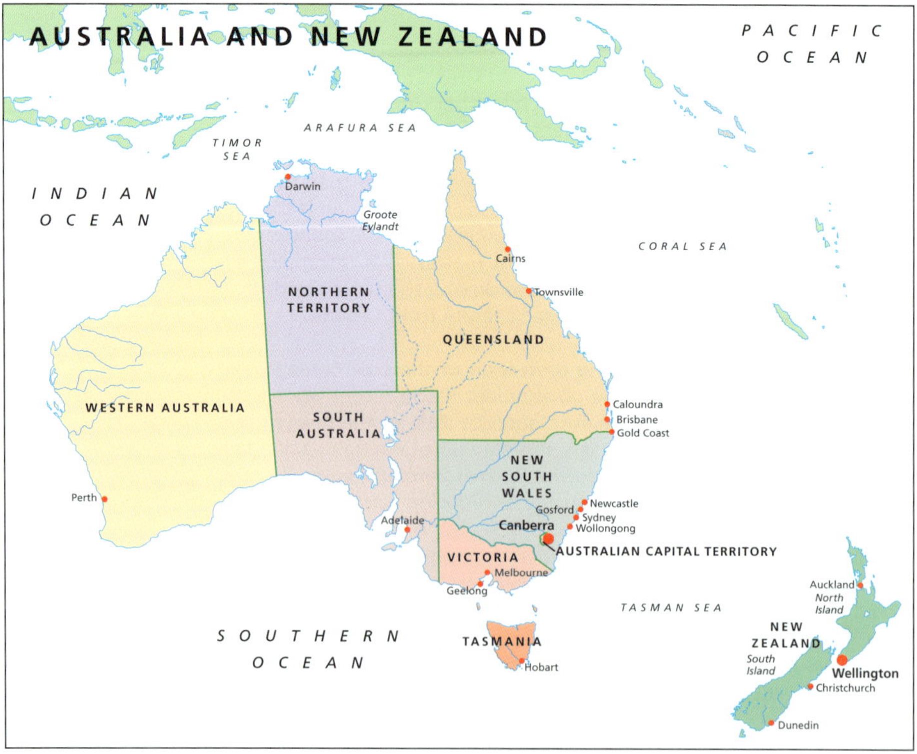

Key Facts about Australia

	Places/facts	What's to see...
Capital	Canberra	Selected as a compromise between Sidney and Melbourne; Australia's largest inland city
Biggest city	Sydney	4.5 million inhabitants; a diverse city of many nationalities; also called "the Harbour City"; famous for the Sydney Opera House
Population	About 22 million	Australia covers a huge area of almost 3 million square miles (ca. 7.6 million square kilometers) but is almost exclusively settled at the shores.
Interesting places	Sidney and Melbourne, Mount Augustus, Uluru (Ayers Rock), the Great Barrier Reef	Immense differences between ultra-modern cities and vast landscapes without so much as a single human being

A trip to Australia would not be complete without a tour to see Uluru, or Ayers Rock, a large rock formation in Central Australia. Apart from the majestic view of the rocks, Uluru has great cultural significance to the native landowners of the area.

Key Facts about New Zealand

	Places/facts	What's to see...
Capital	Wellington	The political centre of New Zealand; very high standard of living; lively art scene and a large film business
Biggest city	Auckland	1.4 million inhabitants, almost one third of the country's population; a truly multicultural city
Population	About 4.3 million	Most live on the smaller North Island
Interesting places	A very distinct and different wilderness populated by strange, rare birds, complete with majestic mountain sites	Once in nature, there are plenty of activities as New Zealand prides itself to be the "Adventure Capital" of the world

Lake Matheson, New Zealand

Australia and New Zealand – Past and Present

A Timeline of Australia

ca. 60 000–40 000 B.C. The first **Aborigines** (coming from Southeast Asia) settle in Australia.

ca. 8000 B.C. The Aborigines invent the boomerang.

1770 After JAMES COOK, the famous British explorer, discovers Australia, the British establish their first colonies there and claim it for their Empire.

1850 Gold Rush in southern Australia.

1901 The colonies join as one nation called the "Commonwealth of Australia" – they establish a democratic government free from direct British influence.

1962 Aborigines are finally allowed to vote.

1967 Aborigines are recognized as citizens of Australia.

2008 The Australian Parliament apologizes for the oppression of Aborigines throughout the last centuries; this only happens after a long public and political debate.

A Timeline of New Zealand

600–1300	The first **Maori** arrive on New Zealand.
1642	Dutch sailor ABEL JANSZOON TASMAN discovers New Zealand.
1769	JAMES COOK reaches New Zealand; his journals later inspire other Europeans to travel there.
1840	"Treaty of Waitangi": The Maori sign a declaration handing the rule over New Zealand to the British in exchange for protection and the guarantee that they can still possess lands.
1860–70	Land Wars between the Maori and the British.
1893	New Zealand becomes the first country to give women the right to vote (several of the United States already had established this, but not the entire country).
1907	Similar to Australia, New Zealand is allowed to govern itself.
1947	New Zealand reaches full independence from Great Britain.
2005	Prime Minister HELEN CLARK, the second woman in office, wins her third re-election

Aborigines: The Natives of Australia

The **Aborigines** are the original inhabitants of Australia, long before any European powers arrived there. There is also another group of people who settled in Australia early, called the "Torres Strait Islanders".

When the British established their first settlements in Australia, little could the native people have known about the fate that would await them. Within a few years, about half of their population died from diseases brought to them by the British. This is not just a typical development in Australia – the same happened to the natives in New Zealand, or in the United States. However, it was only just the beginning of decades and centuries of hardship for the Aborigines. They were not allowed to vote, they were not even seen as or declared citizens of their own country. For a long time, starting in the late 19th century and continuing up until the 1960s, many children of the Aborigines were taken away from their parents by the government and put into education camps. The reasons for this inhuman behavior are still largely unknown. In 2008, the Australian government under Prime Minister KEVIN RUDD finally apologized to these so-called "Stolen Generations".

The **Maori** were the first people to settle the islands of New Zealand somewhere between 600 and 1300. They developed a unique culture over the years, one that is still preserved today. The Maori culture is a fascinating one, no matter whether you consider their language, history or music; their famous "dances" are rituals of pride, energy and power.

Maori: The Natives of New Zealand

In contrast, the Maori and the British settlers of New Zealand share a much more peaceful past. Many Maori also lost their lives when the first settlers arrived because of the new illnesses; it took a long time before the population started to rise in numbers again. Also, much land was taken from the Maori, but resistance against the British (and, surprisingly, even some Maori tribes who sided with the British) was of course unsuccessful. However, the harm done – while still considerable and tragic – did not reach Australian proportions. Starting in the 1960s, Maori culture had a slow comeback in New Zealand; nowadays, the so-called "Maori Revival" is still very much alive and also draws legions of tourists to New Zealand. However, the Maori are mostly still poorer and less educated then the White inhabitants of New Zealand.

The beach of Totaranui in Abel Tasman National Park, South Island of New Zealand

Anzac Day

Once a year, a special celebration is held in both Australia and New Zealand in honor of the soldiers who fought in World War I at Gallipoli (Turkey) for the two countries. More generally, it is a day to remember all soldiers who fought and gave their lives in the service of their countries. The celebration is something remarkable as it is very uncommon for two countries to celebrate for the same reason and on the same day.

▶ If you want to find out which country you would rather like to visit, here is one possible way of deciding: If you're afraid of spiders and poisonous animals, then Australia might not be the place for you (being home to more potentially deadly animals than any other country). If you find the wildlife rather exciting, however, then Australia may be just the place for you to visit.

Australia and New Zealand: Who lives in Australia and New Zealand today?

Australia today is a country that still has a small population when compared to the size of the entire landmass. However, the population has grown significantly in the past and still continues to grow. Similar to the trends in Great Britain, the population is getting more diverse each year; as the country tries to have closer ties to Asian neighbours, a lot of immigrants from countries such as China, Vietnam and India are making a new home in Australia. In contrast, New Zealand has a very young population that is growing about as rapidly as in Australia. Immigrants to New Zealand are mostly coming from Great Britain, China, and India. They are drawn to New Zealand by many factors – while there is poverty in New Zealand just as in any other country, the high standard of living, the beautiful surroundings and the mostly peaceful and relaxed ways in which people from vastly different backgrounds live here attract the newcomers.

> Australien und Neuseeland teilt eine junge, im Umgang mit ihren Nachbarn größtenteils friedliche Geschichte sowie eine häufig entspannte, positive Lebenseinstellung. Der Umgang mit den jeweiligen Ureinwohnern beider Länder hingegen ist wahrlich kein Ruhmesblatt; doch nach der Entschuldigung der australischen Regierung und der Wiederkehr der Maori-Kultur gibt es viel Zuversicht für eine bessere, gemeinsame Zukunft.

Anhang A

Grammatische Begriffe

term	***German translation***	***example***
adjective	Adjektiv	*tall, clever, expensive*
adverb	Adverb	*well, firstly, clearly*
adverb of degree	Gradadverb	*quite, too, extremely*
adverb of frequency	Häufigkeitsadverb	*sometimes, usually, often*
adverb of indefinite time	Adverb der unbestimmten Zeit	*always, never, before*
adverb of manner	Adverb der Art und Weise	*slowly, terribly, happily*
adverb of place	Adverb des Ortes (der Richtung)	*somewhere, here, there*
adverbial phrase	zusammengesetzte Adverbialbestimmung	*in the evening, without knowing*
article	Artikel	
definite article	bestimmter Artikel	*the*
indefinite article	unbestimmter Artikel	*a, an*
auxiliary	Hilfsverb	*can, do, have*
comparative	Komparativ, erste Steigerungsform	*more expensive, smaller, better*
comparison	Steigerung, Vergleich	*She is smarter than him.*
conditional sentence	Bedingungssatz	*You can go if you want.*
conjunction	Konjunktion, Bindewort	*and, but, after, although*
contact clause	Relativsatz ohne Relativpronomen	*This is the restaurant **I wanted to show you**.*
future perfect	Futur II, vollendete Zukunft	*In June **I will have passed** my English exam.*
future progressive	Verlaufsform der Zukunft	*Tomorrow **I'll be working** from 9 to 5.*
gerund	Gerundium	*I love **skiing**.* *Tom is fond of **gardening**.*
going-to-future	Futur mit *going to*	*We **are going to** have a party tonight.*
if-clause	Nebensatz mit *if*, *if*-Satz	*Call me, **if you need help**.*
imperative	Imperativ, Befehlsform, Aufforderung	*Close your books.* *Listen to me.*
infinitive	Infinitiv	*to talk, to run, to develop*
-ing-form	*-ing*-Form des Verbs	*leaving, moving, showing*
main clause	Hauptsatz	***He can't come on Monday,** because he has to see the doctor.*
modal auxiliary	modales Hilfsverb	*can, could, will, would, may, might*

term	*German translation*	*example*
modal substitute	modales Ersatzverb (anstelle eines modalen Hilfsverbs)	*be allowed to, have to,* *be able to*
noun *countable noun* *uncountable noun*	Substantiv zählbares Substantiv nicht zählbares Substantiv	*book, glass, friend, space, time* *flower/flowers, book/books* *money, water, information*
object *direct object* *indirect object*	Objekt, Satzergänzung direktes Objekt, Sachobjekt indirektes Objekt (meist Personenobjekt)	*She is opening a tin.* *She gave him* ***the dictionary****.* *I like dancing.* *She bought* ***her father a present****.*
participle construction	Partizipialfügung, Partizipialkonstruktion	***Opening the door****, I saw that the room was empty.*
passive *impersonal passive* *personal passive*	Passiv „unpersönliches Passiv" „persönliches Passiv"	*The book* ***was written*** *by an American author.* *She* ***is said*** *to quit the job.* *My friend* ***had been offered*** *a job in London.*
participle *past participle* *present participle*	Partizip Partizip Perfekt Partizip Präsens, Partizip I	 *gone, helped, bought, stopped* *Tom is* ***writing*** *an article.*
past perfect	Plusquamperfekt, Vorvergangenheit	*Jill couldn't go to the concert, because she* ***had forgotten*** *her ticket.*
past perfect progressive	Verlaufsform des *past perfect*	*The passengers* ***had been waiting*** *for two hours when the train arrived.*
past progressive	Verlaufsform der Vergangenheit	*While he* ***was talking*** *on the phone the doorbell rang.*
plural	Plural, Mehrzahl	*glass/****glasses****, mouse/****mice****,* *foot/****feet****, woman/****women***
positive statement	bejahter Aussagesatz	*I can do that for you.* *He's got a sister.*
possessive determiner	Possessivbegleiter (besitzanzeigender Begleiter)	*my, your, his, her, its, our, their*
prefix	Präfix, Vorsilbe	*in-, un-, re-, dis-*
preposition	Präposition	*about, under, above, because*
present participle	Partizip Präsens, Partizip I	*Tom* ***is writing*** *an article.*
present perfect	*present perfect* (Perfekt, vollendete Gegenwart)	*He* ***has opened*** *the window.*
present perfect progressive	Verlaufsform des *present perfect*	*The group* ***has been*** *travelling for two days.*

A

term	***German translation***	***example***
present progressive	Verlaufsform des *present* (der Gegenwart)	*Joe **is reading** the newspaper.*
progressive form	Verlaufsform des Verbs	***He's watching** television.* ***They have been waiting** for hours.*
pronoun *personal pronoun* *possessive pronoun* *reflexive pronoun* *relative pronoun*	Pronomen, Fürwort Personalpronomen (persönliches Fürwort) Possessivpronomen Reflexivpronomen Relativpronomen, bezügliches Fürwort	*I, you, he, she, it, me, him, them* *mine, yours, his, hers, ours* *yourself, himself, herself* *that, who, which, whose*
prop-word	Stützwort	*the first **one** and the second **one***
quantifier	Mengenbezeichnung	*some, any, much, a little, few*
question	Frage(satz)	*Do you know where it is?*
question tag	Frageanhängsel	*Paul is at home, **isn't he**?* *You aren't driving, **are you**?*
question word	Fragewort	*who? what? when? how?*
reflexive pronoun	Reflexivpronomen	*yourself, himself, herself*
regular verb	regelmäßiges Verb	*(to) work/worked/worked*
reported speech	indirekte Rede, nicht wörtliche Rede	*Jill told me **(that)** she was ill.*
relative clause *defining relative clause* *non-defining relative clause*	Relativsatz, Bezugssatz bestimmender/notwendiger Relativsatz nicht bestimmender Relativsatz, nicht notwendiger Relativsatz	*That's the man **who lives next door.*** *The teacher **who told you that** was right.* *Yesterday I talked to Max, **who is living next door.***
reported speech	indirekte Rede, nicht wörtliche Rede	*Michael said **(that) he didn't know.***
s-genitive	*s*-Genitiv	***my father's** car, **Anne's** address*
simple past	einfache Form der Vergangenheit	*He **went** to the pub.*
simple present	einfache Form der Gegenwart	*They **listen** to the news.*
statement *negative statement* *positive statement*	verneinter Aussagesatz bejahter Aussagesatz	***I don't have enough time.*** ***There aren't any more questions.*** *I can do that for you.*
sub-clause, subordinate clause	Nebensatz	*We couldn't go to the cinema **because we didn't have enough money**.*

term	*German translation*	*example*
subject	Subjekt	***Anne*** *lives in Manchester.* ***His car*** *is red.*
subject question	Subjektfrage, Frage nach dem Subjekt	*Who gave you the book?* *What happened?*
superlative	Superlativ, höchste Steigerungsform	*highest, most interesting, most carefully*
tense	(grammatische) Zeitform, Tempus	
verb *full verb* *irregular verb* *regular verb*	Verb Vollverb unregelmäßiges Verb regelmäßiges Verb	*help, consider, develop* *wait, ask, laugh* *be/was/been; lay/laid/laid* *work/worked/worked*
verb of motion	Verb der Bewegung	*come, go*
verb of perception	Verb der Wahrnehmung	*see, watch, listen, notice*
verb of rest	Verb der Ruhe	*stay, sit, lie, stand*
will-future	Futur mit *will*	***He'll*** *go to France in February.*
yes-/no-question	Entscheidungsfrage	*Can you help me?* *Are you from Canada?*

Register

A

Bildquellenverzeichnis

AGCO, Marktoberdorf 149; R. Arnold, Leipzig 251; K. Bahro, Berlin 16, 34; Bibliographisches Institut, Berlin 6 , 7, 14, 31, 33, 112, 116, 121, 212, 216, 234, 235, 236, 251, 271, 278, 280, 282, 283, 287, 290, 292, 295, 296, 298, 299, 301, 302, 303, 305, 306, 307, 311, 313, 314, 315, 319, 320, 321, 322, 323, 325, 326; Bibliographisches Institut, Berlin/Prof. Dr. H. Wilhelmy (†) 297, 322; Burgtheater Wien 72; CDC/Public Health Image Library/J. Gathany 107; Christine Schlitt, Worms 5, 97, 98, 102, 124; Concorde Filmverleih, München 214; © CORBIS/Royalty-Free 93, 110, 253, 265, 295, 304, 316; Cornelsen Schulverlage GmbH 11, 42, 134, 168, 204, 211; Daimler AG Konzernarchiv, Stuttgart 149; Felix Rieckmann 21; © alephnull – Fotolia.com 136; © andyross – Fotolia.com 39; © Yuri Arcurs – Fotolia.com 75; © Argus – Fotolia.com 257; © Peter Atkins – Fotolia.com 50; © auremar – Fotolia.com 104; © CandyBox Images – Fotolia.com 312; © Chee-Onn Leong – Fotolia.com 277; © Stephen Coburn – Fotolia.com 51; © D.aniel – Fotolia.com 181; © Dmitry Koksharov – Fotolia.com 105; © elenarostunova – Fotolia.com 107; © Hellen Happy – Fotolia.com 122; © imago13 - Fotolia.com 125; © Andreas Imhof – Fotolia.com 106; © Eric Isselée – Fotolia.com 236; © Kadmy – Fotolia.com 148; © lightpoet – Fotolia.com 188; © Alexander Maier – Fotolia.com 104; © Majoros Laszlo – Fotolia.com 106; © michaeljung – Fotolia.com 294; © Monika Wisniewska – Fotolia.com 113; © Monkey Business – Fotolia.com 47; © Josef Müllek – Fotolia.com 120; © Ellie Nator – Fotolia.com 131; © somenski – Fotolia.com 121; © Martin Valigursky – Fotolia.com 113; © WavebreakmediaMicro – Fotolia.com 109; © Andreas Zachhuber – Fotolia.com 268; Prof. W. Fritz, Köln 278, 324; Image Source, Köln 284, 295; © iStockphoto.com 42, 124, 308, 310; Kessler-Medien, Saarbrücken 102, 209, 286, 295; Dr. Ute Lembeck, Berlin 34, 205; Vera Loebner, Berlin 268; B. Mahler, Fotograf, Berlin 131, 137; MEV Verlag, Augsburg 20, 23, 39, 72, 74, 96, 99, 105, 106, 107, 109, 110, 112, 124, 128, 131, 133, 136, 139, 149, 152, 158, 159, 167, 168, 169, 194, 196, 242, 252, 270, 291, 315, 327; I. Mühlhaus, München 192; Nobelstiftelsen, The Nobel Foundation, Stockholm 309; Photo Disc Inc. 26, 38, 56, 101, 131, 156, 164, 193, 236, 295, 301, 317; D. Ruhmke, Berlin 19, 52; S. Ruhmke, Berlin 72, 100, 270; shutterstock.com 49, 189, 190, 253, 309, shutterstock.com/360b 289; shutterstock/Atlaspix 284; shutterstock.com/catwalker 308; shutterstock.com/landmarkmedia 289; shutterstock.com/lev dolgachov 152; shutterstock.com/pcruciatti 288; shutterstock.com/Sven Hoppe 7; shutterstock.com/mistydawnphoto318; shutterstock.com/Dmitry Naumov 141; shutter-stock.com/trekandshoot 63; shutterstock.com/Tom Wang 183; U. S. Information Service, Bonn 302; Warner Bros. Film, Hamburg 221; Bernd Woehlbrandt 102